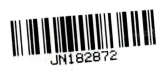

徳倫理学基本論文集

加藤尚武／児玉聡　編・監訳

Virtue Ethics: Basic Readings

Philippa Ruth Foot, *Nietzche: The Revaluation of Values*
Michael Stocker, *The Schizophrenia of Modern Ethical Theories*
Philippa Ruth Foot, *Virtues and Vices*
Susan Wolf, *Moral Saints*
Martha C. Nussbaum, *Non-Relative Virtues: An Aristotelian Approach*
Julia Annas, *Ancient Ethics and Modern Morality*
Roger Crisp, *Utilitarianism and the Life of Virtue*
Rosalind Hursthouse, *Virtue Ethics and the Emotions*
Robert N. Johnson, *Virtue and Right*
Sean Drysdale Walsh, *Teleology, Aristotelian Virtue, and Right*

keiso shobo

Philippa Ruth Foot, "Nietzsche: The Revaluation of Values," in Foot,
Virtues and Vices and Other Essays in Moral Philosophy,
Oxford: Oxford University Press, 2002, pp. 81-94.
Copyright © 2002 by Philippa Foot.

Michael Stocker, "The Schizophrenia of Modern Ethical Theories,"
The Journal of Philosophy, 73 (1976), pp. 453-66, Columbia University.
Copyright © 1976 The Journal of Philosophy, Inc.
Reprinted by permission of The Journal of Philosophy, Inc.

Philippa Ruth Foot, "Virtues and Vices," in Foot,
Virtues and Vices and Other Essays in Moral Philosophy,
Oxford: Oxford University Press, 2002, pp. 1-18.
Copyright © 2002 by Philippa Foot.
Reprinted by permission of Oxford University Press.

Susan Wolf, "Moral Saints," *Journal of Philosophy*,
79 (1982), pp. 419-39, Columbia University.
Copyright © 1982 The Journal of Philosophy, Inc.
Reprinted by permission of The Journal of Philosophy, Inc.

Martha Nussbaum, "Non-Relative Virtues: An Aristotelian Approach,"
Midwest Studies in Philosophy, vol. XIII (1988), pp.32-53,
University of Notre Dame Press, Wiley.
Copyright © 2008, John Wiley and Sons
Reprinted by permission of John Wiley and Sons.

Julia Annas, "Ancient Ethics and Modern Morality,"
Philosophical Perspective, 6 (1992), pp. 119-36, Ridgeview Publishing Co.
Copyright © 1992, John Wiley and Sons.
Reprinted by permission of John Wiley and Sons.

Roger Crisp, "Utilitarianism and the Life of Virtue,"
The Philosophical Quarterly, Vol. 42, No. 167 (Apr., 1992), pp. 139-160, Wiley.
Copyright © 1992, John Wiley and Sons.
Reprinted by permission of John Wiley and Sons.

Rosalind Hursthouse, "Virtue and the Emotions," Daniel Statman (ed.),
Virtue Ethics, Edinburgh University Press, 1997, pp. 99-117.
Copyright © 1997 by Edinburgh University Press.
Reprinted by permission of Edinburgh University Press.

Robert N. Johnson, "Virtue and Right,"
Ethics, Vol. 113, No. 4 (July 2003), pp. 810-34, the University of Chicago Press.
Copyright © 2003 by the University of Chicago Press.
Reprinted by permission of the University of Chicago Press.

Sean Drysdale Walsh, "Teleology, Aristotelian Virtue, and Right," in James P. Sterba (ed.),
Ethics: Big Questions, 2nd ed., Wiley-Blackwell, 2009, pp. 409-18.
Copyright © 2009 by Sean Drysdale Walsh.
Reprinted by permission of Sean Drysdale Walsh.

徳倫理学基本論文集

目次

凡例

・訳出の際に使用した原論文の原題・書誌情報は、各章の末尾に示した。

・原注は＊1、訳注は★1のように表記し、それぞれ章ごとの通し番号で示した。注は各章の末尾にまとめてある。

・原文のイタリック体は、傍点を付して示した。

・訳者による補足は〔 〕によって示した。

・各論文の訳者は、各論文末尾に明記してある。

第一章　ニーチェ――価値の再評価

フィリッパ・フット

同情と同情道徳との価値いかんというこの問題……は、当初は単なる孤立した問題、一個の単独の疑問符にすぎないように見える。だがしかし、ひとたびこの問題に専心し、これを問いたてることを覚えた者には、私に起こったと同じことが起こるであろう。――すなわち、彼には一つの広大な新しい眺望がひらけ、一つの可能性が眩暈のごとくに彼を捉え、ありとあらゆる種類の不信・猜疑・恐怖が跳びだし、道徳への、一切の道徳への信仰がゆらぎ、――ついには一つの新しい要求が瞭然と聞きとられるようになる。……我々は道徳的諸価値の批判を必要とする、これら諸価値の価値そのものがまずもって問われねばならぬ、と……。（GM序言6　翻訳三六七頁）[*1]

ニーチェがここで表明しているのは、自らの思考の恐るべき奇妙さについての自覚である。これは強烈に感じられているものであり、また事の真相を考えてみれば不適切なものでは無い。というのは、彼がその孤独で非常に大胆不敵な精神の旅路において辿り着いた生についての見解は、いかなる同時代人の考えとも全く異なるものであったからであり、またその見解によって彼は何世紀も続いてきた思考および行動の仕方に挑戦することになったからである。彼はキリスト教道徳を、さらには一切の道徳をも問いただす用意があると述べ、また彼は問いただす際にそれを糾弾したのである。とはいえニーチェは、道徳が魅力的であり人々に霊感を与えうるものであることについては、他の人々と同様に、明確に理解していた。「汝なすべし」は、彼に言わせると「金色に輝く」巨大な竜の名前である（ZⅠ「三つの変化について」10　翻訳上巻四八-四九頁）。彼は自分のしていることが常人にはほとんど考えもつかないものであることを知っていた。善であることがほぼ明らかだと思われているものに対して、彼は悪の烙印を押さんとしていたのである。

さて、疑いなく天才である人物からのこのような挑戦は、打ち負かされるか世界を揺るがすものとなるかのいずれかに違いないと、普通なら考えるところであろう。ところが、実際のところ、そのいずれの事態も生じていない。たしかに、ナチスがニーチェを預言者だと宣言したとき、ニーチェの理論（あるいはそれを曲解したもの）が世界の舞台で短命かつ不名誉な役割を果たしたとは言える。しかし、全般的に見れば、ニーチェはこれまでに受容されたことも論駁されたこともなく、このことは驚くべき事実だと思われる。あなたは次のように疑問を抱くかもしれない。なぜ今日の哲学者はニーチェを論駁しようと試みることさえせず、道徳が以前と同様に堅固なものとして存在すると考えているように見えるのだろうか。なぜ我々はニーチェ以外の過去の哲学者については議論するのに、ニーチェについては議論しないのか。それに対する答えは、一つには、ニーチェとの対決はお膳立てするのが難しいということだと思われる。彼の研究のように本質的に謎めいた性格を持つ研究の場合、我々はそもそもどこで彼と出会うことができるかを知るのが難しいことに気付く。ニーチェは道徳的価値を批判することが必要だと論じ、自分は「これらの諸価値それ自体の価値」を問題にしているのだと宣言した。しかし、そもそもどうやって諸価値の価値を問うことができるのだろうか。そのようなことを考えるだけで眩暈が起きそうである。こうした事情があるため、私は浮かない気持ちでその難しさを感じつつ、本稿でニーチェと対決することを——あるいは少なくともそのような対決のための土俵を準備するのを手助けすることを—試みようと思う。

出発点からして一つの問題が生じる。冒頭で私が引用した文章において、ニーチェは同情道徳について語るだけではなく、「一切の道徳」についても語っている。我々はそのどちらを彼の標的と理解すべきだろうか。私はまず、ニーチェが特にキリスト教道徳に向けた批判を検討する。この道徳は、謙虚と同情の徳を教えるものであり、また「世界」を否定するものだとされる。

　ニーチェが示したいと考えていたのは、キリスト教道徳が何か優れたあるいは称賛すべきものにその根源を持つのではなく、むしろ弱さや怖れや敵意に根差した「奴隷道徳」であるということであり、これこそがキリスト教道徳の起源であり今日でもその起源に従った性格を持っているということだった。この道徳では、よき人とは謙虚で同情深い者、つまり怖れる必要のない者のことである。ところが彼によれば、元々はまったく考え方が逆であった。最初は強く、高貴で、特権を持った貴族が自分のことをよいと呼び、自分と同じ性質を持たない人たちを悪いと呼んだのだ。こうした古い概念は、弱者の視点が優勢になったときに別の使われ方をするようになった。というのは、そのときから、よいものと尖ったもの（英bad　独schlecht）という対比は、よいものと悪いもの（英evil　独böse）という対比に道を譲ったからである。[★1] そこで弱者は自分が怖れる人々を悪いと呼び、他人に対して攻撃的になれない自分たちのような人々に自然に備わっている「恭順な」性質を称賛したのだ。古い価値評価は肯定的なものであったのに対し、新しいものは否定的なものであった。すなわち「群集の成員」は、まず自分が怖れる敵を悪いものと決めつけなければ、自分たちのことをよいと見なすことができないのである。さらにニーチェは、キリスト教者が謙虚さと善意を宣言するその背後に大きな敵意を感知している。弱者が強者のことを悪いと呼ぶとき、これは単に防衛的なものではない。それはまたニーチェが「ルサンチマン」と呼んだ特別な種類の敵意の表現でもあるのだ。自分たちの弱さを隠すために謙虚さやその他の恭順な徳を陶冶する人々は、自分たちよりも強い人々に対して嫉みを伴った反感を募らせる。彼らは自分が劣っていることに対して復讐をしたいと願っており、屈辱と害悪を与えたいという根の深い望みを抱いている。ニーチェの見立てでは、刑罰を科したいという願いはこの隠れた敵意が最も顕著に表れたものの一つと考えられ、また彼の理解では自由意志や責任といった観念は、刑罰を科したいと願う人々によって作り出されたものである。さらに、刑罰は常に自分の外側にのみ向けられるわけではない。自己犠牲の徳を持つ人は、自分自身に対しても反感を持ち憎しみを抱いているのだ。「だが、わたしはきみたちに、こう忠告する、わたしの友たちよ。処罰しようとする衝動が強大であるような、一切の者たちを信用するな！」（ＺⅡ「タラントゥラどもについて」翻訳上巻一七八頁）。

キリスト教的な徳を公言する者は、ニーチェによれば、病人であり、自分と他人に対して深く敵意を抱いている。そのような者は、あるがままの生を否定し、自分の身体を軽蔑し、そして自らの理想の名の下に自分と他人を苦しめるように教えられて育ってきた。これらの理想さえもが健康によくないものである。なぜなら、その理想の下で説かれるのは同情であり、ニーチェは同情そのものが病気の一種だと考えるからだ。彼は、憐みはあらゆる犠牲を払ってでも避けるべき誘惑であると言う。彼の考えでは、憐みは同情深い者にとっては毒の一種であり、そのような者には他人の苦しみが伝染してしまう。「他人の苦悩は私たちに伝染する、同情とは一つの伝染である。」（ＷＰ 368　翻訳三五五頁）[*2]。しかも彼の考えでは憐みによって苦しみが和らぐことはない。ときどきそういうこともあるかもしれないが、より多くの場合、我々の同情の対象となる者は我々の干渉によって苦しむことになる。その者は第一に我々が彼を助けようとしているという事実によって苦しめられる。「悩んでいる者の悩んでいるさまを見たことを、わたしは彼の羞恥のゆえに恥ずかしく思った。また、わたしが彼を助けたとき、わたしは彼の誇りをひどく傷つけた」（ＺⅡ「同情深い者たちについて」翻訳上巻一五七頁）。「わたしが思うに、最善の意図を持った人間でさえ、もし彼がその精神と意志とが彼からは隠されている人々に対して不遜にも利益を与えようとするなら、測り知れない危害を与えることがある……」とニーチェは一八八五年に彼の妹に宛てた手紙の中で書いている（Walter Kaufman [ed.], *The Portable Nietzsche*, New York, Viking, 1956, p. 441 に引用）。またニーチェは、非常に慈悲深い行いの背後にはよい動機があるとも考えていなかった。慈善的で世話好きの人々は「困窮者をば意のままに所有物を処理するがごとくに取り扱う。

……彼らは助力が妨げられたり、だしぬかれたりすると嫉妬する」（BGE 194 翻訳一六六―一六七頁）。しばしば、他人への関心はその者が自分自身に対して不満を抱いていることを示している。愚鈍な者は隣人の不幸を見て自分を元気づけようとし、また自己評価の低い者は彼が利益を与えた者から良い評判を手に入れようとする。ニーチェは他人に専心することは逃避であり、精神的な不健康の徴候だと考えた。重要なのは「我慢して自分自身のもとにとどまり、いたずらに彷徨せぬために」自分を愛することである（ZⅢ「重力の精について」2　翻訳下巻九二頁）。自分を愛する者こそが最も真の意味で他人に利益をもたらす者となり、自分自身が喜びに満ちた者は他人に苦痛を生み出す方法を忘れてしまうだろう。

以上で説明されたようなニーチェのキリスト教道徳批判について、我々は何と言うべきであろうか。彼が批判に用いる武器はどのようなもので、またどのような根拠に基づいているのだろうか。彼の批判にはいくつかの異なる論点があることが見てとれる。第一に、彼が示唆するところによれば、キリスト教的な徳として称賛されているものは大半が見せかけのものに過ぎず、また本当の善意が生み出されるのは同情の道徳を教えることによってではなく、むしろ「健全な利己主義」を奨励することによってである。第二に、彼によれば、キリスト教道徳はそれ自身の目的に照らしても悪いものである。人々は病としての憐れみに苦しみ、しかも彼らが自らの憐みの情によってなすことと言えば、善よりも害悪の方が大きいのだ。これらの批判は、仮にその各々が事実によって支持されることが示されたならば、強力なものであろう。しかし、キリスト教道徳の起源に関するニーチェの説明や、キリスト教道徳は強者に対する弱者の支配を表すとする彼の主張についてはどうだろうか。もしこのことが証明されたならば、これは強力な批判と言えるだろうか。次のように反論することは可能だろうか。すなわち、同情や正義といった徳は、運の悪い者や抑圧を受けやすい者にとって特別な利益があるのは間違いないが、だからといってそれによってこれらの徳の価値が下がるわけではない、と。そのような反論は、ニーチェの批判の真意を見逃すことになるだろう。彼が示そうとしているのは、「善良で有徳な人々」とは、人類の中でも卑しく劣った集団であり、公然と悪意を示す勇気がないために隠蔽された形でしかそれを表現できないような、人にへつらい、意気地がなく、無能な人々だということである。ニーチェが示したいのは、彼らは軽蔑かつ嫌悪すべき人々だということであり、もし彼が本当に成功しているとすれば、彼の批判は非常に強力な一撃だということになろう。というのは、もし社会がニーチェの考える仕方で物事を見るようになったとしたら、このような種類の道徳を保持することはできなくなるだろうからである。結局のところ、道徳体系が成立するには、法体系のように特定の行為に報奨が与えられたり刑罰が課されたりするだけでは十分ではない。もしある人が善い人だと見なされたり、ある行為が善い行為だと見なされたりするのであれば、その人やその行為は一般的に高く評価されていなければならない。しかるに軽蔑や嫌悪の対象となっている人が、高く評価されているということはありえない。そこでもしニーチェが、我々にはキリスト教的な徳を備えた人を尊敬する理由も、その人に感謝する理由もないことを示すことができているとすれば、彼は道徳に不可欠の基礎である心理的な土台を取り去ってしまったことになるだろう。

ニーチェがキリスト教道徳は弱者が自らを守り自らの地位を高めるために用いる武器であると論じたとき、彼はキリスト教道徳および弱者が不快なものに見えるようにしようとしていた。だが、彼にとってはるかに重要だったのは、次のことを示すことであった。すなわち、強者を犠牲にして弱者を大事にするキリスト教は、人類の衰退をもたらす最も強力な動力になっているということだ。「私が最も深くたずさわってきたもの、事実それはデカダンスの問題であった」とニーチェは書いた（CW序文　翻訳二八六頁）。そして彼は、キリスト教の教えによって奨励されている種類の人間を退廃的だと考え、そのような人間を友好的で勤勉で愛想はよいが平凡で退屈な人間として描いた。この描写に対して、彼が対置したのは、より強くて「より高級な」種類の人間、すなわち勇敢で、独立心があり、生に対して「然り」と言う心づもりのある人間である。そのような者は、苦しみ――それが自分のものであれ、他人のものであれ――にはさほどの関心を払わない。彼は、自分と対等な者に対しては、節度をもって振る舞うであろう。だが弱者に対しては、彼は危険な存在となるかもしれない。とはいえ、彼が弱者に危害を与えたとしても、それは悪意からというよりは、無関心によるものである。ところが、弱き者は、自分が苦しむことを恐れており、他人の不幸を心配してばかりいる。彼は多大な努力をしないですむような安全な人生を送ろうとする。「ひとは自分なりに、昼のための小さな楽しみと、夜のための小さい楽しみを持っている。」（ＺＩ「ツァラトゥストラの序説」５　翻訳上巻二二頁）。彼は同情道徳を説いて回るが、実のところは他人に対する隠れた悪意に満ち満ちている。

「より高級な」人間と「より低級な」人間に関するニーチェの論述には、多くの論争がなされてきた。ニーチェは残虐な暴君、すなわち「猛獣」を礼賛しているとみなしてよいのだろうか。あるいは、彼の抱いていた理想は、そこまで嫌悪感をもたらすものではなかったのだろうか。その答えは、無条件のイエスでも、無条件のノーでもないと思われる。人間の序列としては、凡庸で従順な現代人に比べて「チェザーレ・ボルジアでさえ」より健康な種類の人間として優れているとニーチェが考えていたことは間違いない。また、劣った人間に対する優れた人間の無慈悲さについてニーチェが書いた文章のいくつかは、目を覆いたくなるほどひどいものであり、単に悪ふざけのつもりで書いたのではないかと思われるぐらいである。しかし、残虐な人間というのは明らかに彼の理想ではなく、またある人々に関しては、彼らに対して利己主義を説くことを彼は一切拒んでいる。

わが身のうちにいつも猛獣をいだいていて、情欲にふけるか、あるいはわが身を引き裂くか以外には、選択の自由を持たない、恐るべき者たちがいる。そして、彼らの情欲でさえも、わが身を引き裂くことなのだ。彼らはまだ人間にすらなっていない、これらの恐るべき者たちは。彼らは、生からの離反を説教し、そして自身去り行くがよいのだ！　（ＺＩ「死を説教する者たちについて」翻訳上巻八一－八二頁）

ニーチェの目からすると、重要な区別は「上へと昇っていく（ascending）」種類の人間と、「下へと降りていく（descending）」種類の人間の区別であった。あらゆる民族の歴史について、一つの重要な問いが尋ねられなければならなかった。すなわち、「それは上昇の歴史か、あるいは下降の歴史か？」である。そこで各人について、「おのれの生が生の上昇線をあらわしているか下降線をあらわしているか」（黄昏「ある反時代的人間の遊撃」33　翻訳一一七頁）が吟味されるべきである。ニーチェは自分のことを、上昇する人類と下降する人類の対比を明確に見ている人間、しかも唯一の人間であると考えていた。「上昇と下降との兆候をかぎつけるには、私はこれまでの誰よりも精妙な嗅覚を持っている。この点に関して私はずばぬけた教師である……」（ＥＨ「なぜ私はこんなに賢明なのか」1　翻訳二一頁）。彼が強者に向かって利己主義を説いたのは、この文脈においてであった。

> あらゆる個々人がやはり発展の全過程である……。個々人が人間という直線の上昇を示しているなら、その価値はじじつ異常に大きく、その生長の維持や保護については極度の配慮がなされてよい。（上出来の個々人に利己主義のそれほど異常な権利をあたえるのは、その個々人のうちで約束されている未来を配慮すればである。）彼が、下降線を、頽落を、慢性疾患を示しているとすれば、彼に価値をみとめることはほとんどできないし、彼が上出来の者たちから、地位を、力を、陽光を、能うかぎり略奪しないということが、第一に正しいことなのである。（ＷＰ 373　翻訳三五七－三五八頁）

また、ニーチェが弱者に関して彼が見通していた運命について最も曖昧でない仕方で語ったのも、この文脈においてであった。「弱者や出来損ないどもは徹底的に没落すべきである。これすなわち、私たちの人間愛の第一命題」（Ａ

2　翻訳一六六頁）。

以上のことからして、ニーチェがキリスト教に特別な憎しみを抱いていたとしても何ら不思議ではない。彼はキリスト教を弱者が自らを守り自らを称えるために作った宗教だと考え、またキリスト教が頽廃と衰退をもたらす最大の影響力となっていると考えた。とりわけ彼は、キリスト教道徳がより強く健康な種類の人間にとって有害なものだと考えた。キリスト教道徳が不能者や「出来損ない」を保護することにより、また彼らが同情的関心の対象となるべきことを主張することにより、強者にさえ憂鬱とニヒリズムが伝染してしまうだろう。そしてさらに重要なことに、「より高級な」種類の人間は自らの本性に不信を抱くに至り、彼が自らの健康を見出すことが不可能になるような状況を作り出してしまうだろう。そのような人間に対して温和な善意を要求したり、謙虚さや憐みの重要性を説いたりするのは、必然的に彼を傷付けることになるのだ。

> 強さに対して、それが強さとして現れないことを求め、それが圧服欲、制圧欲、支配欲、敵や抵抗や勝利を欲する渇欲でないことを求めるのは、まさに弱さに対してそれが強さとして現われることを求めるのと同様に背理である。（GM I 13 翻訳四〇四頁）

強者が自らの本性の要求に従って行動したことに対して、社会が非難を行うならば、彼は罪と自己嫌悪の意識に苦しみ、犯罪者になってしまうこともありえるだろう。

> 犯罪者という類型、これは、恵まれない諸条件のもとにいる強い人間であり、病気にされた強い人間である……。犯罪者の諸徳は社会から追放されている。犯罪者がたずさえてきたその最も生き生きとした衝動は、抑

圧する欲情と、疑念、恐怖、恥辱とただちにからみ合う。（黄昏「或る反時代的人間の遊撃」45　翻訳一三七頁）

ニーチェは、一部の者にとっては無慈悲さこそが健全な状態でありうるという結論を前にしても尻込むことはない。それは、彼の次の信念と対をなしている。その信念とはすなわち、「人間におけるあらゆる邪悪なもの・怖るべきもの・暴虐なもの・猛獣的なものと蛇のように陰険なものなどは、それと反対なものと同じぐらい〈人間〉という種属の向上に役立っているのだ」（BGE44 翻訳八五頁）というものである。仮に神が死んだのだとしたら、悪がよい状態ではないとは誰にも言い切れないことになる。

> もし誰かが、憎悪・嫉妬・貪欲・支配欲などの情動を、生に必要な情動であるとみなし、それは生の全家政における極めて基礎的で本質的な必須の要素であり、されば生が一層高揚さるべきだとしたら、それもいよいよもって高揚されねばならないと主張するならば、――その者は、自己の見解のそうした方向を辿ることにおいて、船酔いに苦しむように苦しむであろう。さもあれ、この仮説とても、危険な認識のこの巨大な、まだ極めて新しい国においては、まだまだ決して最も苦痛なものの未知なものではない。（BGE23 翻訳五一頁）

そこで、「より高級な」人間のためにこそ、キリスト教道徳の諸価値が放棄されねばならないということであり、まさにこの観点から諸価値の価値の再検討がなされるのである。ニーチェの意図は、利害の衝突――強者の善と弱者の善の対立――を我々に提示することであろうか。彼がこの意図を有していることは明らかであるものの、これだけを提案したいわけではないことも同じくらい明らかである。彼の教説が持つより難解な側面が現れるのは、「より高級な」種類の人間の価値について彼が述べていることを我々が思い起こすときである。

私がこの書物で提出する問題は……いかなる人間典型が、価値のより高い、生きるにより値し、未来のより確実なものとして、育成されるべきであるか、意欲されるべきであるかということである。（A3 翻訳一六七頁）

また、彼は次のように述べている。

ある別種の信仰を抱いている我々――この我々にとっては、民主主義の運動は……人間そのものの頽落形態、すなわち人間そのものの卑小化の形態、人間の凡庸化と価値低落の現象と思われる。（BGE 203 強調筆者 翻訳一八〇頁）

ある種類の人間の価値が別の種類の人間のそれよりも大きいと言うことによって、ニーチェは何を言わんとしているのか。ニーチェ自身が別のところで述べているように、「何にとっての価値か?」という問いについては、いくら注意深く検討してもしすぎることはない。そこで、ある人々の価値についてニーチェが述べていることを、上述の仕方で説明しようと試みる人がいるかもしれない。おそらくニーチェが言いたいのはこういうことである。すなわち、それらの人々が生一般に対してなす貢献――たとえば彼らの楽観主義と恐怖心のなさによってなす貢献――により、彼らは我々全員にとって価値のあるものとなる。あるいはニーチェは、彼らが未来に対して行う貢献によって彼らの価値を判断しているのかもしれない。彼らは将来現れるかもしれない優れた人々、すなわち超人への架け橋なのではなかったか。そのいずれの答えも部分的な答えでしかなく、また二つ目の答えは単に問題を先送りにしているに過ぎない。〔すなわち〕もし「超人」がその先駆けとなる人々に価値を与えるのであれば、超人自身が価値を有しているからに他ならない。ところがニーチェは、強くて独立しており云々という人――すなわち、より高級な種類の人間に関する彼の記述に当てはまる人――なら誰でも、その人自身が価値を有していると言いたいように思われ、そこで我々はこの難解な問題を抱えるのである。ニーチェは理解不能なことを述べているのだろうか、あるいはここで用いられている「価値」という語について理解することができるのだろうか。その答えは、理解できるというものであるように思われる。というのは、強力で例外的な個人に関するニーチェの描き方に真実味を感じようと感じまいと、そうした人々に我々が価値を見出すと言うことは、理解可能だからである。実際、我々は例外的な人間に対する反応パターンを見出すことができ、我々はこのパターンから、美的な理由に基づく価値評価と似ていなくもない一種の価値評価――たとえそのような評価に特別な名前がないとしても――を見てとることができる。私の念頭にあるのは、例外的な精神の独立と意志の強さを持つ優れた人々に対する通常の態度である、興味と称賛である。そのような人々は我々の注目を集め、しばしば進んで奉仕を受けることになる。「そのものとして能うかぎりもっとも強力にして豪華な人間の型」が果たして達成できるかどうかが問題である（GM序言6　翻訳三六八頁）とニーチェが述べる際に示唆されているのは、我々が強力で豪華だと見なした特定の人々に関して我々がそうした人を称賛する傾向があることをニーチェが指摘しているということである。彼自身が次のように述べている一節もある。「これは、根本においては、趣味と美学の問題である。「最も敬すべき」、言いかえれば最も退屈な人間が残存するのは、願わしいことであろうか？」（WP 353　翻訳三四六頁）。しかし、私の考えではこの一節は典型的なものとは言えず、またいずれにせよ事実を全くありのままに述べているとは言いがたい。もし強力で優れた人間に対する通常の反応の中に尊敬の要素が含まれているなら、美的な価値評価とのアナロジーはあまり突き詰めて考えるべきではない。おそらく我々がすべきことは、我々が価値（美的価値）を芸術物に帰属させる仕方と、ニーチェが言うところの価値を特定の人間に帰属させる仕方との間に類似性があること――いずれもよく見なれた、共通点の多い反応に依存していること――を指摘することだけであろう。

もし以上の説明が正しいとすれば、我々は何を結論とすればよいだろうか。キリスト教道徳や、それ以外の道徳は、ニーチェの批判に打ち負かされるのだろうか。美的価値との比較からすると、その通りだと考えられるかもしれない。しかしその理由は、道徳に対して何か不利なことが論証されたからというよりは、人々が道徳上の諸目的よりも、興味深く「豪華な」人間を生み出し維持することに対してより大きな関心を持つようになる可能性があるからであろう。次のように考えてみるとよい。もし道徳が栄えたら人類が身体的に醜くなったり、正義や親切心によって何らかの他の種類の美が破壊されたりすることが発見されたとしたら、どのような含意があるであろうか。このことは、道徳的価値の方が美的価値よりも重要だと考える人々にとってはどうでもよいことと考えられるかもしれない。それと同様に、「もっとも強力にして豪華な〔人間〕」が道徳上の諸目的と相容れないことの発見はどうでもよいものと見なす人もいるかもしれない。とはいえ、道徳は衰退するかもしれないだろう。

ここまで我々は一つの特定の道徳体系――すなわちキリスト教道徳――に対するニーチェの批判を検討してきた。しかし彼は「一切の道徳」を攻撃すると語っており、また自らを無道徳主義者（immoralist）と呼ぶ心積もりがあった。彼はそこまで射程の広い議論を本当に行っているのだろうか。キリスト教道徳に対する彼の議論の一部は、他の道徳体系に対しても当てはまるだろう。だが、その他の議論に関しては、これは不可能である。たとえば、ニーチェはアリストテレスが同情道徳を説いていたとか謙虚さを褒めたたえていたと批判することはできないであろう。それどころか、高邁な人についてのアリストテレスの描写――すなわち、魂の偉大さという徳を持ち「自分が大きいものに値すると考えており、実際またそれに値する人」（『ニコマコス倫理学』1123b15）[★2]――は、「より高級な」種類の人間についてのニーチェの描き方と大いに共通するところがある。道徳――あらゆる道徳――が現にニーチェの標的だったと我々が正当に考えてよいのは、ニーチェの教えのどの部分であるか、考えてみよう。

たとえば、ニーチェの思想の中には罪の意識（guilt）の概念が存在しないということは、重要なことだろうか。この点に関してニーチェはかなり明確に述べている。彼は人々に罪の意識を感じさせようとする努力を悪意の表れと考え、彼自身が行ういかなることに対しても罪悪感を抱くことを拒否した。「おのれの行為に対して卑怯な振舞をなすことなかれ！　おのれの行為をあとになって見殺しにすることなかれ！　――良心の呵責は下品なことである」（黄昏「箴言と矢」翻訳一六頁）。ニーチェが彼の言うようにあらゆる道徳を退けていたのかどうかに関して、これは何の証拠にもならないように思われる。というのは、道徳的な失敗に対する反応としての罪の意識を認めなかったとしても、ある人が一つの道徳を持つことは不可能ではないと思われるからだ。もしニーチェが自己規律の目標を拒否していたとしたら事情は異なっていたであろうが、ニーチェは決してそのようなことはしなかった。プラトンの『ゴルギアス』に出てくるカリクレスのように、ニーチェは強者が社会によって「飼い慣らされる」ことに反対する。だが、カリクレスが強者はあらゆる抑制を抛って情念に支配されるべきだと訴えるのに対して、ニーチェはそのような提案を軽蔑する。実際のところ、ニーチェも人間の情念を弱めたり時には根絶やしにしたりしようとする人々に反対している。しかし彼の主張によれば、自らの欲求に規律と統一性をもたらした者にのみ強い意志が存するのである。そこでニーチェは、道徳には情念の規律が含まれているという理由から道徳を批判するのではなく、この点は道徳の一つの長所だと述べている。「すべての道徳に本質的で貴重なことは、それが永年にわたる拘束だということである」（ＢＧＥ 188 翻訳一五五頁）。ニーチェは明らかに自分自身の経験に依拠しつつ、最も自然なものは一種の自己規律だと述べている。

自分の〈もっとも自然な〉状態、つまり〈霊感〉の瞬間における自由な整序、按配、処理、形成が、気随気儘の感情とはいかに縁遠いものであるかを、すべての芸術家が知っている。――また彼は、そのときにこそ、自分が

いかに厳正かつ入念に、幾千もの法則に従うものであるかを知っている。（BGE 188 翻訳一五五―一五六頁）

すると、この限りにおいては、ニーチェは道徳家たちと意見が一致していたことになる。すなわち、彼は自己規律と情念の抑制を説いていたのである。しかしながら、ニーチェには無道徳主義者と呼ばれて然るべき理由があると論じられるかもしれない。ここで重要なのは、次のことを思い出すことである。すなわち、「道徳（morality）」という語は *mos* の複数形 *mores* に由来するということであり、そして今日の用法においてもこの語は社会の *mores*――行動の諸規則――との関係を失っていないということである。というのも、ニーチェは共同体全体にわたって一様であるような社会規則や行動規範を押し付けようとする人々に対して、彼の最も辛辣な非難の一部を当てているからである。ニーチェは、「善と悪、万人にとっての善、万人にとっての悪」と説く者たちに繰り返し怒りの言葉をぶつけている。

> 私たちは最後に、「人間はかくかくであるべきはずだ！」と言うことが総じていかに素朴なことであるかを、さらに考えてみよう。現実は、類型の恍惚とさせる豊かさを、浪費とみえるほどの形式の戯れと変化のおびただしさを、私たちに示している。それでも、どこかのみすぼらしい立ちん坊の道徳家は「否！ 人間は別様であるべきはずだ」と言うのであろうか？……彼は、この貪食家の不平家は、おのれがどのようであるべきはずであるかをさえ知っており、壁におのれの姿をえがき、それに向かってこう言う、「この人を見よ！」ecce homo! と。（黄昏「反自然としての道徳」6 翻訳五四頁）

ある人の健康に資することが、別の人の体を弱くしてしまうため、各人は自分自身の健康の規則を見付け出さなけ

ればならない。人々が有徳であれと欲することは、

> 彼らはたがいに区別しあうことをやめるべきであるということにほかならない。彼らは欲求や要求においてたがいに似かようべきであるということ、――もっと明瞭に言えば、彼らは徹底的に没落せよということにほかならない……
>
> 以上によって、ただ一つの道徳への意志は、このただ一つの道徳にとりつかれている種がその他の種を圧制することにほかならないということが立証される。それは、支配的な種に好都合となるよう、その他の種を絶滅し画一化することである（支配的な種がもはや恐怖をおぼえないためであろうと、この種によって利用しつくされるためであろうと）。（WP 315　翻訳三〇八頁）

ここで次のような提案があるかもしれない。すなわち、ニーチェはたとえ万人に教育されるべき行動の規則は認めないとしても、少なくとも彼は、皆に当てはまる理想的な性格は提示するであろう、と。たとえばニーチェは、勇敢でなかったり、独立心のなかったりするいかなる人をも褒めることを拒否するのではないだろうか。これはもちろん正しい指摘であり、また道徳体系とニーチェが提示するような教説との間に形式面でも内容面でも重なりがあることを示していると言える。とはいえ、「自分自身の健康を求めよ」といった命令は実際の振舞いに対してあまりに中立的であるため、社会規範との結び付きを再確立するには至らないのである。また、このような命令ですら、すべての人に対して説かれるわけではない。なぜならニーチェの考えでは、多くの人々にとって健康や強健であることは端的に言って不可能であるからだ。我々がすでに見たように、ニーチェが利己主義を説くことを拒否する残虐な怪物も存在する。そして「畜群」に含まれる人々に関しては、ニーチェは彼らを変えようとする望みは一切ないと述べている。

畜群の内部においては畜群の精神が支配を行うべきである。ニーチェは、自分が考える種類の徳を一般的に説こうとしているのではないと主張する。それは数少ない例外的な人間にのみ説かれるべきものである。

以上の点からすると、私の考えでは、ニーチェは特別な種類の道徳家というよりは、無道徳主義家と見なされるべきである。また、より強くてより豪華な種類の人間を生み出すためなら正義の規則を抛ってもよいとニーチェが考えていたという事実からも、同様な結論が導かれるだろう。私は、このことは〔ニーチェの念頭にあるのが〕道徳的な諸価値ではなく、疑似-美的（quasi-aesthetic）な諸価値であることを意味していると示唆した。道徳は正義や共通善と必然的に結びついているのであり、このことが真であるのは概念的な事柄である。

だとすれば、なぜ我々は次のような思いをいまだに有しているのだろうか（私にはそのように思われる）。それはすなわち、ニーチェは道徳家と多くの共通点を持っており、単に両立不可能で調停不可能な視点から論じているわけではないという思いである。これは、私の考えでは、ニーチェがその著作の大部分において人間がよく生きるための生き方について論じていると解釈しうるという事実に起因している。彼の思想体系と伝統的——とりわけギリシア的——道徳体系が持つこの共通点によって、ニーチェも結局のところ道徳家であるに違いないと我々は考えたくなるのである。というのは、たしかにニーチェは功利主義——最大多数の最大幸福への関心を持ち、快と苦の不在を人間のあらゆる行為の動機と考える傾向にある立場——を憎悪していたものの、彼自身が、人間——少なくとも強い人間——が開花繁栄（flourish）するための条件に関心を持っていたと言うこともできるからである。この問題についてははっきりさせることは困難である。なぜならニーチェは、（この文脈では無関係な）疑似-美的な基準を持ち込んでいるだけではなく、彼の論敵の考えと対立するような人間的善（human good）についての考えにも訴えており、こうした人間的幸福や人間的善の概念ほど扱いの難しい概念は他にないからである。我々は、幸福とは満足のことだと最初は言う傾向にある。ところが、たとえばある人が脳損傷を受けてその後は幸福な子どものような人生を送ることになったとき、その人を幸福とは言わず不幸だとみなすということを考えると、そのような意見が間違っていることを理解する。しかし、この意見の修正が示しているのは、たとえ我々が人間的善とは何かについてほとんど説明ができないとしても、ニーチェの次の意見には同意する理由があるということである。すなわち、人間が小さな快楽で満足するように教え込まれ、勇敢さと自立心がなければなしえないような活動ができなくなったならば、その人は危害を加えられたのだ、という意見である。そこで、道徳一般、またとりわけキリスト教道徳はこのような影響を持つとニーチェが主張する限りにおいて、彼は少なくとも道徳の土俵に乗って論じているのである。また「善良で有徳な」人々は、当然ながらその他にもより明らかな仕方で「危害を受け」てきた。というのは、ニーチェの見立てでは、彼らは怒りっぽくて、自分や他人を憎んでおり、強い意志も欲求も持たないからである。このような生き方では、いかなる人も幸福に生きることはできないだろう。

　本稿の結論は、ニーチェの言う「諸価値の価値の再検討」は非常に複雑な内容であり、また彼が何を批判していたのかとその批判の基礎は何であると考えられるのかという問いについてのただ一つの答えはない、ということになるに違いない。したがって、彼が正しかったかどうかという問いに我々が答えようとしなかったとしても、驚くべきことではない。しかしながら、私はこの点に関して一、二点ほど述べてみたいと思う。何よりまず、すべては人間本性に関するニーチェの理論と所見次第であることを指摘しておきたい。キリスト教道徳や他の道徳に対するニーチェの批判がいくらかでも価値のあるものとなるには、憐みや正義を教えることの効果についての彼の見解――それらは単に弱者のルサンチマンの隠れ蓑であり、また強者に対して害悪を及ぼすという見解――は正しいものでなければならないだろう。また同情は必然的に同情深い者にとって有害なものとなり、また恵まれない者にとってはほとんど役に立たないという彼の見解も正しいものでなければならないだろう。さらに、強者の「健全な利己主義」は、たとえそれがより恵まれない者に対する無慈悲さを含意するとしても様々な可能性を有するという彼の見解も正しいものでなければならないだろう。さて、ニーチェの心理的な所見のいくつかに関しては、彼は間違いなく正しかったと言える。たとえば、人々に対して最も満足感を見出すのは彼らが自分の助けを必要としているときであると考える人や、自分自身を憎んでいる人には注意するようにとニーチェは教えているが、この見解は正しい。いくつかの箇所では、彼の所見や、深層心理学の先取りと言えるような彼の記述は、彼が優れた心理学者であることを示している。しかし、ニーチェが人生および人間の心について膨大な知識を持っていたと考えることはできないだろう。彼は孤独な天才や創造的な芸術家や思想家の人生についてはよく知っていたので、そうしたことについては説得力のある記述を行った。ところがこの人間像から逸脱した場合には、ニーチェによる力強く気高い者の描写は明らかに説得力を欠いていた。こうした者の健康の条件についてニーチェが言っていることの大部分は、人間の行動の最も重要かつ基本的な原理は権力への意志であるという彼の信念に由来するもののように思われる。ところで行為の源泉についての一般理論は哲学者にとっての落とし穴であるというのはよく知られたことであり、世界史規模で活躍しようとしたニーチェは、物事全体を理解したという幻想に陥った明らかな例と言える。このような批判は、批判をする側に立証責任があるだろうが、一見したところ、人間本性に関するニーチェの見解は、非常に限定された視点を離れては信じる理由がまったくなく、またその視点は彼自身の主張にとっては極めて不十分なものである。我々がニーチェの主張するジレンマ――すなわち、我々は弱者を犠牲にするか、強者を歪んだものにするかのいずれかであるというジレンマ――に本当に陥っていると考えるべき理由はまったくない。そしてある意味では、歴史はニーチェに追い付いたと言える。世界が現在直面している危機は、あまりに多くの憐みとあまりに少ない利己主義によるものと見なすことが一体誰にできるだろうか。いくつかの点では最も人道的と言える人物であるニーチェがもし今日生きていたとして、非人道性が今日ほど大規模かつ露骨な仕方で広まっているのを目の当たりにしたら、彼は何と言ったであろうかと思うのである。

（訳　児玉聡）

本論文の初出は以下である。Philippa Ruth Foot, "Nietzche: The Revaluation of Values," in R. C. Solomon (ed.), *Nietzsche, A Collection of Critical Essays*, (Doubleday-Anchor, 1973).

第一章　注

＊1　〔ドイツ語から英語への〕翻訳は、断りがない限りは、Walter Kaufmann によるものである。著作の略記のリストは以下に示す通りである。〔訳者注：ニーチェの文章の訳出には、左記の翻訳を用いた。ただし、表記など一部表現を変えているところもある。〕

＊2　Walter Kaufumann および R.J. Hollingdale による訳。

★1　ニーチェは『道徳の系譜』において「よい」と「悪い」の区別には二種類あることを指摘した。一つはドイツ語の gut と schlecht（英語では good と bad）で、それぞれ「優れた（高級な）」と「劣った（低級な）」という意味である。それに対して、gut と böse は（英語では good と evil）は、「道徳的に善い」と「道徳的に悪い」という意味である。ニーチェによれば、キリスト教以前の「貴族道徳」において前者の「優れた」と「劣った」という対が強者の視点から用いられたのに対し、キリスト教道徳においては価値が逆転し、弱者（劣った者）の視点から後者の「善い」「悪い」という対が用いられることとなった。この対比においては、弱者こそが「善く」、強者は「悪い」ものとなる。

★2　アリストテレス『ニコマコス倫理学』高田三郎訳、岩波文庫上巻、一九七一年、一四五頁および朴一功訳、京都大学学術出版会、二〇〇二年、一六六頁を参考にした。なお、原文では1123a15となっている。

A：『反キリスト者』（原佑 訳、ちくま学芸文庫ニーチェ全集14、一九九四年）
BGE：『善悪の彼岸』（信太正三 訳、ちくま学芸文庫ニーチェ全集11、一九九三年）
CW：『ヴァーグナーの場合』（原佑 訳、ちくま学芸文庫ニーチェ全集14、一九九四年）
EH：『この人を見よ』（川原栄峰 訳、ちくま学芸文庫ニーチェ全集15、一九九四年）
GM：『道徳の系譜』（信太正三 訳、ちくま学芸文庫ニーチェ全集11、一九九三年）
WP：『権力への意志』（原佑 訳、ちくま学芸文庫ニーチェ全集12、一九九三年）
Z：『ツァラトゥストラ』（吉沢伝三郎 訳、ちくま学芸文庫ニーチェ全集9・10、一九九三年）
黄昏：『偶像の黄昏』（原佑 訳、ちくま学芸文庫ニーチェ全集14、一九九四年）

第二章　現代倫理理論の統合失調症＊

マイケル・ストッカー

現代の倫理学理論が思う統合失調症

現代の倫理学理論は、二、三の賞賛に値する例外はあるかもしれないが、理由や価値、正当化根拠しか扱わない。それらの理論は、動機を検討し損なっており、倫理的生のもつ動機づけの構造や制約を検討し損なっている。それらの理論はこうしたことをし損なっているのみならず、それをしないことで倫理学理論として失敗しているのである。私はこのことを本論で論じるつもりである。私はまた、関連し合う二つの課題にも取り組む。まず、動機づけというものが倫理学理論や倫理的な生に課すいくつかの制約を示す。第二に、理由と動機の関係にかんする私たちの理解を進展させる。

善き生の一つの印は、当人の動機と理由、価値、正当化とが調和していることである。自分が価値を置くものによって〔行為へと〕動かされないことは、――すなわち、自分が善いと、すてきだと、正しいと、美しい等々と信じているものによって動かされないことは――、精神にかんする病いを物語っている。自分を〔行為へと〕動かすものに価値を置かないこともまた、精神にかんする病いを物語っている。このような病いあるいは症候群は、道徳的統合失調症と呼ぶに相応しいだろう。というのも、それらの病いにおいては、ある人の動機と理由は統合されていないからである。（これ以降、「理由」は、「価値」および「正当化」のことをも意味する）。

このような統合失調症の極端なものの特徴は、一つには、自分が悪いと、有害だと、醜いと、下劣だと信じるようなことをするように動かされていることにある。その特徴は、もう一つには、自分がしたいと思うことに、むかむかし、ぞっとし、狼狽することにある。おそらく、そのような極端なケースはまれにしか見られない。しかし、理由と動機の間のより穏やかな統合失調症は珍しくなく、意志の弱さ、優柔不断、罪、恥、自己欺瞞、自己正当化、自分に腹を立てることといった多くの事例を挙げることができる。

少なくとも、私たちは自身の主要な価値によって動かされるべきであり、また、自身の主要な動機が向かうものに価値を置くべきである。すなわちもし私たちが善き生を送りたいならばという条件のもとでは、そうするべきなのである。繰り返して言うと、このような調和は善き生の印である。実際のところ、人間の生は――それが善いものであれ悪いものであれ――このような統合がいくらかでもなければ不可能なのではないかと思う人もいるかもしれない。しかしながら、あらゆるケースでこのような調和がある方がより善いことだと言っているわけではない。もし身勝手な独裁主義者が自分たちの受けた道徳的なしつけによって拘束されていると感じるならば、それは私たちにとってより善いことである。それは、独裁主義者が［今もっている］動機の理由を採用している場合に比べればより善い、ということなのだが。もし仮にアイヒマンが、自分がすべきだと考えたことをしたいと思っていなかったならば、世界および彼の犠牲者にとってはるかに善かったであろう[*1]。

私は、活動領域のすべてにおいてこのような調和が必要だと言っているのでもないし、あるいは、価値が置かれているものを獲得することに特別役立つと言ってすらいない。多くのケースではそうではない。たとえば、パンクしたタイヤを修理する際のある人の動機は、再び走り始めることに大部分無関係だ。（このような多くのケースにおいて、人は意図する結果に価値を置く必要すらない。）

私は、「道徳的に重要な」領域すべてにおいて、このような調和が必要であると言っているのでもないし、あるいは、価値が置かれているものを獲得することに特別役立つと言ってすらいない。病人に食事を与えるなど、道徳的に重要な仕事の多くは、動機にまったく何の関係もなく同じように十分になすことができる。そして、ロスが論じるように、また時折ミルを援用して論じられるように、倫理の大部分に関しては、価値と動機の間の調和・不調和にかんする哲学的な問いなど端的に言って存在しない。すなわち、正しいこと、責務であること、あなたにとって義務であることを、そのように行為する動機が何であれ、あなたはすることができる。もし約束を守ることがあなたの義務であるならば、義務にたいする尊敬から約束を守るにせよ、自分の評判が落ちるのを恐れて約束を守るにせよ、他の何にせよ、あなたはその義務を果たすわけである。正しさ・責務性・義務にかんする限り、何が動機づけるかは関係がない。

正しさ・責務性・義務にかんする限り、〔善き生にとって調和が重要であるという〕この見解は大変疑わしいにもかかわらず[*2]、少なくとも二つのことを論じる余地がある。第一に、ここにおいてでさえ、依然として調和について問うことができる。自分の義務を果たすけれども、そうしたいとは一度も、あるいは、めったに思わないような人々の生活とはどのようなものなのだろうか。第二に、義務・責務・正しさは、倫理学が扱うものの一部でしかない——実際のところ、それらは倫理学が扱うほんのわずか、すなわち、無味乾燥で最低限の部分でしかない——。個人に属する関係・活動および個人間で営まれる関係・活動の価値にかんして、別の領域がまるまる存在している。それに加えて、道徳的な善さ・功績・徳の領域も存在する。どちらの領域においても、動機は価値あるものの本質的な部分をなす。どちらの領域においても、動機と理由は、価値が実現されるために調和していなければならない。

こうした理由のために、およびこのような調和が善き生の印であるがゆえに、このような調和を無視する理論はいかなるものも、そうすることで大きな危険に瀕する。このような調和を困難にする、あるいは不可能にするいかなる理論も、有罪とは認められないとしても、多くの強力な抗弁が必要となる。私がこれから論じようとしているのは、現代の倫理学理論が――すなわち英語圏の哲学の世界でよく目につくこれらの理論が――このような調和を不可能にしているということである。

現代の倫理学にたいする批判

私たちの道徳的な生の複雑さと領域の広さ、そして価値をもつものについてよく考えると、近年の倫理学理論はこれまで義務・正しさ・責務に集中し過ぎてきたことがわかる。[*3] この――過度の集中という――失敗が許されることなどあり得なかった。動機を扱わない、あるいは動機と価値との関係を扱わないという失敗が（それゆえまた、第一の失敗は第二の失敗の土台になっており、それを説明する。）現代の倫理学理論については、このような過度な集中よりも、もっと深刻な欠点を私たちは第二の失敗のうちに見出す。すなわち現代の倫理学理論は、価値にかんする極めて重要かつ広汎な領域において、理由と動機の間の統合失調を必然的に引き起こすのである。そうでなくて、そのような理論が私たちに調和を可能にするとしても、それは道徳的に貧弱な生の調和、すなわち、価値あるものが圧倒的に不足している生の調和にすぎない。道徳的な人々、すなわち、価値あるものを獲得しうる人々が、これらの倫理学理論に基づいて行為することは不可能であるし、そのような倫理学理論のなかに自らの動機を見て取ることなど不可能である。このために、これらの倫理学理論のなかに自らの動機を見て取る人々が送る生は、価値あるものを深刻に欠くものとなるだろう。

かくして、これらの理論は二重の欠陥を抱えている。倫理学理論として見ると、それらの理論は人が統合的な仕方で善を獲得することを不可能にするために失敗している。心について、理由と動機について、そして人間の生および活動についての理論として見ても、これらの理論は失敗している。というのも、これらの理論は心理的に不快であるか、厄介であるか、もしくは、まったく受け入れられない立場にさえ私たちを陥らせるためだけでなく、私たちや私たちの生を根本的に寸断し、かつ不整合にしているためである。

私が念頭に置いている種類の不調和は、利己主義者の、典型的には快楽主義的な利己主義者の問題を考察することによって浮き彫りにされる。愛、友情、愛情、同胞感情、そして共同体との一体感は、個人的な快の重要な源泉である。しかし、このような利己主義者はこれらの快を得ることができるのか。私は「できない」と思う——とりわけ利己主義者が自分の快という動機に固執する限り——。

この理由は、利己主義者が協力できないから、言うなれば、愛という関係性を結ぼうと決意することができないからではない。当然、利己主義者にもそのようなことは可能である（このような決意に関して現在の話題とは無関係な問題は考慮しないでおこう）。それに、この利己主義者は、このような快をもたらすと予測されたさまざまなことをすることができる。すなわち、おしゃべりに夢中になること、人を愛すること、美味しいものを食べること、面白い映画を観ること、等々ができる。

それにもかかわらず、このような生には必ず欠けているものがある。つまり愛である。というのも、愛の概念そのものにとって本質的なのは、人が愛する人をケアするということ、すなわち、愛する人のために行為する覚悟があるということだからである。より強調して言うと、人は愛する人をケアしなければならないし、最終目標としてその人のために行為しなければならない。すなわち、愛する人そのものが、あるいは愛する人の幸せ（welfare）や利益が、その人の関心や行為の最終目標でなければならないのである。

私のあなたにたいする思いやりが——あるいは私があなたを幸せにしようとすることさえもが——生を、すなわち、私にとって個人的に楽しい生を送りたいという私の欲求に由来する限り、私はあなたのために行為していない。要するに、私が、自分自身の快を得る——より一般的には、善を得る——という最終目標を念頭に置いて、あなたのためにさまざまな行為をする限り、私はあなたのために行為してはいないのである。

そう考えると、なぜ利己主義とは本質的に孤独なものだとしばしば言われるのか、その理由がいくらかわかるだろう。それは、利己主義が本質的に関心を寄せるのは、他の人たちとの間の外的な関係であるためだ。外的な関係においては、他の人たちが自分に及ぼす影響を除いて、一人の人物が別の人物と区別されることはなく、また、重要さや価値、特別さの点においても二人の人物が区別されることはない。このことは人以外の物との関係においてでさえ同様である。個人としてのその人が重要なのではない。その人が自分にもたらす影響のみが重要なのである。彼らは本質的に取り換えがきくのであり、他に同じ影響をもつものなら何でも構わない。そして私が言いたいのは、このことこそ人として（personally）許しがたい点だということである。自分自身についてこのように考えること、あるいは、あなたの愛している人があなたをこのように考えると思うことは許しがたいことなのだ。そして、心理的な理由からのみならず、概念的な理由からも、それは愛と両立し得ない。

　この種の愛をもつことは、それほど重要ではないと思われるかもしれない。しかし、それは深刻な誤りだろう。ここでの愛は、単なる現代の恋愛における愛、すなわちセクシャルなものだけではない。この愛は家族の間の愛でもあるし、私たちが自分の親友に対してもつ愛でもあるし、その他の種類の愛もある。いかなる人をも「ケアした」ことがなく、ただ自分自身の利益のための手段としてしか扱ってこなかった人たちの人生とは、一体どのようなものなのだろうか。また、私のことだけを思って私を愛してくれる人は誰もいない、人が私を愛してくれるのはその他の人の利益になる手段としてだけだと考えるのが当然だと思っている人たちの人生とはどのようなものなのだろうか。

　相手のために何かをするという考え方、あるいは、その人物のためにその人をケアするという考え方は愛にとって本質的なのであり、これとまったく同様に、その考え方は友情や愛情にかかわるあらゆる関係にとっても本質的である。これがなければ、せいぜい私たちは善い関係を、すなわち友好的な関係をもつことができるだけであろう。そして同様に、このようなケアリングや尊敬は、同胞感情や共同体との一体感にとっても本質的である。

話を進める前に、利己主義にたいするこの批判をより標準的な批判と比べてみよう。私の批判は以下の次第である。まず、快楽主義的利己主義者は行為・活動・生き方を正当化するものは自分自身の快だけだと考えている。次いで、彼らは、愛や友情、愛情や同胞感情、そして共同体との一体感が最大の個人的な快（の源泉）の一つだと認識しているはずである。となると、彼らには彼ら自身の根拠に基づいて、このような関係を築く十分な理由があることになる。しかし、もし彼らが自分のための快という動機に基づいて行為するなら、彼らはそれらの快、すなわち大きな善を得るのに必要なやり方で行為することができない。彼らは、愛そうとしている人、友人であろうとしている人、等々、そういった人たちのために行為できない。かくして、彼らは愛することができないし、友人であること、あるいは友人をもつこと、などができない。こうした大きな個人的な善を獲得するために、彼らは、この利己主義的な動機を捨てなければならない。彼らは自分の理由を、自分の動機に組み入れることができない。自らの理由と動機のために彼らの道徳的な生は統合を失調する。

利己主義にたいする標準的な批判は以下である。彼らは端的に言って、利己的でない善を獲得することができない。彼らの一連の行動のために、原理上、彼ら自身が他の人たちと重要なやり方で関係を結ぶことができなくなる。この批判が正しいかどうかは明らかではない。というのも、利己主義者たちが次のような方針を採用することに不整合な点はないかもしれないからである。すなわち、その方針とは、自分たちが利己主義者であるということをいわば忘れてもよいというものであり、換言するなら、自分以外の人を目的としてケアすることを最終的な目標および動機としつつ、それを自分自身のためにすることが許される、むしろそうすべきだとさえする方針である。実際のところ、しばしば論じられてきたように、賢明な利己主義者ならまさにこのようにするだろう。

この応答にかんして、いくつかの問いが投げかけられるはずである。たとえば、そのような方針を採用した人は依然として利己主義者であろうか。利己主義を擁護するためには、この人が利己主義者のままであるということが重要なのか。あるいは、利己主義者が是認するやり方でこの人が生きるということだけが重要なのか。もちろん、利己的な動機づけから他の人たちを目的にしたケアリングへと方針を変えることにとって本質的なのは、利己主義者としてのこの人が自分自身を意識的にコントロールしないということである。このことは次の問いを提起する。すなわち、方針を変えた後の自分が利己主義的に是認される目標をどのくらいうまく達成しているのかを、そのような人々はチェックしそれを知ることができるのだろうか。彼らが心のうちに目覚まし時計を置き、もし自分たちが十分な個人的な快を——あるいは、より一般的に言うと十分な善を——得ていないのならば、その目覚まし時計によって時々、非利己主義的に方針転換した自己から目覚めて、その方針を修正することができるようになるのだろうか。私は、このことが不可能ではないだろうと思う。しかし、それは理想的な生でも、満足のいく生でさえもないように思われる。あなたが他の人たちから隠さなければならない個人的な性格をもっていることだけで十分に悪い。さらに、あなたが自分自身（の他の部分）から隠さなければならない性格をもっていると想像してみてほしい。依然として、おそらくこのことは可能である。もしこのことが可能であるならば、利己主義者にはこの第二の批判に応じることができるだろうと思われる。しかし、それは私の批判には応えていない。すなわち、利己主義者は自分たちの理由を、自分たちの動機に組み入れることができないだろうし、また、彼らは善いものを獲得するために、分裂した、統合を失調した生を送らなければならないだろう。

　これは、利己主義のような倫理学理論のみが有する欠点と考えられるかもしれない。しかしそうではない。ある行為が正しい、責務その他であるのは、快苦（あるいは、それらにかんする見込みの大きさ）が最大化される場合、かつその場合に限られると考える功利主義について考察してみよう。この見解では、行為するための唯一のよい理由は快苦のバランスと考えられており、したがって、その見解では愛、友情、愛情、同胞感情、そして共同体との一体感に高い価値が置かれるはずである。さて、あなたが誰かのために行為し考える際に、あなたはこの功利主義的な理由を自分の動機としてそこに組み入れるとしよう。その人にたいするあなたの関係がどのようなものであれ、それが愛でないことは間違いない（そしてまた、それは友情、愛情、同胞感情、共同体との一体感でもない）。あなたの思考および行為に、あなたが愛しているとされている人に対してあなたが考え、行為するとしても、それはその人自身のためではなく、単に快の源泉としてなのである。

問題なのは、快が唯一の善、すなわち正しさを構成する唯一の特徴だと考えられているということだけではない。このことを確認するために、G・E・ムーアの形式主義的功利主義[★1]について考えよう。この立場では、私たちは善さを最大化しなければならないけれども、すべての善を同定する必要はない。もしも愛の関係やそれに類するものが善であるとすると（私はそう思うし、またムーアもこれに賛成する）、ここにどのような不調和がありうるだろうか。ムーアの正当化理由を動機として組み入れつつ、依然として人を愛することは可能ではないのだろうか。私は可能だとは思わない。

第一に、もしあなたが善さを目的としてその関係を続けようとするならば、この活動にたいして本質的なコミットメントを欠いているのはもちろん、ましてや関係している人物にたいしてはなおさらである。善さにかんする限り、愛することは、スキーをすることや詩を書くこと、すてきな食事を食べることと同じである。〔これにたいしては〕次のような答えが返ってくるかもしれない。その善には、すなわち愛という善には特別な何かがあると言われる――ここではその善を善〔そのもの〕としてではなく、善いものとして、すなわちこの善として扱う。しかしながら、一人ひとりの人物に目を向ける限り、ここでもまた、人格というものが存在していない。誰であろうと他人がこの善を同じくらい引き起こすのであれば、それがどのような人であっても、愛する人と同じくらいふさわしい愛の対象であるだろう。これにたいしては、求められるべきは〔まさに〕この善であると応答されるかもしれない――それも、個人のもつ一つひとつの特徴、すなわち、愛し合う人々を結び付けている特徴を強調しながら。しかしいまや、どのような意味で善さが求められているのかが明らかでないし、その理論が私たちに善さを最大化するように依然として言っているということも明らかではない[*4]。確かに、その理論は私たちにこの善を生み出すように求めている。しかしいまや私たちは善いもの、すなわち愛をその善さから分離することができない。そしてこれは端的に言って、ムーアの功利主義ではない。

利己主義や上記の種類の功利主義に従うと、理由と動機の間の統合失調が必ず訪れることになる――そして、それらの理論は愛、友情、愛情、同胞感情、そして共同体との一体感を許容し得ない。このことは、今はやりの規則功利主義についても同様である。さらには今日の義務論もそうである。

これらの理論において欠如しているものは、単純に言って――さほど単純でもないが――個人としての人格である。というのも、愛、友情、愛情、同胞感情、そして共同体との一体感のすべてに必要とされるのは、他の人格が価値あるものの本質的な部分を成すということだからである。個人としての人格には、価値が置かれなければならない――そのとき、単にその人がもつ一般的な諸価値に価値を置くのではなく、また一般的な価値を産み出す者、あるいは、それを所持する者としてその人に価値を置くのでもない。一例を挙げると、愛にかんするこれらの理論の欠点とは、それらの理論が愛に価値を置かないということではなく（たいていの場合は価値を置いている）、愛する人に価値を置かないということである。端的な愛、すなわち愛一般に価値を置きそれを目指す人、さらには「この人物によって具現化される愛一般」に価値を置きそれを目指す人、そういう人がいるとしよう。実際のところ、このような人は、私が批判してきた理論の信奉者と同様に、愛の対象となるはずの人を間違いなく「見失って」いる。

しかしながら、これらの理論の問題は、他の人々を価値あるものとして見ないということではない。。それは単純に言って――さほど単純でもないのだが――価値あるものとしての人々にかんするものである。これらの理論が自分以外の人々にたいしてそうであるように、現代の倫理学理論は、私たち一人ひとりが自分自身を愛すること、ケアすること、価値づけることを不可能にするだろう――このことは、私たちのもつ一般的な価値やそれを産み出す者あるいは所持する者としての私たち自身を愛したり、ケアしたり、価値づけたりするのとは真逆である。これらの外的な関係に満ちた（externality ridden）理論では、他の人々と同じように自己もまた姿を消す、あるいは姿を現さない。内在的に価値あるものを備えた、この外的な関係に満ちた世界（universes）は独我論的なものではない。むしろ、こうした世界にはすべての人々が欠けている。[*5]

人を人として扱うのが難しいというのはわかりきったことである。人をその人自身を目的としてケアすることは本当に難しい。それは精神をすり減らし、消耗させる。それによって私たちはあまりにも無防備な状態、すなわち、あまりに傷つきやすい状態に身を置くことになる。しかし、それと同時に目を向けるべきなのは、他の人たちを外的に扱う、すなわち本質的に取り換えのきくものとして、一般的で特殊でない価値のための単なる道具あるいはその器として考えたり扱ったりすることは、私たち――個人としてであれ、小さくはカップルのような集団であれ、大きくは社会のような集団であれ――にとって、どういうことなのかということである。また、このように扱われることは私たちにとってどういうことなのか、あるいはそのように信じることは、私たちにとってどういうことなのかということにも目を向けねばならない。

少なくとも、こうしたやり方は人間性を失わせるものである。ただ、これ以上のことを言うためには、次のような問いに答えられるような広範囲の哲学的人間学が必要となる。〔第一に、〕愛や友情のような個人的な関係がどのようにしたら可能か、〔第二に、〕個人的な関係は、より多様な人間的な生のあり方と、より多様な人間的な生の構造といかに関係するか、〔第三に、〕いかにして個人的な関係のもとで、生きるに値する人間的な生を構成する諸関係が発展可能か――そのようなことは、もしかすると個人としての関係のもとでのみ可能になるのかもしれない。要するに、それらの関係がどのように協働して、善き生、すなわちエウダイモニアの生の充実が実現されるのかという問いが明らかにされなければならない。

このように論じてきたものの、人格に価値を置くという考え、すなわち、価値あるものとしての人格という考えのなかには多くの不明瞭さと困難があるということを認めねばならない。私たちがこのこと——たとえば、私たちが何に価値を置き、また、なぜ価値を置くのか——について考えると、次の二つの道のいずれかをたどることになりそうである。一つは、人格というものを無視して、一般的な価値をうみ出す者・所持する者としての人格、もしくは人格のもつ一般的な価値という考えにたどりつく道である。もう一つは、一般的な価値すべてを無視して、個別のむき出しの自我という考えにたどりつく道である。

いずれにしても、おそらく私たちは利己主義者から学ぶことができるだろう。利己主義者は少なくとも、彼ら自身、すなわち自分たち一人ひとりを自らの価値のなかに本能的に含めるに違いない。不合理というリスクを犯すことになるけれども、——実際、自らの見解の魅力を完全に失うというリスクを犯すことになるのだが——自分にとっての善について利己主義者が魅力的で善いと考えるのは、〔それが〕善であるというだけでなく、自分にとってのものであるということであり、まさにその点がきわめて重要である。

ここで、私が言おうとしてきたことを言い直し、言わなかったことのいくつかを述べることが役に立つかもしれない。これまでずっと私が主題にしてきたのは、もし人々が愛、友情、愛情、同胞感情、そして共同体との一体感がもつ大きな善を実現できるとすれば、どのような種類の動機を人々はもちうるかということである。そして私が論じたのは、もし近年の倫理学理論が究極的に善いあるいは正しいと主張するさまざまな物事を私たちが動機と見なすならば、すなわち、それらを自らの動機に組み入れるならば、私たちは必ずそれらの動機をもつことができなくなるということである。他の多くの状態や活動のように、愛、友情、愛情、同胞感情、そして共同体との一体感は本質的に特定の動機を含み、しかも本質的に別の動機を排除する。そのように排除される動機を見ると、今日最もよく知られている倫理学理論が主張する正当化理由、目標、善からなる動機が含まれていることがわかる。今はやりの倫理学理論の価値を人の動機に組み入れることは、人々を外的に扱うことであり、愛、友情、愛情、同胞感情、そして共同体との一体感を――それが他人のものであれ自分のものであれ――排除することである。そうした今はやりの倫理学理論を掲げながら、これらの重要な善を獲得しようとすると、理由と動機の間の統合を失調することになる。

私が論じなかったことは、もしあなたが愛の関係や友情……を育むことに成功しているならば、あなたはこれらの議論が措定する正当化理由や、目標、善を獲得できないだろうということである。あなたはそれらを獲得することができるけれども、それは直接その理論に従って生きることによってではない。より厳密に言うと、あなたが直接その理論に従って生きようとすればするほど、その善を獲得できなくなる。

ここまでのところ私が不調和や分裂、統合失調という異議を申し立ててきたのは、愛、友情、愛情、同胞感情、そして共同体との一体感という個人的な関係性にかんしてのみである。これらが重要だというだけで、議論に勝つには十分だと私は思う。しかしながら、もう一つ別の領域に目を向け、理解を求める行いとしての探究、すなわち知恵について考えてみよう。私はこれについてはさほど確信しているわけではないが、先ほどと同じ異議の多くが当てはまると思う。

以下は特殊なケースにすぎないかもしれないが、考察に値すると思われる。あなたは精神病院に閉じ込められており、また、そこから出ることを非常に強く望んでいる。あなたは精神科医に、自分はいつ病院から出られるのかと尋ねる。医師は、「もうすぐですよ」と応える。ここでわかることは、医師は患者たちに自分が本当に思っていることを伝えるのではなく、彼が伝えるのは、それを聞いた方が患者たちにとってよいと医師が思っていること（医師はそう思っていると患者が信じる方が善いと医師が思っていること）である。医師がもっている医学理論と、医師があなたについて知っていることがわかれば、おそらくあなたは「医師のコードを読みとく」ことができるだろう。それにもかかわらず、あなたの医師とのさらなる会話——これを会話と呼ぶことができるならば——は、探究のモデルとは言いがたい。自分自身のためであれ、神の栄光のためであれ、最大の快のためであれ、あるいは最大の善のためにでさえも、探究ということに携わる人々と対話するとき、私たちは〔精神病院の患者の場合とは〕異なる立場にいるのだろうとそれなりに信じることができる。ここでもやはり私たちは探求に携わる人々のコードを読みとくことができるとしても構わない——たとえば、ある人が、学者としての昇進の最大のチャンスは特定の領域における真理を発見することであると信じているということを、私たちは見出すことができてもよい。それにもかかわらず……。

（「ここで、主任教授たちを最も喜ばせるのは自分が昇進することであると彼が信じるようになったとする。そのとき、私たちは彼が本当に信じていることをどのようにしたらわかるのか」。このような疑問が残されているが、それは重要だろうか。「それとは別に、彼が真理そのものに価値を置かなくなったとする。そのとき、彼が本当に価値を置いているものが何かを私たちはどのようにしたらわかるのか」という疑問も考えられるが、この二つの疑問は本質的に異なっているのだろうか。おそらく、もし「単なる知識」ではなく理解が目指されているのなら、両者は別物である。）

動機および動機の評価に明示的にかかわる領域においては、倫理学理論によって私たちはこの不調和に陥ったり、あるいはその不調和に伴う道徳的に欠陥のある生に陥ったりしないだろうと見込まれるかもしれない。そしてこの見込みはある程度までは期待できる。しかし、道徳的な功績や罪過、道徳的に賞賛に値することおよび非難に値すること、道徳的な徳と悪徳といったものにかんしてでさえ、事情がまったく異なるわけではない。ここでもまた、外的関係の問題と人格の不在の問題、そして、それに関連した不調和の問題が生じる。

標準的な見解では、道徳的に善い意図は道徳的に善い行為の本質的な構成要素であると言われている。これは十分正しいように思われる。さらにこの見解では、道徳的に善い意図とは、当の行為が善いあるいは正しいがゆえに行為をするという意図である。さてここで、あなたは病院で長い療養生活を送っていると想定しよう。あなたがとても退屈していて、手持ち無沙汰で、何もすることがないときに、スミスが二度目のお見舞いに来てくれる。あなたはスミスはいいやつですばらしいやつであり、親友であるとかつてないほど強く信じる——彼はあなたを励ますことに多大な時間を費やし、隣街からはるばるお見舞いに来てくれているのだから。あなたが溢れんばかりにスミスの行いを賞賛し感謝するので、彼は水を差すように、自分が義務だと思っていること、最善のことと自分が考えていることを私はいつもしているだけだ、と言う。はじめのうちあなたは、スミスは恩着せがましくならないように謙遜しているのだと思っている。しかし、二人が話せば話すほど、スミスは字義通り本当のことを言っていたということが、ますます明らかになってくる。スミスがあなたのお見舞いに来たのは、本質的に言ってあなたのためではない。彼がお見舞いに来たのは二人が友人だからではなく、彼はおそらくキリスト教徒としてあるいは共産党員としてあるいは他の何であれ、そうすることが自分の義務であると考えたからである、そうでなければ、ただ単にあなた以上に励ましを必要としている人は他にはおらず、そして、あなたほどすぐに励ますことができる人は他にいないと彼は考えているからである。

確かに、ここには何か欠けているものがある——そして、道徳的な功績あるいは道徳的な価値が欠けている。この欠陥が生じた原因は、次の二つの関連し合う論点にある。一つ目の不具合は、やはり、その適切な動機だと言える。そして、少なくともこの事例においては、二つ目の不具合は、やはり本質的に外的関係であることである。*6

いくつかの疑問点と結びにかえての考察

私たちは倫理学理論における理由、価値、正当化を自分の動機に組み入れることができるはずであり、さらには道徳的に行為し、善を獲得することができるはずであると私は想定してきた。しかし、なぜこのような想定をするのだろう。おそらく私たちは倫理学理論を、「急がば回れ」（indirection）を奨励するものとして——何か他のものを求めることによって私たちが欲しているものを得させるものとして——捉えるべきである。たとえば、すべての人が万人の福利を求めることによってではなく、すべての人が自らの福利を求めることによって万人の経済的な福利は実現されるとある人は言う。あるいは、もしかすると私たちは倫理学理論を、正しいものや善いものにかんして決定因（determinants）を与えるものではなく、正しいものや善いものにかんする指標（indices）を与えるだけのものと考えるべきかもしれない。

「急がば回れ」にかんする理論は、その理論に固有の問題を抱えている。私たちが本当に欲するものではなく、別の何かを得てしまうという大きなリスクが常に存在するのである。また、以下の二つの関連した問題もある。どの動機がどの行為に適しているかを私たちが知るために、「急がば回れ」を支持する理論は、動機づけにかんする別の理論によって補われる必要がある。「急がば回れ」を支持する理論はまた、動機と実際の目標との間のつながり、および、それらの間の間接的なつながりを説明しなければならないだろう。

第二に、社会の経済学のような、大規模で多くの人たちにかかわる事柄においては「急がば回れ」という語り口は、それほど厄介なものではないだろう。しかし、倫理学のように、個人的な事柄にかんしては、すなわち人格に非常に密接で非常に内的なものにかんしては、「急がば回れ」という語り口はもっともらしくないどころか、不可解ですらある。私たちが「急がば回れ」で行為するように思われないという点で、それはもっともらしくない。少なくとも、愛、友情、愛情、同胞感情、そして共同体との一体感のような領域ではそうである。これらのケースでは、私たちの理由と同様に、私たちの動機は愛する人や友人……と直接的に関係している。愛する子どもあるいは愛する親のために何かをする際に、現代の倫理学理論のなかに見出される理由に訴える必要はまったくないし、あるいはそうした理由を考える必要さえまったくない。「急がば回れ」という語り口は、そのために行為がくじかれ、理解もくじかれてしまうという意味で不可解である。というのも、たとえば、愛のような活動について、それを正当化するのに愛を超えた何かが必要となると信じてしまうと、私たちがそれらの活動をつづけるためには、自己欺瞞に類したものに頼らざるをえなくなるためである。

これらの倫理学理論を部分的に擁護するなら、次のようになるだろう。それらの理論は理由としても動機としても役立ちうるものを提供することを目指してはいない。それらの理論が目指しているのは、善さや正しさの決定因ではなく、指標を提供することだけなのである。形式上、倫理学理論をこのように捉えることには問題はないだろう。しかし、いくつかの問いが生じる。私たちはなぜこのような理論に、すなわち、それらの理論に基づいて行為することができない理論に関心をもつべきなのか。理由と動機との間の調和を可能にする理論があるだけでよいのではないか。決定因を与える理論をもつべきではないのか。そして実際のところ、このような理論が私たちには必要なのではないだろうか。確かに、私たちの前-分析的な見解だけで、指標の理論を評価するには、十分かもしれない。私たちは、正しい指標の理論を見つけ出すために決定因の理論を必要としないだろう。しかし、なぜその指標が正しいのか、すなわちなぜその指標でうまくいくのかを知るために、つまり、そのように指標化されているものについて何が善いのかを知るために決定因の理論が必要ではないのか。[*7]

近年の理論を別のやり方で部分的に擁護するなら、次のようになるだろう。まず第一に、それらの理論は倫理学の領域全体ではなく、正しさや責務、義務と専らかかわっている。そして第二に、この制約された領域のうちでは、それらの理論は不調和や統合失調で苦しむことはない。この擁護は、特にその第二の論点については、すでにある程度は論じられてきた。しかし、言うべきことがもっとある。近年の倫理学者たちが道徳性にかんする多くの、かつ、きわめて重要な領域を——たとえば個人的関係の領域や功績にかんする領域を——無視してきたということは、おそらく、これまでの考察で十分明らかであろう。ここまでは、擁護の第一の論点は間違ってはいない。しかしながら、まったく明確でないことがある。これらの理論は部分にしかかかわらない理論としてのみ提示されたのか、それとも、その理論の支持者は義務等々こそが本当に倫理学の全領域なのだと、そうでなければ少なくとも倫理学の唯一重要な部分なのだと信じていたのか。これらのことが明確ではない。

私たちは、〔これらの理論にかんする〕それまでの動機づけや信念は忘れて、これらの理論にのみ目を向けて、それがどのように役に立つのかを理解すべきだと言われるかもしれない。おそらく、それらの理論は、義務等々の範囲や重要性について間違っていた。けれども扱う概念にかんしては正しかったのかもしれない。このような主張にたいしては、いくつかの点を指摘しておくべきである。第一に、それらの理論は、義務を超えた責務および自己尊敬にかかわる考えについて少し調べれば示されるように、義務等の概念について間違っていた。第二に、これらの理論は深刻な誤解を招きやすいものである。というのも、それらの理論は、あまりに性急に理解されて、倫理学のすべては外的関係に基づき、立法モデルで、指標的なやり方で扱うことができると言っていると受けとられる可能性があるからである。（「立法モデル」については以下を参照。）第三に、このような理論を部分にしかかかわらない理論として受け入れることは、倫理学理論内の統合をきわめて困難にするだろう。これらの理論はたとえば個人的関係にかかわる理論はあまりに異なるものなのだから、どのようにしてもそれらを統合することはできないのだ。もちろん、この第三の論点は、義務の理論にたいする批判なのではなく、私たちの道徳的な生は大いに多様であり複雑だと認めることにすぎない。*8

結論にあたって、現代の倫理学理論がどのようにして、道徳的に未熟な生を要請するか、あるいは不調和や統合失調を要請してしまうかのいずれかになるのはどうしてかと問われるかもしれない。〔この問いには〕（いくぶん思弁的な）一群の解答が存在して、それはこれらの理論における義務や正しさ、責務の優位に関係するものである。この優位性が、個人的関係が失われつつある時代に展開された理論と適合するのは自然である。この時代においては、人々をまとめたり、人々のさまざまな企ての間の衝突を和らげたりする結びつきのもつ力が徐々に失われていった。また、この時代においては、商業上の関係が家族関係（あるいは家族のような関係）に取って代わられた。そして、この時代においては個人主義が台頭した。その優位性はまた、その時代の哲学者たちの主な関心とも自然に適合する。すなわち、立法である。立法に関心を寄せたとき、哲学者たちは、義務や正しさ、責務に関心をもった。（もちろんそうなると次の問いは、なぜ哲学者は立法に、特にこの種の立法に興味をもったのか、ということである。この問いにはわずかではあるがある程度答えられてきた。ただ、この点にかんして以降でこれ以上のことは述べるつもりはない。）道徳性をこのような立法者の観点から見るとき、すなわち、立法を道徳のモデルとして捉えるとき、動機づけの重要性があまりにたやすく奪われてしまうのだ。立法者は、さまざまなことがなされたり、なされなかったりすることを欲する。それらがなぜなされたり、なされなかったりするのかは重要ではない。人は行為については知ることも当てにすることもできるが動機についてはそうではない。（このことはまた、私たちの情動や情動のもつ可能性を一般的に低く評価することにも結びついており――これはすなわち、情動を単なる感情あるいは衝動と捉え、合理的もしくは認知的な内容・制約をもたないものと捉えること、および、私たちを快を求め、苦を避ける者として捉えることである――、愛、友情、愛情、同胞感情、そして徳への欲求が人々を動かすきわめて強い動因だという点を忘れたり否定したりすることとも結びついている。）これとつながるのは、立法者としての見解、平たく言うと三人称視点の見解である。これらの見解では、もし他の人が幸せならば、すなわち、もし彼らが自身に快やそれに類するものがもたらされることをしているならば、彼らはうまくやっているのだと、確証される。原因は結果によって――認識論的な意味で――保証される。（認識根拠と存在根拠の混同という一般的に経験論者がおかす過ちがここで生じているのではないかと考える人がいるかもしれない。）

以上から、こうしたさまざまな要因は、（マルクスの考えを用いるなら）非常に注目すべき転倒を説明するのに役に立つだろう。その転倒とは、「結果」すなわち快やそれに類するものと、「原因」すなわち善い活動とを取り違えるものである。

ムーアの形式主義的功利主義や、道徳的に善い行為にかんする伝統的な見解もまた、転倒のようなものを問題として抱えている。しかしながら、この場合、転倒は因果にかんするものではなく、哲学的なものである。それはまるで、さまざまな善いものはすべて善として分類できるので、それらの善さは善に存しているのであって、その逆ではないと、ムーアのような哲学者たちはみなしてきたかのようである。この一般的な分類が具体化され、〔具体化されたもの〕それ自体が道徳的に重要な目標として扱われてきたように思われる。

これらの転倒は、本論における悩ましい問いに答えるのに役立つだろう。その問いとは、なぜ私は現代の倫理学が統合失調、分裂、不調和を患うと言ってきたのかというものである。なぜ私は、これらの理論が何を善と呼び何を悪と呼ぶか、何を正と呼び何を不正と呼ぶかにおいて誤っていると単純に主張しなかったのか。というのも、私たちが誤った目標を目指した場合には、（ほとんど確実に）私たちが本当に欲するものや善いもの、それに類するものを獲得しないということは十分に明らかだからである。私がその間違いだけを主張して終わらない理由は、間違いには十分な理由があるからである。すなわち、その間違いは真理と密接に関係しているからであり、真理の特徴の多くを有しているからである。二つだけ事例を示そう（ただし、両者ともに不運や不幸な環境がないものとする）。〔まず〕善い活動は快を引き起こす。また、愛が愛を与える側を利するのは明らかである。かくして、これらの理論が善として提出するものを善と捉えることは非常にもっともらしい。しかし、私たちがその理論に基づいて行為しようとするとき、すなわち、その理論が提示する理由を自分たちの動機に組み入れようとするとき――それは、私たちの生あるいは他の人々の生をその理論が是認するかどうかを単に調べるだけのときとは異なる――かなり常軌を逸した仕方で事態が悪い方向へ向かい始める。愛される側の人格は、影響をもたなくなり、道徳的行為は自ら意味を失い、自滅的なものになる。また、おそらくすべてのうちで最も常軌を逸していることは――さらには、この常軌からの逸脱は悪しき相互関係をもつ――、第一に世界は、これらの理論を正しいとみなすように次第に変わっていく。そして第二に、私たちはこれらの理論が正しいものだと考え、その結果、愛、友情、およびそれに類するものは、快やそれに類するもの一切を生み出す源泉（ただし、それほど確かではない）とみなされるようになる。私たちは結果を原因と取り違える。そして結果とみなされる原因が原因とみなされる結果から生じないとき、私たちは前者〔愛や友情など〕の価値を低め、せいぜい手段としての善に格下げする。そして、自分たちの選んだ善はなぜそれほど虚ろで、無情で、人間らしくないのかと思いながら、後者〔快など〕を奉じるのである。

（訳　安井絢子）

本論文の初出は以下である。Michael Stocker, “The Schizophrenia of Modern Ethical Theories,” *Journal of Philosophy*, 73(1976), pp. 453-66, Columbia University.

第二章　注

＊　私は、本論のさまざまなバージョンを聴いてくれたあるいは読んでくれたすべての人々および、私を大いに励まし、かつ助けてくれた人々のコメントに謝意を表したい。

＊1　そのような人々にとっては、自分の邪悪な動機や価値に鑑みると、調和をもつことと、調和を欠くことのどちらがより善いかが問われるかもしれない。すなわち、どちらが彼らにとって道徳的によりよいことなのだろうか。このような問いは、答えることができないだろう。

＊2　拙稿「行為評価と行為者評価」, ‘Act and Agent Evaluations,’ *Review of Metaphysics*, XXVII, 1, 105 (September 1973): 42-61

頁を参照。

＊3　前掲論文を参照。また、拙稿「正しさと善さ――相違はあるか」、'Rightness and Goodness : Is There a Difference?', *American Philosophical Quarterly*, X, 2（April 1973）: 87-98 頁を参照。

＊4　愛および、特定の関係にある人々を内在的に価値あるものとして捉えることは、合理的に（あるいは、よく）行為することについてのさまざまな見解が間違っていることを示すのに役立つ。第一に、最大化について考えてみよう。たとえば、もしあなたが「項目」Cに価値を置き、かつ、状態SがS′よりもCをより多くもつならば、Sを選択する場合に限り、あなたは合理的に行為したと言える――つけ加えるなら、S′がSよりも、あなたが価値を置く他の項目をより多くもたないならば、あるいは、S′の場合と比べて、Sを得るときのあなたのコストが高すぎないならば、あるいは、あなたに十分な情報が与えられていないわけではないのならば、ということである。Cが愛である場合（そして実際、もしCが最も価値あるものでないにせよ、多くの価値ある物事である場合）、このことは当てはまらない――たとえ当該の価値のすべてが自分だけを顧慮したものである場合でさえ、これは当てはまらない。第二に、価値の相違に注意を払うこと、すなわち、価値の相違やそれが合理的に行為することにたいしてもつ意味に敏感であることについて考えてみよう。これについては、今ある愛の関係と別の人との愛の関係のいずれが「より善い」かを（しばしば）確かめる人というものを考察してみるだけでよい。

＊5　ムーアが友情を内在的な善であると捉えていることは、このことの例外である。しかし、もしムーアにかんする先の批判が成立するならば、ムーアが友情をそのように捉えていることは自分の理論に、ほとんど不整合に近いような深刻な歪みを持ち込んでいる。

＊6　この問題を回避するやり方については、拙稿「道徳的に善い意図」、'Morally Good Intentions,' *The Monist*, LIX, 1（January1970）: 124-141 頁を参照。ここでは、道徳的に善い意図の対象は善さや正しさである必要はなく、むしろ、さまざまな善いものや正しい行為でありうるということが論じられている。

＊7　現代の理論を指標の理論として捉えることは、倫理学において最も長く続いている論争の一つを解決するのに役に立つだろう――この論争では、アリストテレスやマルクスが勝者の側に置かれ、ほとんどではないにしても多くの現代の倫理学者が敗者の側に対置される――。この論争の関心は、快・善い活動・善き生が説明上どのように関連しているかに向けられている。大雑把に言

えば、多くの功利主義者やその他の論者は、ある活動は快を産み出すという理由で、かつ、その限りにおいて、その活動が善いと主張してきた。アリストテレスとマルクスが主張したのは、少なくとも快の多くについては、もし快が善であるなら、それはその快が善い活動によって産み出されるからだ、ということである。不道徳な快にかんする問題は多くの人にとって、この論争の最も重要なテストケースであるように思われてきた。本論での私の主張が正しければ、この論争を解決するには別のやり方がある。というのも、もし私が正しいならば、不道徳な快を別としたとしても、快は、すべての善い活動を善にするものではあり得ないからである。快のなかには、それを善にするものが、愛や友情のような活動でなければならないものがあるのである。

＊8　この複雑さの一部は次のように理解することができる。自分の愛する人や友人との関係で義務が重要となるのは、愛や友情、情愛が消えている時のみである。もし家族が「うまくいっている」ならば、家族はお互いに「自然と」助け合う、すなわち、（少し冷めた言い方をするなら）家族の愛や情愛、深い友情があれば、家族がお互いをケアし助け合うのには十分である。このような「感情」は時折、すり切れてくる。こうしたときに（当事者やその他の人が）義務を頼りにしなければならず、要請しなければならないのは、愛があるなら普通に提供される、ほんのわずかな最低限の物事を成し遂げるためである。おおまかに言えば、ある家族が家族の誰かにたいして、愛ではなく義務から行為する回数は、その家族が他の家族にたいしてもつ愛がどれだけなくなっているかの目安である。しかし、このことは愛や友情、それに類するものが存在することを否定しているのではない。

★1　原文ではformalistic utilitarianism。ムーアは価値に関する非自然主義的立場から、快を善と結びつけて考える古典的功利主義を批判し、快や苦に還元できない価値として友情や美の経験といった複数の善があるとした。ただし、善の最大化を正と不正の基準と考える立場は維持した（『倫理学原理』）。この立場は通常は理想功利主義（ideal utilitarianism）と呼ばれ、ここでのストッカーの用語法は特異だと思われる。

★2　認識根拠（ratio cognoscendi）と存在根拠（ratio essendi）の区別は、カントが行ったことでよく知られている。認識根拠は、決定されるべき命題なり事象なりを生み出す根拠ではなく、それらがあらかじめ措定されている場合にそれらを後から説明するための根拠であるのに対し、存在根拠は、現実的に存在する偶然的なものの存在のための根拠である。（参考：『カント事典』弘文堂、一九九七年、四〇一頁）

第三章　美徳と悪徳

フィリッパ・フット

《1》

美徳と悪徳という主題は奇妙なことに長年にわたり分析哲学派の道徳哲学者からは無視されてきた。とはいえ、この無視はさほど驚くべきことではない。美徳と悪徳という主題は倫理学の基本的な問題ではないという考えが暗黙のうちに受け入れられ、この考えを現代の多くの道徳哲学の源となっているヒューム、カント、ミル、Ｇ・Ｅ・ムーア、Ｗ・Ｄ・ロス、そしてＨ・Ａ・プリチャードといった哲学者たちは明らかに共有していたからである。しかしながら事態は変わりつつある。ここ二三十年の間に何人かの哲学者がこの主題に注意を向け始めた。例えばフォンヴリクトやピーター・ギーチである。フォンヴリクトは一九六三年刊行の『さまざまな善』においてその一章を、おざなりではなく美徳という主題にさいている。[*1] またピーター・ギーチの著書『美徳』が一九七七年に出版されている。[*2] さらにこの間に、この論題をあつかった少なからぬ論文も公刊されている。

こうした現代の著作があるとはいえ、美徳と悪徳について考察するにはアリストテレスとアクィナスに立ち返るのが最善であろう。プラトンはあまり助けにならないと私は考えている。プラトンにおいてはそれぞれの美徳と悪徳がそれほど明確には、あるいは一貫しては区別されていないからである。いずれにせよ、最も体系的な説明はアリストテレスに見いだされ、またアリストテレスとキリスト教の哲学の混合された姿でアクィナスに見いだされることは確かである。概してアクィナスはアリストテレスがその意見を明らかにしている多くの場合に、時には行き過ぎではないかと思われるほどに、アリストテレスに従っている。また、アクィナスは、信仰や希望、慈愛といった神学的な美徳について論ずるさいに、また幸福についての神中心主義的な自らの教説を論ずるさいにも、そうすることができる場面では、依然としてアリストテレス的な枠組みを採用している。例えば、幸福は人間の究極目的であると論ずるような場合である。しかしながら、アクィナスの倫理学においては、アリストテレスとはかなり強調点が異なっており、また新たな要素が加わっている。すなわち、アクィナスはいくつかの問題についてはしばしばアリストテレスよりもはるかに詳細に論じている。そのため、アリストテレスからは得ることができない相当に多くのことをアクィナスから学ぶことができる。私の考えでは、道徳哲学にとって『神学大全』は最善の源の一つであり、また、アクィナスの倫理学上の著作は、カトリックやそれ以外のキリスト教信者にだけでなく、無神論者にとっても有益である。

　しかしながら、美徳についての理論を構成しようとしてアリストテレスやアクィナスに立ち返るには、克服されるべき小さくはあるが一つの障害がある。彼らの語彙とわれわれの語彙とが一致していないことである。つまり、美徳について論ずるとき、われわれは、アリストテレスの aretē、アクィナスの virtus のすべてを主題にしているのではなく、したがって、アリストテレスやアクィナスの著作の翻訳において美徳とされていることのすべてを主題としているわけではないことである。われわれにとって「美徳」とは道徳的美徳であるが、aretē や virtus は技芸（arts）をも含み、さらには、実践というよりは理論の領域に関わる思考する知性（intellect）の卓越性（excellence）さえも含んでいる。[★1] また、事態をさらに混乱させるのは、アリストテレスが aretai ēthikai と呼びアクィナスが virtutes morales と名づけた美徳はわれわれの道徳的美徳とは正確には対応していないにもかかわらず、ギリシア語やラテン語からの翻訳においてわれわれはいくつかの傾向性（dispositions）が道徳的美徳と呼ばれているのを見いだすことである。われわれにとっては四つの枢要な道徳的美徳がある、すなわち、勇気、節制、知恵、そして正義である。しかしアリストテレスとアクィナスはこれらの美徳のうちの三つだけを道徳的美徳と呼んでいる。実践的な知恵（アリストテレスの phronēsis、アクィナスの prudentia）のことを彼らは、確かに実践的な知恵と彼らが道徳的美徳と呼んでいることがらとの間の密接な関係を指摘してはいるが、知性的な美徳に分類している。そして時には彼らは aretē や virtus を、われわれが「美徳」を使うのと同じように使うこともあるのである。[★2]

私はアリストテレスとアクィナスに立ち返るつもりであり、本論文でも何度となく彼らに言及することにもなる。しかしその前に、道徳的美徳という概念についてのわれわれの理解について、いうまでもなく断片的ではあるが、いくつかの確認をすることから始めたい。

第一に、ある一般的な仕方で美徳が有益であることは明らかであるように思われる。人間は美徳なしにはうまくやっていくことはない。誰一人として、勇気を欠いては、そしてある程度の節制と知恵を持つことなしには、うまくやっていくことはできない。また社会も正義や慈愛を欠いていれば、例えば、スターリンの恐怖政治のもとでのロシアやマフィアの支配するシチリアがそうであったように、そこで生活していくことは惨めなことになりがちである。しかし、われわれはさらに〔美徳があることは〕誰にとって有益なのかと問わなければならない、その美徳を持っている人にとってなのか、それともその美徳を持っている人と関わる人にとってなのか？　いくつかの美徳については、この問いに対する答えは明らかであるように思われる。勇気や節制そして知恵は、こうした傾向性を持っている人にも他の人にも有益である。また、高慢、虚栄心、名誉欲そして貪欲といった道徳的欠点は、おそらく主としてその所有者にとってだろうが、どちらの人にも有害である。しかし、慈愛と正義の美徳についてはどうだろうか？　これらの美徳は他者の福利、そして他者に負うものがあることに直接的に関わっている。そして、どちらの美徳も〔その美徳を持っている〕美徳ある人の利益を犠牲にすることを求めることがあるから、これらの美徳はその所有者に有害であり他者に有益になるようにも思われる。もちろん、実際にそうであるかどうかはプラトンの時代、いやそれ以前からずっと論争の的となってきた。概していえば、慈愛にとんだ正しい人であることによって人はよりよい状態にあるというのが理にかなった見方である、しかしだからといって、慈愛と正義のためにすべてを犠牲にしなければならないような状況が生ずることはないということになるわけではない。

しかも、この問題は美徳と人間にとっての善との関係についての唯一の問題ではない。というのも、正義と共通善の関係について非常に困難な問題があるからである。先に触れた枢要美徳についての議論や本論文におけるような広い意味での正義は、ある人がそれに対して権利を持っているようなことがら、つまり、その人が干渉されないでいることと積極的な受益を得ることに関して貸しがあることがらに関わっている。そして、こうした権利は共通善を追求する妨げとなることがある。少なくとも功利主義的な教説を拒否する人にはそう思われるのである。この論争にここで決着をつけることはできない。しかし私はこれからさき、正義を慈愛とは独立した一つの美徳として、また慈愛という美徳が関わる領域の可能な限界を限るものとして扱うことにする。

そこで、いくつもの未決の問題を残してはいるが、これらのさまざまな美徳は、一般的には、当の美徳の所有者自身のために、そしてその仲間のためにも有益な特性であり、実際に人間が持つ必要のある特性であるとしておこう。しかしながら、美徳が有益な特性だとしても、そのことは美徳を定義するのにそれほど役には立たない。というのも、人間の性質には、同様に有益であるような他の性質が多くあるからである。例えば、有益な身体的な特性としては、健康や身体の強さといった特性があり、有益な心的な特性としては、記憶力とか集中力の強さといった能力がある。だからわれわれは問わなければならない。美徳を、こうした有益な性質から区別しているのは何なのか？

さし当たりの回答としては、健康や強さは身体の卓越性であり、記憶や集中力は心の卓越性であるのに対して、美徳ある人において優れているのは意志である、と答えることもできるかもしれない。しかしこの提案が有効なのは、引き続いて「意志の卓越性」についてそれなりの説明がなされるかぎりにおいてである。「美徳は意志に属する」ということでわれわれは何を意味しようとしているのだろうか？

さて第一に、われわれの見るところ、われわれがある人の道徳的傾向性を判断するのは、第一次的にはその人の意図によってである。その人が何かをしたとしても意図的にしたのではなかったとすれば、彼がしたことは通常は美徳についてのわれわれの評価には関わらない。とはいえ当然のことながら第二に、このテーゼには限定が必要である。あることを意図しているかどうかということ以上にそのことを実際に遂行することに失敗することは、関連する美徳が欠けていることを示しているということがあるからである。例えば、ある人が他の人に害をなしていることを知らないままに〔つまり意図したわけではなく〕害をなしていて、彼がそのことに無知であることがそれ自身罪あることであるような場合はそうであることになろう。こうした場合には時として、それに先だつ行為や不作為を無知の源としてわれわれは指摘できる。慈愛という美徳は、われわれが援助をするように求められているような場合には、どのようにして援助するべきかを見いだすように注意を払うことを求めている。だから、こうした場合に、例えば、〔当然期待されるような〕初歩的な応急手当の術を見いだせないとすれば、それは慈愛に反するのである。しかし、ある人の美徳を判断するにあたって重要なのがやはりその意図よりも遂行であるように思われるようないくつかの興味深い事例においては、その判断〔の理由〕を先立つ意図へと移すことは不可能である。というのも、時として、ある人は他の人が失敗したことに成功することがあるが、その成功は、二人の先立つ行為に何らかの明確な違いがあったからではなく、彼の心が〔もう一人の人とは〕別の状態にあったことによるといったことがある。そして、こうした心の傾向性は美徳の部分である。

こういうわけだから、人を助けるつもりだと嘘ではなく語りながら、深く落胆させ衰弱させるようなある種の人々に、ある種の道徳的欠陥を帰するのは正しいと思われる。同時に、他方では、よいことをすることに関して〔そうしようという意図をあらかじめ形成することなく〕すばやく臨機応変の才のある人に抜きんでた美徳を見てとることも正しいと思われることになる。ジョン・ハーシーはその小説『一粒の小石』(John Hersey, *A Single Pebble*. 未邦訳)において、そうした男を描いている。★3 急流の川での人助けについて、

> 私がまず賞賛の思いを抱いたのは探索隊長の驚くほど素早い反応だった。痛みの叫びを聞いた彼はただちに心配し、傷ついた子供を助ける唯一の手段を、いわば中空に見いだした。しかし、それだけではなかったのだ。彼の行為は、それはまったくどんな躊躇もなくなされたのだが、本能的な深い命への愛、同情、楽観主義を示していた。それに感動したのだ……

この叙述が示しているのは、ある人の美徳はその人の意図だけでなく彼の内奥の欲求によっても判断されることである。そしてこのことは、寛大さといった美徳は、その人の〔意図的な〕行為だけでなく、その態度の内にもあるというわれわれの考え方にもかなっている。他人の幸運を喜ぶことは、しばしば言われるように、寛大な精神の印である。また、ある人の喜びや不快に対する反応があからさまではないことは、しばしば、その人の道徳的傾向性のもっとも確かな印である。

こうしたことは、美徳は意志に属することがらであると考えることが誤っていると示すものではない。示しているのは、「意志」ということが、その最も広い意味で、つまり、追求することから願望することまでを含んだ意味で理解されなければならないということである。

しかしながら、これまで論じてきたのとは別のいくつかの論点から、われわれは美徳と意志との関係を何らかの単純な言明によって語ることを断念せざるをえなくなる。すなわち、知恵という美徳に関わる論点からである。先にも述べたように、アリストテレスは実践的な知恵を知性的な美徳と見なしている。そして、いわゆるわれわれの「知恵

（wisdom）」も、アリストテレスのphronēsisやアクィナスのprudentiaと完全に同じではないが、それでも、意志というよりは知性に属しているように思われるかもしれない。しかし、知恵は知識の問題ではないだろうか、また、いかにして知識が意図や欲求の問題でありうるのだろうか？　そうではありえないというのが答えである。だから、知恵は知性的な美徳であると考えることにはよい理由がある。しかし他方で、知恵は意志と特別な関係にあって、何度となく交錯しているのだ。

このかなり複雑な図柄に焦点を当てるべくわれわれはここで立ち止まって、知恵ということでわれわれが実際のところ何を理解しているかを問わなければならない。知恵ある人は何を知っており、何を行うのか？　知恵には、私の見るところ、二つの部分がある。第一に、知恵ある人は何らかのよい目的への手段を知っている。[★4] 第二に、ある特定の目的がどれほど価値あることであるかを知っている。この第一の部分においては、知恵は比較的理解しやすい。思うに、われわれが持つ目的のうちには、医術や造船術といった個別的な技能に属するというよりはむしろ、人間の生きること一般に属するようないくつかの目的がある。友愛、結婚、育児、そして生き方の選択といったことがらと関わる目的である。そして、こうしたことがらに関していかにうまく行為するかということについての知識は、ある人々にはあるが他の人々にはないということがあるように思われる。こうした知識を持っている人をわれわれは知恵あると呼ぶのに対して、この知識を持っていない人は知恵を欠いていると見なされる。だから、アリストテレスもアクィナスも主張しているように[★5]、知恵は利口さと対比されるべきである。というのは、利口さはそれが何であれ何らかの目的へのふさわしい手続きを採用する能力であるが、知恵はよい目的にだけ関係しており、また、特定の技芸の目的というよりもむしろ人間の生一般に関係しているからである。

さらに、付け加えておくべきこととして、普通の大人の手の届く範囲にある知識だけが知恵に属するということがある。利口な人や特別の訓練をした人だけが得ることができるような知識は知恵の部分とは見なされない。こうした知識は、知恵がその役に立つ目的に役に立つことができたとしても、知恵とは見なされないであろう[★6]。だから、次のような理由によって知恵は道徳的美徳ではありえないと論じようとするのはまったく誤っている。つまり、美徳は本当に美徳を欲する人の手の届く範囲にあるのでなければならないが、ある人々は余りに愚かなので人間の生きることのもっとも基本的なことがらについてさえも無知でしかありえないという理由によってである。ある人々は利口でも情報を持ってはいなくとも知恵ある人である。こうした人々はよい決定を行うことができ、「物事の道理が分かっている」のである。

要約すると、知恵は、第一の部分についていえば、次のような仕方で意志と関わっている。まず、知恵はよい目的を前提にしている。知恵ある人は、単にいかにして自分の子供の世話をよくするかとか、困っている人を勇気づけるとかといったことを知っているだけでなく、そうすることを望むのでなければならない。また、知恵は、人々が普通の生活の中で誰もが得ることができるような知識である限りにおいて、それを本当に欲する者は誰でも手に入れることができる。アクィナスが言っているように、知恵は、「意志の導きの下にある力」に属するのである[*3]。

知恵の第二の部分は、価値の問題と関連していて、記述するのはかなり困難である。というのもここでは、不思議なことに捉えどころのない考え方、例えば、ある種のことがらの追求は他の追求よりも価値があるとか、人間の生においてある種の問題は取るに足らないであるがある種の問題は重要であるとかいった考え方に出会うからである。たいていの人間が取るに足らないことや重要ではないことを熱心に追求することに人生の多くを費やしていると言うことは申し分なく理解できることだから、平均的な人間がさまざまに異なった主題に向けた注意の量によって重要なことと取るに足らないことを説明することはできない。しかしこの問題についての正確な説明を私は見たことはないし、考え出すこともできなかった。そこで、知恵について、そして他のいくつかの美徳や悪徳についての完全な説明は、この隙間が埋められるまで待たねばならないと思っている。われわれが見ることができるのは、知恵ある人が知っていて愚かな人が知らないことの一つは、社会的な地位や富、また世間からのよい評価といったことは、健康や友愛や家族の絆などを代償とした高い買い物であるということである。そこで、われわれは知恵を欠いた人は「誤った価値を持っている」と言ってもよいだろう。そして、虚栄心や名誉欲、そして貪欲さといった悪徳は、ある特別な仕方で知恵に反しているのである。これらの悪徳には誤った判断という要素が常にある。というのも、例えば、虚栄心を抱いた人は賞賛を実際以上に重要であると見なしているのに対して、俗っぽい人はよい生とは豊かで力を持った生であると見なしがちである。そうすべきではないとある意味では知っていながら快楽を追ってしまう意志の弱い人（akratēs）と快楽の生をよい生であると見なしている放埒な人（akolastos）というアリストテレスの区別を援用して、[*4]われわれはこうした道徳的欠陥は決して単に「力を欠いている（akratic）」ことではないと言ってもよいだろう。人は自分自身をその名誉欲や虚栄心や金銭欲ゆえに批判することがあるが、そのとき、彼の批判の対象になっているのは彼の価値観なのだ。

この第二の部分における知恵は、それゆえ、部分的には、理解（apprehension）、さらには判断という言葉を使って記述される。しかし、知恵はまた人間の愛着（attachment）とも関わっているので、彼の意志を特徴づけてもいる。美徳が意志に属するという考え方、そして、このことが美徳を身体的な強さや知性的な能力といったことから区別する助けとなるという考え方は、したがって、かなり複雑で幾分か薄められた形式においてではあるが、知恵という美徳についての論点として有効であることになる。そしてわれわれは、必要なもう一つの区別、つまり、美徳とそれ以外の技芸や技術といった実践的卓越性との区別に向かうとき、この考え方が有用であることを再び見ることになるだろう。

アリストテレスは時に、例えば、フォンヴリクトによって、[*5]美徳が技芸や技術とどのように異なっているかを見そこなっているとの非難をうけている。しかし実際には、アリストテレスとアクィナスがこの区別について語っている多くのことのうちに、この問題の核心を突いているように思われる所見を見いだすことができる。技芸や技術に関しては自発的な誤りは自発的ではない誤りよりも好ましいのに対して、美徳（とわれわれが呼んでいることがら）に関しては逆である。[*6] もっとも、確かにこのテーゼの後半部はやや解釈が難しい。自発的でない悪徳ということで何を意味しているかが明らかではないためである。しかし、この点についてはとりあえず無視できるし、すでにわれわれは技芸と技術を美徳から区別するのに必要なすべてを持っている。例えば、（まさにこの論点を説明するためにわざと間違って黒板に書く場合のように）わざと綴りを間違う人について考えてみると、われわれはこのことは決して彼の綴り手としての技術に反したことにならないと考える。「私はわざとそうしたのだ」という言葉はこの種の非難を退ける。そしてわれわれは特に何の困難に陥ることなく、美徳を欠いていることに関わる非難の場合にはこれに類した論駁はないと言いうるのである。ある人が不正に、あるいは無慈悲に、あるいはまた怖じ気づいた、あるいは無節操な仕方で行為したなら、「私はわざとそうしたのだ」という言葉は、どう解釈してみても、無罪放免を導くことはありえない。だから、美徳は、そう言ってよいと思うが、技芸や技術と同じように、単なる能力ではない。美徳は意志を拘束するのでなければならない。

《2》

さて私はこれから美徳についてのもう一つのテーゼに向かおうと思う。このテーゼは、美徳は矯正的（corrective）であるという言い方で表現できよう。美はそれぞれ、そこで抵抗されるべき何らかの誘惑や改善されるべき動機の欠陥といったことがあるところで問題となる。アリストテレスが言っているように、美徳は人間にとって困難なことがらに関わっている。これがいかなる意味で真であるかを私は知りたいと思う。その上で、これまでに語ってきたことに照らしてカントの道徳哲学の問題性を考察したい。

勇気と節制について考えることから始めよう。アリストテレスとアクィナスは、これらの美徳を以下の点で正義という美徳と対比している。正義は働き（能動）に関わっており、勇気と節制は情念（受動）に関わっている。[*7] 彼らが意味しているのは、まずは、勇気ある人は度はずれて恐れることはないし、節制ある人も度はずれて快楽を欲することはないということ、他方、正義という考え方にはこれに対応するような情念の適度さはないということであったと思われる。勇気と節制についてのこの説明は次のように反論されるかもしれない。人間の勇気はその行為によって計られるのであって、恐れのような制御できない何かによるのではない。同様に、時として快楽を拒否する節制ある人は不節制な人よりも快楽を欲することがないというわけではない。それはそうかもしれないが（この点については後に論ずることになろう）、勇気と節制が、正義とは異なって、特定の行為の源（動機）に関わっていることは明白である。ほとんどどのような欲求によっても人間は不正に行為することがある。友人を助けることや命を救うといった欲求でさえ例外ではない。対照的に、臆病な行為は恐怖や安全への欲求によって動機づけられていなければならず、不節制な行為は快楽への欲求によって、いやおそらくはそれどころか食べることや飲むことやセックスの快楽のような特定の範囲の快楽への欲求によって、動機づけられていなければならない。さて今や矯正的なものとしての美徳という考え方に立ち返って、恐怖と快楽への欲求が誘惑として働くからこそ勇気と節制は美徳として存在するのだと言えるかもしれない。実際のところ、われわれはしばしば逃げるのが正しい場合だけでなく、留まるべき場合にも逃げることを欲し、快楽を求めるべき場合だけでなく求めるべきではない場合にも快楽を欲することがある。人間の本性が異なっていたならばこうしたいずれの場合にも矯正的な傾向性の必要はなかったであろう。そこでは恐怖と快楽は、生きることにおいてよいガイドでありえたであろう。そこでアクィナスは情念について次のように語っている。

> 情念は理性に反し何ごとかへとわれわれを促す。だからわれわれは轡を必要とする。それをわれわれは節制と呼

んでいる。あるいはまた情念はわれわれをして危険と困難の恐怖から理性が告げた行為をすることから尻込みさせる。だからして人間は確固としてあり、正しいことから逃げないでいる必要がある。これが勇気と名づけられている*8。

他の多くの美徳についても勇気と節制と同様である。怠惰は誘惑であるからこそ勤勉さという美徳がある。また人間は概して自惚れるものであるからこそ謙遜という美徳がある。希望が美徳であるのは絶望がありがちなことであるからである。すべてが失われたことを確かなこととして見て取ることができる場合以外にはすべてが失われたと嘆くことはないといった事態もありえたかもしれない。しかし、こうした場合にはそもそも希望という美徳はなかったであろう。

正義とか慈愛といった美徳については少し異なっている。これらの美徳は特定の抑制されるべき欲求や傾向に対応してはおらず、むしろ動機の欠陥に対応しているからである。ここでは、改善されなければならないのはこの動機の欠陥である。自分自身の善と同じように他者の善に愛着を覚えるようであったなら、自己愛という一般的な美徳がないのと同様に善意という一般的な美徳もなかったであろう。自分自身の権利に注意を払うように他者の権利に注意を払うようであったならば、事態を見張るための正義という美徳は必要なかったであろう。また、契約とか約束といったことについてのルールは、誰もがしたがるゲームのルールがそうであるように、ただ公にされるだけでよかったであろう。

美徳と悪徳についてのこの見解によれば、すべては人間の本性がどのようであるかに依存していると見なされ、美徳と悪徳という二種類の傾向性についての伝統的なカタログも理解しがたくはない。にもかかわらず、この見解には欠点があるかもしれず、私がここで提示しているテーゼを受け入れる人は、矯正を必要とする誘惑や欠陥が本当に見いだされるべき所はどこかと自らに問いたいと感ずるであろう。例えば、美徳と悪徳についての伝統的なリストの背景にある人間の本性についての理論が快楽主義的で感覚的衝動を強調しすぎていて、人にだまされたり満たされなかったりすることへの欲求や、よいことをそれがやってくるままに受け入れようとはしない態度といった必ずしも素直ではない性癖を十分には考慮していない可能性はある。

美徳は矯正的であると見なされるべきであると私が論じたのがなぜかは今や明らかだろう。また、美徳は人間にとって困難なことに関わっているということの意味の一部もまた明らかだろう。しかしながら、この考え方をさらに適用することには議論の余地があり、次のような困難が生じてくる。すなわち、われわれは、ある人が美徳ある仕方で行為することが困難であればあるほど、実際によく行為すればますますその人が美徳あることを示すことになると考えたくなるだけでなく、そのようには考えたくなくなることもあるという問題である。というのも、一方では、美徳ある仕方で行為することがとりわけ困難な場合にはより大きな美徳が必要とされるが、他方では、ある行為者が美徳ある仕方で行為することが困難であることはその人が美徳において不完全であることを示していると論ずることができるからである。アリストテレスによれば、美徳ある行為をすることに快楽を覚えることは真の美徳の印である。美徳に困難を見いだす人が示す自己抑制は単に次善のことにすぎないことになる。しかしそれでは、この衝突はどのように解決されるべきであろうか？　最も勇気を示すのは誰か、逃げたいと思いながら逃げない人か、それとも、そもそも逃げたいとは思わない人か？　最も慈愛を示すのは誰か、他者に善をもたらすことを自らの目的として容易なこととしてする人か、それとも、困難なこととしながらする人か？

確かなことは、美徳は矯正的であると考えたからといって、われわれは美徳をそれぞれの個人における困難へと関係づけるように強いられるわけではないということである。一般に人は大きな危険や害悪に対して、いや小さな危険や害悪に対してさえ、対処することに困難を見いだすから、きわめて厳しい状況においてさえ、盲目的にというのでもなくまた無関心にというのでもなく、つまり、状況を理解しているにもかかわらず恐れることのない数少ない人を勇気あるとわれわれは考えるだろう。また、ある人が自然な慈愛や寛大さを持っているなら、この自然な慈愛や寛大さはその人が持っている美徳の一部ではあろう。しかし、自然な美徳が美徳の全体ではありえないのは、親切で恐れを知らない傾向性は正義や知恵なしには悲惨でもありうるからであり、また、正義や知恵といった美徳は学ばれなければならないからであって、自然な美徳はあまりに容易に獲得されるからというわけではない。美徳は人間の本性一般との関わりで矯正的であると見なされると私は論じてきた。しかし、それぞれの美徳がそれぞれの、そしてすべての個人に対して必ず困難を提示すると論じたわけではない。

にもかかわらず、多くの人々には、道徳的な賞讃が与えられるべきは道徳的な努力に対してのことであり、しかも、美徳あることが容易であるように考えられるならばそれだけ、それに応じて、ある人の行ったよい行為に関する道徳的賞賛はより少なくなるべきだと言いたがる強い傾向がある。このディレンマを解決するには、美徳ある行為をすることを妨げる困難についてそれらがみな一種類であるかのように語ることを止めなければならない。つまり、事実はといえば、ある種の困難は実はさらなる美徳の必要を示す機会を与えているのであり、他の種類の困難は美徳が不完全であることをむしろ示しているのだ。

この論点を示すために私は正直な行為の例を検討することから始めたい。例えば、盗むことが道徳的に許されてはいない状況において、ある人が盗む機会をえたが、盗むことを差し控えるといった場合を考えてみよう。ここで再び先ほどの問いを問うてみよう。ある人にとっては盗みを控えることは困難であるが、別の人にはそうではない。なすべきように行為するに当たって、どちらの人がより大きな美徳を示しているだろうか？　この場合には、盗みを控えることの困難が、その人は貧しいとか彼の盗みは見つからなそうであるといった状況から生じているのか、それとも、その人自身の性格に属するようなことに由来するのかによって答えがまったく異なるということを見て取ることは難しいことではない。ある人が盗む気になるという事実は、その人には正直さが何らか欠けていることを示している。まったく正直な人についてわれわれは、盗むことは「彼には思い浮かびもしなかった」と言うが、それは、「盗むことは彼にとってリアルな可能性では決してなかった」ということを意味してのことである。しかし、彼が貧しいという事実は見つからなそうな機会において彼を盗む気にさせることがらであり、この種の困難は正直な行為をいっそう美徳あるものとする。

　慈愛ある行為を妨げる別の種類の障害についても類似の区別をすることができる。大きな犠牲を払うことが必要であるような状況や助けられるべき人がライバルであるような状況は、慈愛という美徳が厳しく試される機会を提供している。しかし、この種の状況においては、もっとも慈愛を示すのは、そのように行為することに困難を見る人よりもむしろ容易に行為する人である。慈愛は愛着の美徳であり、他者を助けることを容易にするような他者への共感はこの美徳そのものの一部である。

　これらは比較的単純な場合である。しかし、私は、ふさわしい区別をすべき場所が常に容易に分かると考えているわけではない。例えば、ある行為の障害となる恐怖という感情についてどう考えたらいいのだろうか？　ある人が非常に恐れながら、それにもかかわらず行為する場合と、相対的にあまり恐れることがない場合とでは、いずれがより勇気あるのだろうか？　この点についてはいくつかのことが語られなければならない。第一に、恐怖という感情は勇気が示されるための必要条件ではないように思われる。死や負傷といった大きな害悪を前にして人は、震えおののくことなしにも勇気を示すことがある。他方では、非合理的な恐怖が勇気を示す機会をもたらすこともある。例えば、ある人が閉所恐怖症や高所恐怖症であるならば、その人は他の人にとっては勇気ある行為ではないようなことをするのに勇気を必要とすることがあるだろう。しかし、この観点からしても、すべての恐怖が性格というより状況に属することになるわけではない。というのも、われわれは閉所恐怖や高所恐怖を性格の特徴であるとは考えないが、一般的な臆病さはそうだろうと考えるからである。したがって、何かを病的に恐れることは選択や価値に由来することではないが、ある種の恐れはそうであろうことになる。勇気に反すると見なされる恐れは、われわれが克服できると考えるような恐れであり、その中には、特殊な場合として、安全であることをあまりに高く評価しているという事実を反映しているものがある。

　こうした問題があるものの、そして確かにそれらのすべてを解決してはいないのだが、美徳ある行為を妨げる異なった種類の障害を区別すること、そして美徳は矯正的であるという一般的な考え方は、これまで論じてきた問題に密接に関連したカントの道徳哲学における困難を解決するのに役立つであろう。『道徳形而上学の基礎づけ』の第一節においてカントは、「積極的な道徳的価値」を持つとした行為について説明しようとして、よく知られているように、苦境に陥っている。義務の感覚からなされた行為のみが道徳的価値を持つと論ずるべくカントは、「周りの人に幸福を拡げることに喜びを覚える」博愛主義者と義務への尊重から行為する人を対比して、前者の行為ではなく後者の行為が道徳的価値を持つと語っている。この奇妙な教説のためにカントに対して多くの嘲りがなされてきた。実際、何かが誤っているように思われる。しかし、カントが取り組んでいる考えについてわれわれ自身の説明を与えることができない限り、われわれはカントを嘲ることはできないだろう。結局のところ、次のように論じている点ではカントは正しいように思われるのだ。すなわち、ある種の行為は、道徳的称賛の主題となることがないが、義務にかなっており、いやそれどころか義務によって求められている。例えば、正直に取引することが利益となるような状況において正直に取引をする正直な商人の行為などがそうである。

　カントをその奇妙な結論へと駆り立てたのはこの種の例である。しかしながらカントは自己保存のための行為を論ずる中で別の例を挙げている。カントによれば、こうした行為は通常はどんな積極的な道徳的価値も持たないが、人が傾向性からではなく、傾向性なしに義務の感覚から自分の命を守るときには、道徳的価値を持つことがある。自己保存のための行為は通常はどんな道徳的意義も持たないが、持つことがあると論じた点でカントは正しいのではないか？　われわれ自身はこの事実をどのように説明できるだろうか？

美徳という論点からこの問題に接近しようとする者には答えは容易に自ずと浮かんでくる。ある種の行為は美徳にかなっているが、それを行うにあたって美徳を要求することのない行為であるが、別の種類の行為は、美徳にかなっていて、しかも美徳を持っていることを示すような行為である。だから、カントの先の商人は、正直な取引をするにあたって正直さという美徳が要求されない状況において正直に取引していた。まさにそれゆえに、彼の行為は「積極的な道徳的価値」を持っていなかった。同様にして、人が通常自分の命について払う注意は、例えば、いつものような朝に朝食を食べるとか道では車を避けるといったことは、そのためにどんな美徳も要求されることのないことである。先にも述べたように、善意という美徳や慈愛という美徳はあるが、自己愛という一般的な美徳があるわけではない。一般に人間は自分自身の善に十分に愛着を持っているからである。にもかかわらず、特別な状況においては、節制や勇気そして忍耐や希望といった美徳が、その人がその命を守るために必要になることがある。これらは、人が自分自身の命を守ることが義務であるような状況であるのだろうか？　時としてそうである。というのも、時として、負っているために人は他者に何かを自らを破滅させずにおくべき場合があり、そのときには、彼は義務の感覚から行為することがあるからである。しかし、自己保存のための行為が美徳を示すのは必ずしもこうした場合だけではない。というのも、人は、彼が自殺したからといって、また自分の命を守ることに失敗したからといって他者に害を加えることにはならないような場合においてさえ、今挙げた類の美徳のいずれかを表すことがあるからである。そして、自殺することには、他の人々へ危害を加える可能性があることとは独立に、道徳的に問題となる局面があることを説明するのはこの点である。「常に悪い」ということで何を意味しようとも、自殺は「常に悪い」わけではない。しかし、自殺は時として勇気とか希望といった美徳に反するのである。

さて、美徳にかなっているとともに美徳を表してもいる行為が道徳的価値を持っているのだという考えを携えて、カントの博愛主義者の例に帰ろう。するとわれわれは、カントの困難が回避され、同時に幸福な博愛主義者が元の場所に復帰しているのを見ることになる。というのも、すでに述べたように、慈愛は行為であるとともに愛着という美徳であり、慈愛をもって行為することをより容易にする共感はこの美徳の一部であるからである。義務の感覚から慈愛に満ちた行為をする人は低く評価されるべきではない。しかし、美徳をもっとも示しているのはもう一人の、慈愛から行為する人であり、それゆえに、この人にこそもっとも道徳的価値が帰せられるべきなのである。この立場に対立しているのは、義務から行為する博愛主義者の事例についてのカントによる提示のちょっとした細部だけである。というのもカントが実際に語ったのは、この博愛主義者はどんな共感も感ずることはなく、また他者の善のうちにどんな喜びをも感じないが、それは、「彼の心が彼自身の悲しみに曇らされていた」からだということであり、誰であれ人がよく行為するべきであるならば必要となる美徳をいや増しにするのはこの種の状況であるからである。★7

《3》

これまでに示そうとしてきたことは、「積極的な道徳的価値」をともなった行為、あるいは、積極的によい行為といってもよいだろうが、こうした行為が美徳にかなった行為であると考えられるべきだということであった。美徳にかなった行為ということで私は、どんな美徳にも反していない、さらには、その行為をするにあたって何らかの美徳が要求されているような行為のことを意味している。これまで論じてきたことは、先の定式によって除外される場合については何も述べてはいない。つまり、ある一つの美徳を表す行為であるのだが、他方では他の美徳に反しているように見える場合である。この記述によって私は、正義によって要求されていることが、また慈愛あるいはなにかそうした類のことによって強く求められることでもありうるかどうかといった場合、つまり、二つの美徳が対立した要求をしている場合を考えているのではない。私が考えているのは、むしろ、ある特定の誘惑を克服する勇気とか節制とか勤勉さといった美徳が、愚かであったり卑劣であったりする行為のうちに表されるといった可能性である。こうした可能性をわれわれは認めなければならないのであろうか、それとも、よい行為や罪のない行為だけが美徳ある行為でありうるのだろうか？　美徳を定義するにあたってアクィナスは、美徳はよい行為だけを生み出しうるのであり、これらの美徳が憎しみや高慢が主題になる場合のように、おいて対象として扱われる場合を除けば、美徳はそれを「だれ一人として悪用することができない」傾向性であると論じている。[9] しかしながら、現代の常識的な意見はまったく異なっている。ギーチを注目すべき例外として、ほとんどの人は、美徳が時として悪い行為のうちに表されることがあるという考え方にどんな困難も見いださない。例えば、フォンヴリクトは悪党の勇気ということをまったく何の問題もない考え方であるように論じているし、たいていの人は勇気とか節制といった美徳は悪事の企てにおいて悪人を助けることがあることを当然のことと考えている。また、慈愛は、そうする権利がないにもかかわらず友人のためにそうするような場合にそうであるように、悪い行為をもたらすことがあると考えられている。

　しかしながら、事はそれほど単純ではないと考えるいくつかの理由がある。友人を助けるために、あるいは共通善のために不正な行為をしようとする人は慈愛から行為すると思われていて、そして正しい人がそうすることはないであろう場合に彼がそのように行為するとすれば、不正な人は正しい人よりもより多くの慈愛を持っていると言われることだろう。しかし、不正な仕方で行為しようとしない人は慈愛において完全である、つまり、許されうる行為をするように促すことで慈愛という美徳はその仕事のすべてを果たしているのだから、完全であるとわれわれは考えないだろうか？　不正義の行為が不正義の行為であるにもかかわらず勇気ある行為であるという考え方には、一見して思われるより以上の困難がありはしないだろうか？　例えば、汚らしい殺人、つまり、利益のためや邪魔な人間を排除するためになした殺人を問題にしているとしよう。しかし、この殺人が非常事態において、あるいは本当に危機的な状態においてなされなければならなかったとすればどうだろうか？　そうした行為は勇気からの行為、あるいは、勇気ある行為だったと言うことでわれわれは満足するであろうか？　大胆に、あるいは勇猛に行為した殺人者は、殺人をしたとすれば、また勇気あるようにも行為していたのだろうか？　ある種の人々は、自分たちはそう主張するつもりであると言うであろうが、私は次のようなことに気がついている。つまり、そうした人々は、良心のための殺人という行為に、あるいは悪辣な企ての中でなされはしたけれども、直接の目的は無害で積極的によいことであるような何らかの行為のための席を作りたがっているのだと。彼らの仮説によれば、つまり悪い行為は容易に勇気ある行為あるいは勇気からの行為と見なされうるという仮説によれば、私が最初にあげた行為の例も同じくらい適切だったことになるわけである。

　この困難な問題についてわれわれはどのように言うべきだろうか？　利益のために殺人を犯した殺人者が臆病ではいなかったということは確かである。確かに彼は他の悪党が持っていたかもしれない第二の道徳的欠点を持ってはいなかった。この点について困難はない。一つの欠点が他の欠点を打ち消すことがあることは明らかだからである。アクィナスが述べているように、盲目の馬にとってはゆっくりがよいのである。[*10]　しかしながら、悪党の行為が勇気あるということは帰結しない。われわれはその行為は「勇気を要した」と言いたくなる。しかしそれでも、勇気がよい行為と悪にも行為にも等しく結びついていると考えるのは誤りであるように思われる。

　この困難から抜けだす一つの道は、悪い目的を追求しようとする人は確かに勇気を持っていて、その行為において勇気を示してはいるが、彼において勇気は美徳ではないと論ずることであろう。このように論ずることが正しいかもしれない場合について後に検討するが、今ここで問題にしている事例においては正しいとは思われない。というのは、この殺人者が一貫して悪い目的を追求するのでない限り、彼の勇気はしばしばよい結果をもたらすであろうからである。つまり、彼の勇気は自分や家族や友人に対して、多くの罪のないこと、あるいは積極的によいことをすることを可能にするであろうからである。何らかの悪い行為を一つしたことを理由にして、彼のうちにおいて勇気は美徳ではないと言うことはまずできないだろう。しかし、それにもかかわらず、こうした行為についてさえ、その行為を勇気からの行為や勇気ある行為と当然呼ばれるであろう行為と区別するために、語られるべきことがある。次のような類比がこの点についての理解を助けてくれるだろう。「勇気」といった言葉は、「毒」「溶剤」「腐食剤」といった言葉が物理的なものの性質を名指しているのと同様に、ある種の能力との関連で人間の特徴を名指しているとわれわれは考えている。美徳を示す言葉が関連している能力は、よい行為、そしてよい欲求を生み出す能力である。しかし、毒や溶剤や腐食剤が常にその特徴的な仕方で働くとは限らないように、美徳についてもそういうことがある。P（例えばヒ素としよう）が毒であるからといって、Pが見いだされるならばどこでも、Pは毒として働くということは帰結しない。時として、Pは毒であり、ここでPが働いているにもかかわらず、「Pはここでは毒として働いていない」と言うことはまったく自然なことである。同じように、殺人者が、確かに美徳である彼の勇気を悪い目的に向ける時には、勇気は美徳として働いていない。われわれがこうしたことを論ずるときに覚える抵抗は、「殺人者の勇気」という表現や彼がしたことは「勇気を要した」といった主張に対してではなく、むしろ、そうした行為を勇気からの行為とか勇気ある行為と記述することに対して向けられていることは驚くべきことではない。そうした行為はそのように記述されえなかったということではない。しかし、ここでは勇気がその特徴的な働きをしていないという事実は、そうした記述を奇妙に思わせる理由の一つなのである。[★8]

この例においてわれわれは、勇気が美徳として働いていない行為について考察してきたが、この行為者においては勇気が一般的に勇気として働くことはないと示唆しようとしてはいなかった。しかし、こうした可能性もある。ある人が邪悪なだけでなく向こう見ずでもあるならば、こうしたことが勇気に関して生じることがある。そしてある種の他の美徳の場合においては、善よりもむしろ害悪と一般的に結びついている例を見いだすことはもっと容易だろう。

例えば、過度に勤勉な人や快楽を拒否しようとしすぎる人がいたとして、その人のこうしたあり方が、ある特定の場合に見いだされたことではなく、その人の特徴であるとしてみよう。こうした場合、勤勉という美徳、あるいは節制という美徳は、よい行為よりも欠陥ある行為と体系的に結びついている。どちらの場合についても、この人において美徳は美徳として働いてはいないと言ってよいだろう。ある種の状況設定においては、Pが毒であり、ここにPがあるにもかかわらず、「ここではPは毒ではない」と言ってもよいように、こうした場合には勤勉さや節制は美徳ではないと言ってよいだろう。同じように、誤った希望に執着し希望的観測に習慣的に耽る人においては、希望は美徳としては働いていない。こうした場合、希望は彼においては美徳ではないとわれわれは言ってよいことになる。

　直前に展開した考え方、つまり、ある美徳を持っているすべての人が美徳であるような何かを自分の内に持っているとは限らないという考え方は、美徳について論じているときに時に感ずるある種の居心地の悪さを説明する助けになる。正確にどこが誤りなのかを指摘することは容易ではないが、誤りは、美徳についてのわれわれの語り方に含意されているように思われる道徳的な理想とわれわれが実際に行っている道徳的判断との間の不一致に関わっている。読者のなかには、私が常にもっとも賞賛してきたのは、すべての美徳を持っている人、つまり、勇気あり慈愛深く正しいだけでなく賢く節度ある人をだと考える人がいるだろう。じっさい時にはそうである。これらすべての美徳を持ち全世界から愛され賞賛される人がいる。例えば、法王ヨハネス二三世がそうであった[★9]。しかし実際はと言えば、われわれの多くは、こうした美徳を持っている人よりもむしろ、わずかばかりの知恵と節制を含んだ混沌とした生を送っている人を尊敬するものである。たしかにこれはロマンティックな戯言であるかもしれないが、私はそうではないと思っている。というのは、知恵は常に美徳として働くが、その近い仲間である分別（prudence）はそうではなく、多くの人々に用心深い生を促すのは知恵というよりは分別であるからである。分別は、勤勉さもそうであるが、誰においても美徳であるというわけではない。というのは、ある種の人において分別はむしろ安全と礼儀作法への過度の気遣いであり、面倒をもたらしそうな人や状況から離れていようという決意であるからである。そして、こうした防衛的な姿勢によって多くの善が失われているのだ。節制についても同じである。無節制は、ヘンリー八世においてそうであったように、ぞっとするものでもありうる。ヘンリー八世についてウォルシーは「自分の意地や嗜好をちょっとでも逃したり欠いたりするくらいなら、領土の半分を危険に差し出すであろう」と記している。それにもかかわらず節制は、ある種の人においては美徳ではなく、むしろ、臆病さやよいものを受け入れることに対する不承不承の態度と結びついている。もちろん、最善なのは、大胆に、しかし無分別でも無節制でもなく生きることである。しかし、実際はと言えば、そうできる人はほとんどいないのである。[*11]

（訳　高橋久一郎）

本論文の初出は以下である。Philippa Ruth Foot, "Virtues and Vices," in Foot, *Virtues and Vices and Other Essays in Moral Philosophy* (Oxford: Blackwell, 1978).

第三章　注

＊1　G. H. von Wright, *The Varieties of Goodness*（London, 1963）〔訳注 第8章一三六–一五四頁〕

＊2　Peter Geach, *The Virtues*（Cambridge, 1977）

＊3　アクィナス『神学大全』1a2ae.Q.56 a.3.

＊4　アリストテレス『ニコマコス倫理学』、特に第七巻。

＊5　フォンヴリクト『さまざまな善』第八章。

＊6　アリストテレス『ニコマコス倫理学』1140b22-25、アクィナス『神学大全』1a2aeQ.57a.4。

＊7　アリストテレス『ニコマコス倫理学』1106b15.1129a4が含意していることであるが、アクィナス『神学大全』1a2ae Q.60 a.2はより明示的である。

＊8　アクィナス『神学大全』1a2ae Q.61 a.3.

＊9　アクィナス『神学大全』1a2ae Q.56 a.5.

＊10　アクィナス『神学大全』1a2ae Q.58 a.4.

＊11　この主題について自分の考えを纏めるに当たっては多くの大学の友人に負うている。とりわけ、（美徳の単一性についての未完の著作から学ぶことが多かった）UCLAのJohn Giulianoと（中期稿にコメントしてくれた）Rosalind Hursthouseに負うている。

★1　ちなみにフォンヴリクトは、技芸や技術は「結果によって特徴づけられる」特定の「活動（activity）」に関して「優れている（good at）」という「技術的よさ（technical goodness）」に関わる「傾向性」であるのに対して、美徳はそうした特定の活動がなく傾向性でもないとして区別している。また、それぞれの美徳には対応する特定の感情があり、美徳はそうした感情の「自己支配（self-mastery）」であるとして、対応する特定の感情を指摘できない知恵と正義を美徳から区別している。

★2　紛らわしいので確認しておけば、アリストテレスやアクィナスの論じている「美徳」は、(1)広義には「倫理的な卓越性」だけでなく、技芸や技術に関する「実践的な卓越性」、さらには知識などに関わる「理論的な卓越性」を含む概念であるが、(2)狭義には「勇気」「節制」「正義」に代表される「倫理的な卓越性」を意味し、さらに(3)「知恵」を含めた四枢要美徳（道徳的美徳）のことを意味する場合もある、ということである。

★3　ジョン・ハーシー（1914-1993）は、中国天津で宣教師の両親の元に生まれたアメリカのジャーナリスト・作家で、*New Yorker*誌（1946年8月31日）の全紙面（68頁）にわたる広島の原爆の災禍を伝えたルポルタージュ*Hiroshima*, 1946. 1985（邦訳『ヒロシマ』石本欣一他訳　法政大学出版局　1949年　増補版2003年）の著者でもある。幾つかの作品（『アダノ鐘』『歩くには遠すぎる』など）が翻訳されていたが、近年、『一粒の小石』もその一つである中国を舞台とした著作などで異文化交流論として再評価されている。

★4　悪い目的への手段を提供するのは、以下に述べられる「利口」であって「知恵」ではない。知恵は、理論や技術・技芸の「中立性」と際だった対比をなしている。この論点は、しばしば単なるアリストテレスの「約定」と思われがちであるが、重要な洞察である、と思う。

★5　アリストテレス『ニコマコス倫理学』1144a23-b4、アクィナス『神学大全』1a2ae.Q.56。

★6　いわゆる「理論知」や「技術知」は、ある実践的な目的を達成するための役には立つとしても、「知恵」ではない。

★7　カント解釈としては議論になるところだろう。義務（意識）と慈愛とは個人の行為の動機としては対立するわけではないから、「悲嘆にくれた博愛主義者」が、それにもかかわらず義務意識からそのように行為することはないとはいえず、そうであれば、確かに彼は尊敬に値するだろう。とはいえ、「慈愛は行為であるとともに愛着という美徳であり、…共感はこの美徳の一部である」とすれば、「共感を感ずることなく、また他者の善のうちにどんな喜びをも感じない」人を「博愛主義者」と呼ぶことができるのかどうかは問題となろう。一時的な「忘失」であって恒久的な「喪失」ではない場合を考えることになる。さらに、ここで論じられている慈愛の行為は、カントによれば「不完全義務」であるような行為である。この博愛主義者が「慈愛の行為」をし続けるとすれば、それは「（完全）義務」という意識からではなく、多くは、「習慣」からであるということになるように思われる。しかしこれは、例えば、虫歯を防ぐためということを理由として始めた「歯磨き」が、仮に虫歯には効果がないということが分かったとしても、すぐには「やめられない」といった場合のような、「傾向性」からの行為ということになりはしないか？　逆に、「すぐにやめられる」とすれば、先の「博愛主義者」も「共感を感ずることなく、また他者の善のうちにどんな喜びをも感じない」ことになれば「慈愛の行為」をし続けることはないのではないか？　この問題については、フットの理解をさらに展開した Hursthouse,R., *On Virtue Ethics*, 1999（Oxford U.P.）Ch.4（ロザリンド・ハーストハウス『徳倫理学について』土橋茂樹訳、知泉書館、2014）参照。なお、この著作については、土橋茂樹氏が翻訳中であり、作業稿を読む機会を頂いた。

★8　この類比については、毒はその働きとは独立に実体を指定できるが、美徳はその働きと独立にその〈実体〉ではないことを確認しておこう。

★9　事例として挙げるとすれば、第2バチカン公会議を開始し、現代のカトリックのあり方に大きな影響を与えることになったヨハネス二三世は、すべての美徳を持っていたかどうかはともかく、カトリックではない私にも、候補の一人となるように思われる。

第四章　道徳的聖者

スーザン・ウルフ

道徳的聖者と言われる人が〔実際に〕いるかどうかはわからない。しかし、もしいるとしても、私自身が、そして私がもっとも大切に思う人たちが道徳的聖者でなくてよかったと思う。道徳的聖者という言葉で私が意味するのは、あらゆる行為が可能な限り道徳的に善いような人物、言い換えるならば、この上なく道徳的に立派な人物である。このような記述を満たすと考えられるような人にはさまざまなタイプがあることは以下で認めることになるものの、そのようなタイプの人が理想の人物像として疑いもなく魅力的かとなると、私にはそうは思われない。表現を変えるならこのようになる。すなわち、ある人間が努力して追い求めることがとりわけ合理的である、善い、もしくは望ましいと言えるような、人としての「よき生」のモデルがあるとするなら、道徳的聖者らしくあるという意味での道徳的完成はそのようなモデルにはならない、と私は考えているということである。

道徳について話し合うという文脈を外れるなら、この私の考えは多くの人にもっともな指摘だとして快く受け入れられるだろう。しかし、道徳の文脈のなかにおかれると、この指摘は認められることがあるにせよ、そこには多少の居心地の悪さがあるだろう。それは、次の二つの想定のためである。一つには、道徳の文脈では、人は可能な限り道徳的に善くあるべきだとされているのが一般的だからである。もう一つには、われわれを拘束する道徳に限界があるとすれば、それは、われわれが誇るべきではないような人間本性上の特徴のせいだとされているからである。私が考えるところでは、もし哲学的に評判のいい道徳理論から引き出される理想像がこれらの想定を支持しないのならば、その時は何らかの変更がなされなければならない。われわれは、よりしっくりくる理想像を生み出せるように道徳理論を変更しなければならないか、あるいは、これから論じるように、ある道徳理論を肯定した場合に含意される事柄について、われわれは捉え方を変えなければならない。

本論文では、私は道徳的聖者という観念を検証したいと思っているのだが、それは、一つには、道徳的聖者とはどのような人であり、なぜそのような人が魅力的でないのかを理解するためである。そしてもう一つには、この逆説的な人物が道徳哲学に対してもつ重要性についていくつかの疑問を投げかけるためである。まずは、道徳あるいは常識道徳から推定される、道徳的聖者の（いくつかの）モデルを見ることにしよう。その次に、功利主義およびカント主義といった道徳理論から引き出される結論と先のモデルとがどのような関係をもつのかを考えよう。そして最後に、道徳哲学に対してこれらの考察がもつ含意について考えることにしよう。

道徳的聖者と常識

まず、われわれが——すなわち、西洋文化に属する現代の人々が——どのような人物を道徳的聖者として前理論的に考えるかを検討しよう。道徳的聖者であることの必要条件の一つは、他人や社会全体の福利を促進しようというコミットメントがその人の人生の中心を占めているということだろう。個人の動機づけシステムのなかでこのコミットメントがどのような役割を果たさなければならないかについては、私の心には二つの対照的な説明が浮かんでいて、ある人物を道徳聖者だと判定するにはどちらの説明も同じくらいよいものだと思われる。

第一に、われわれの生活の大半において一定の役割を果たすのは、利己的な関心か、もしくは、利己的ではないにせよやや道徳的に劣った関心であるが、道徳的聖者とは、この役割を他者への関心が果たしているような人であろう。

物質的な快適さをえること、自分の選んだ知的活動や身体的活動に従事する機会、そしてわれわれが相互に抱く愛、尊敬、友情。われわれの大半ならばこういったものが担うような役割を、道徳的聖者の場合、他者の福利の増進が果たすのだろう。となると、道徳的聖者の幸福は間違いなく他者の幸福の内にあるのであり、したがって、彼は誠心誠意、喜んで他人のために献身することだろう。

他方で〔第二のモデルでは〕、道徳的聖者であっても、彼の幸福の基本的な構成内容はわれわれの大半と大して変わりがない。彼を道徳的聖者たらしめているのは、より広い道徳的関心に対して圧倒的に重きを置くために、彼が自分自身の幸せにほとんど、あるいはまったく注意を払わないところにある。言い換えれば、この人物は他者の利益のために自分自身の利益を犠牲にし、その犠牲を犠牲として感じているのである。

大まかに言うなら、これら二つのモデルを区別するのは、道徳的聖者が愛からの聖者であると考えられるか、それとも義務からの（あるいはそれ以外の、道徳原則の知的な理解および認識からの）聖者であると考えられるのかだと言っていいだろう。最初のモデルは博愛の聖者（Loving Saint）モデル、二つ目のモデルは理性的聖者（Rational Saint）モデルと呼ぶことができる。

前述の二つのモデルは、モデルに合致する個人がもつ動機の性質という点で大きく異なっている。しかし、この違いは、聖者たちそれぞれの公的な性格（personalities）に対しては限られた影響しか及ぼさないだろう。二つのモデルに合致する個人たちが動機づけられるものについては共通の内容があり——すなわち、可能な限り道徳的に善くあること——、このことは彼らの性格を決定する際に主要な役割を演じるだろう。もちろん、病人の世話から政治運動に至るまで、多種多様な大きな規模の計画が等しくかつ最大級の道徳的価値をもちうるのと同様に、道徳的聖者という理想像と両立する性格には多様なものがある。陽気な道徳的聖者もいればそうでない聖者もいる。また、饒舌な聖者や運動が得意な聖者もいれば、そうでない聖者もいるだろう。しかし、何よりもまず、道徳的聖者が備えており、かつ涵養しなければならない性質というものがある。それは、他者を可能な限り正当に、そして親切に扱うことを可能にする性質である。彼は標準的な道徳的徳を、標準を超え出た程度に備えている。彼は我慢強く、よく気が利き、平常心をもっていて、親切で、慈愛にあふれている心情をもつだけでなく、そのように行為もする。彼は他人に対して否定的な判断をするのをひどく嫌がるだろう。彼は、その人が持たざるをえない属性を理由に特定の人をえこひいきしないよう気をつけるだろう。

おそらく、ここまで述べてきたことで、人々のいくらかは自らの人生に道徳的聖者が登場しなかったことを喜ばしいことだと考えはじめる。というのも、道徳的聖者が備えていそうな諸々の徳を数え上げていくうちに、結局のところ、道徳的聖者はあまりに善良（good）すぎるのではないか——自分自身が追求する善に関して善良すぎるのでないにせよ、少なくとも彼自身の善き生にとってはあまりにも善良すぎる——と人々が自然と考えてしまうような地点にさしかかるからである。というのは、道徳的徳は、想定上、同一の個人の内にそのすべてが存在し、かつ最高度に現れるとされている。そうすると、道徳的徳は道徳に関わらない徳を締め出して排除するだけでなく、健全で、才能豊かで、立派に陶冶された性格に寄与すると一般に考えられている個人のもつ興味や性格上の特徴の多くをも締め出してしまう傾向にあるからである。

言い換えれば、道徳的聖者が自分のすべての時間を費やして、飢えている人に食事を与えたり、病人を治したり、オックスファムのために資金を集めたりするのならば、ヴィクトリア朝文学を読んだり、オーボエを吹いたり、テニスの練習をしたりする時間が彼にないのは必然である。確かに、後者の活動が含まれるカテゴリーへの興味や好みのうちのいずれも、人生を善く生きるために必要な要素だと主張することはできないだろう。とはいえ、これらの性格上の特徴が獲得可能にもかかわらず、どれ一つとして陶冶されない人生というのは、奇妙なほどに不毛な人生のように思われるだろう。

道徳とは無関係なものとはいえ重要な興味を発見し、その技能を磨くことを道徳的聖者が概して促進できないのは、論理的な理由ではなく実践的な理由による。加えて、道徳に関わらない性格上の特徴のなかには、単なる実践的な理由とは別の理由で道徳的聖者が促進することのできないものがある。これらの性質のいずれかを気おくれせずに備えることと道徳的聖者であることはより一層強い緊張関係にある。これらの性質は、道徳的な気質と相反するものとして描かれるかもしれない。たとえば、皮肉や風刺を交えたウィットや、他人のこの種のウィットを味わうユーモアのセンスを考えよう。これらの性質を備えるには、世に見出される欠陥や悪徳に対して、諦めや悲観といった態度をとることが要求される。他方、道徳的聖者は、これとは反対の態度をとる理由をもつ——彼は、人々の内にあるもっとも善い部分を探そうとし、できる限り「疑わしきは罰せず」という態度をとり、わずかでも成功の望みがある限り不幸な状況を改善しようと試みるはずである。このことは、次のことを示している。すなわち、道徳的聖者が『パパは何でも知っている』の素敵なエピソードを楽しむことは差し支えないが、マルクス兄弟の映画で笑ったり、ジョージ・バーナード・ショーの戯曲を楽しんだりすることは、彼の良心にかけて出来ないのである。

美食家の料理のようなものへの興味は、また別の理由で道徳的聖者が安心して抱くことのできないものである。というのは、他に人的資源を投入できる有益な目的があるにもかかわらず、それを鴨肉のパテ・アン・クルートを作ることに用いるのを正当化できるもっともらしい議論は、私には一つもないように思われるからである。もし高級名物フランス料理を正当化できる理由があるとしよう。しかしそれは、あらゆる活動を、その代わりになしうる道徳的に有益な行為と比較して正当化することはしない、という決断に基づく理由であるが、このような決断を道徳的聖者がすることは決してないだろう。高級ファッションやインテリアデザインへの興味の場合もおそらくは大差がないだろうし、美術の教養に関しても同様だというのは非常にありそうなことである。

道徳的聖者は、掛け値なしにいい人でなければならないだろう。周りの人を不快にさせないことは重要である。心配なのは、結果として、彼はウィットに鈍く、ユーモアに欠け、当たり障りのない人に違いないだろうということである。

われわれは実生活と創作物の両方から取り出して洗練した性格をもとにして自らの理想像を作るものだが、この理想像が典型的にどのような種類の性格から形作られているのかを考えれば、今述べた心配は正しいと確証される。人は、われわれの理想像は道徳的に善い人物であってほしいと望むだろう——このことで私が意味するのは、道徳的に悪くないということ以上のことである。しかし、人はこうも望むだろう。すなわち、その理想像は単に道徳的に善いだけでなく、道徳と関係しない仕方でも、多才であったり、教養があったり、魅力的であったりしてほしいと。理想像が作られるのは、スポーツ選手からであっても、学者からであっても、芸術家からであってもよい——もっと勝手に言わせてもらえば、カウボーイや探偵、ロックスターから作られてもいいだろう。われわれは、キャサリン・ヘップバーンの優雅さやポール・ニューマンの「クールさ」を身につけようと努力するかもしれない。活発で情熱的なナターシャ・ロストワの性格には惹きつけられるし、ランバート・ストレザーの鋭い洞察力にあこがれもする。確かに、私が思い浮かべる理想的な性格や特性について、不道徳なものは何も無い。とはいえ、それらが道徳的聖者という理想像に上乗せされることはありえない。確かに、これらの人物が単に受容可能以上の高い道徳的基準を自らに課すということは多くの理想像に欠くことのできない要素である。とはいえ、彼らの能力と魅力にとって本質的なのは、その道徳心の強さが、道徳とは関わりなくそれ自体で賞賛に値する特定の人生計画（ground projects）や主要な性格特性と、いわば手に手を取って歩むということでもある。

その上で、はっきりと道徳的なコミットメントによって支配されている人生にいよいよ目を向けてみよう。そうするとわかるのは、道徳的完成のイメージとぴったりとは一致しないような特異さや奇抜さを目にしたときに、人はホッとするということである。どんなときでも親切で忍耐強いアグニス・コパフィールドよりも、ぶっきらぼうで、機転が利かず、意固地なベッツィ・トロットウッドが好かれることがある。また、聖フランチェスコの無垢でわけへだてのない愛よりも、チェスタートン作品のブラウン神父の茶目っ気や皮肉のセンスが好かれる場合がある。

人々のなかには、道徳にかかわらない種類の個人的卓越性を、ある種の強い道徳的色合いとともに、もしくはその色合いを帯びつつ獲得する人がいる。われわれは自らの理想像としてこのような人を探し求める一方で、道徳的卓越性の手本として求めるのは、道徳的色合いの弱い関心や特性とともに、もしくはその色合いを帯びつつ道徳的卓越性を獲得する人であるように見える。言い換えるなら、われわれが道徳性に耐えられる程度には限界があるように思われるのである。

この問題の本質は、どんなものであれ、単一の価値、もしくは単一のタイプの価値の程度については、耐えられる限界があるということに過ぎない、といぶかる人がいるかもしれない。となると、われわれの異議は、主要な関心が道徳におかれている生活に特有のものではなく、度を超した関心に支配されているということで見事に特徴づけられるような生活であればどんなものにでも当てはまるだろう。その場合われわれの異議は、そのような生活は多才さとは両立しないという認識に過ぎないということになるだろう。それがわれわれの異議だとするならば、きわめて明快な反論が可能である。それは、多才さは、今批判されている理想像が体現する道徳的な徳全体と同様、至高の徳ではない、というものである。しかし、このような見方はわれわれの異議を誤解しているように思われる。というのも、道徳への関心が生活を支配する仕方は、より厳密には、道徳への関心が生活の理想を支配する仕方は、水泳のオリンピック代表やピアニストになりたいという憧れがとりうる支配のあり方との類比によって想像できるものではそうそうないからである。

後者の関心のいずれかに熱烈に専心する人なら次のように決断するかもしれない。すなわち、その関心に対する彼女の愛着はとても強いので、彼女を支配する情熱にすっかり没頭してしまうことで、人生において得られるだろうそれ以外の事柄の大部分を維持・追求する能力が犠牲になるとしても、それが要求されるのならその犠牲には価値がある、と。しかし、可能なかぎり道徳的に善くありたいという欲求は、幾多ある欲求のうちの一つという形態をとることはありそうにない。そのような形態の欲求は、それ特有の心理的な強さのために、その他のより弱く、それぞれあまり要請度が高くない欲求の追求を差控えさせるものではあるのだが、道徳的に善くありたいという欲求はそのようなものではない。それどころか、この欲求は単に他より強いだけでなく、高位の欲求なのである。高位の欲求というのは、単に他の欲求との競合に打ち勝つだけでなく、他の欲求を従属させたり、地位を落としたりもする。となると、道徳への関心のためにその他の関心を犠牲にすることは、選択ではなく、命令という性格をもつことになる。

そのうえ、より具体的で特定の種類の目的（これには具体的な道徳的目的も含まれる）が、支配的情熱の対象という役をはたすのと考えられるのと同じ仕方で、道徳それ自体もしくは道徳的な善さが支配的情熱の対象という役をはたすと考えることにはどこか奇妙なところがある。道徳それ自体は情熱の適切な対象であるようには見えない。そこで、たとえば博愛の聖者は、魚釣りに行くことや、ステレオを買うこと、チョコレートパフェを食べることを、道徳的な理由を見つけたとたんに、やすやすと喜んであきらめるということをよく考えてみると、人は彼がどれだけ道徳を愛しているかに驚くのではなく、彼がどれだけ他のものを愛していないかに驚くことだろう。もし彼がそれらのものをそれほどやすやすとあきらめることができるのなら、それらのものを真剣に愛するということがどういうことなのかを彼はわかっていないのだと考えられる。言い換えるなら、博愛の聖者が本性あるいは修練の結果として経験不可能な種類の喜びが存在するように思われる。その一方で、理性的聖者は、道徳以外の具体的で強い欲求をもち続けているかもしれない——彼は、そのような欲求に基づいて行為する機会を単に絶っているのである。しかし、このことも負けず劣らず問題を抱えている。博愛の聖者に関しては、世界が提供しているもののうちのあるものが目に入らないということから、知覚のネジが一本外れているのではないかという疑念が抱かれうる。それが目には入るが手に取ることはない理性的聖者に関しては、また別の問題があるように思われる――おそらくそれは、非難への病的な恐れや、もしくは生の享楽をえる能力を妨げてしまうような、極端な形の自己嫌悪といった問題である。

言葉を換えるなら、道徳的聖者の生活という理想が気に障る理由は、その理想が道徳によって過剰に支配されている生活だからという単純なものではない。普通の人が抱く、道徳的完成の獲得とは矛盾するような対象や活動や出来事に対する個別の直接的な欲求は、単に犠牲になるだけでなく、取り除かれ、抑圧され、従属させられる。その他の目的とは異なり、道徳が支配する時のやり方がとりわけ気に障るのは、個人として同定可能な自己の欠如もしくは否定を道徳が要求していると思われる点にある。

思うに、この際だって厄介な特徴は、私がこれまで述べてきた道徳的聖者という理想像以外には絶対に当てはまらないというわけではない。この特徴は純粋唯美主義者という人物像やある種の宗教者の理想像にも当てはまるし、やや逆説的ではあるが、自意識過剰の首尾一貫した利己主義者というモデルにも当てはまる。これらの理想像が極端な形で現れている世界の理解の仕方は、時として「道徳（moralities）」そのものとして描かれるのは偶然ではない。いずれにせよ、これらの理想像は通常「道徳（morality）」という言葉で意味されるものと競合する。また、これらの理想像が狂信的だと自然と描かれることも偶然ではない。しかし、これら道徳以外の種類の完成〔像〕は、満足のいく個人の理想像の役をはたせない点は容易に見て取れる。というのも、これらの理想を実現することは率直に言って不道徳だからである。それに加えて、道徳的狂信者のようなものが存在するとなれば、驚きを隠せない人もいることだろう。

私が「常識道徳」を不当に扱っている――すなわち、道徳的聖者がムカつくほどのいい子ちゃんであったり、強迫的な禁欲主義者であったりすることを常識道徳は実際には要求していない――と反論する人もいるだろう。ご指摘のとおり、私が言及した個人のもつ性格上の特徴のいずれに関しても、それを備えることと道徳的聖者であることとの間にはいかなる論理的な不整合も存在しない。他人の欠点や短所に気付くことや、道徳と関係しない才能や技能を認め評価することは、道徳的な不正ではない。また、〔プロバスケットボールチームの〕セルティックスの熱狂的なファンであることや、キャビアに情熱を傾けること、素晴らしいチェロ奏者であることも、不道徳ではない。十分な想像力があれば、完璧な道徳的聖者についての特定のお話を作り、道徳的聖者がこうした性格上の特徴を持つに至った適切な来歴と状況を考案することはいつでも可能である。

仮にある人が、人生の比較的遅い時点で道徳的聖者への道に足を踏み出すとするなら、その人には、道徳的目的に役立てることのできる関心がすでに陶冶されているかもしれない。たとえば、ゴルフの大会で優勝することは、オックスファムに確実に多額の寄付をするためにまさに必要なことだということがありうるだろう。もしかすると、非凡な芸術の才能を涵養することは、その人が社会に貢献できる最大限の方法だとわかることがあるだろう。さらには、道徳によって求められる行いのまさにそのなかに喜びや技能を思いがけず見いだすこともあるかもしれない。子どもたちが野球をするのに一人選手が足りないので、それに気前よく手助けをしてあげたら、生来の強肩の持ち主であることがわかったとしよう。また、原子力発電反対運動をするなかで、立場上、ロビイストの招待に応じ、ル・リオン・ドールで昼食をとらざるをえなかったとしよう。これらの活動からその人が満足をえるとしても、それを否定することから道徳的にえるものは何もない。となると、道徳のために利用できたり、心理的要求が強すぎて従うしか選択肢がないような、道徳に関わらない徳を道徳的聖者は幸運な偶然から備えることがあるということはありうることなのである。重要なのは、道徳的聖者にとって、これらの関心や技能が存在することにはせいぜい幸運な偶然という地位しか与えることができないという点である――これらのものは、人間的な善さのもつ、別個の、独立した実現の仕方としては、それ自体のために奨励されるということがありえない。

これらの性質のいずれかを持つことと道徳的聖者であることとの間には緊張関係が存在するという事実からは、これらの性質を持つことが不道徳であることは帰結しないということを忘れてはならない。というのも、道徳的聖者になるべきだということは、常識道徳の一部ではないからである。それでもなお、道徳的聖者になりたいとたまたま思う人がいるのなら、そういう人はこれらの性質をもつことも、奨励することもないだろう。そして、われわれの常識的な価値観からすれば、このことは道徳的聖者になりたいとは思わない理由とみなされる。

それでも、これがどのような種類の理由なのか、そしてここからどのような種類の結論を適切に引き出すことができるのかを知りたいと思う人がいるかもしれない。というのは、道徳的聖者のモデルが魅力的でないからといって、そのモデルが理想像としてふさわしくないとは必ずしも言えないからである。おそらく、そのモデルが魅力的でないのは、それがわれわれを居心地悪くさせるからである――つまり、これらのモデルによって、われわれ自身の弱さや、悪徳、欠点が浮き彫りになるからである。そうだとしたら、落ち度があるのは、聖者たちの性格ではなく、聖者ではないわれわれ自身の性格である。

道徳的聖者性を備えたモデルに対してわれわれが感じる不満の背景にはいくつかの理由が存在するのだが、それらは確かに、われわれが自己批判をあまり好きではなかったり、心から楽しんでいる活動や関心をあきらめる努力をすることには気が乗らなかったりすることと関係しているに違いない。このように考えれば、われわれは道徳的聖者ではないという事実に対して一つの言い訳が立つかもしれない。だからと言って、なりうる理想像としての聖者を批判することに根拠が与えられるわけではない。先の考えは、われわれの本性にある利己主義的で快楽主義的な面を引き合いに出しているために、それを道徳的聖者という理想像を批判するための根拠として用いることは、よくて論点先取になるか、悪ければ、非難されるべきわれわれ自身の特徴を讃美してしまうことになる。

われわれが備えており、また、実際に好んで備えるような性質をおそらく道徳的聖者は備えていないからといって、それだけでは道徳的聖者という理想像を非難する理由にはならない。しかしながら、これらの性質のいくつかが善い性質であり、しかも我々が好むべき性質であるならば、その事実は、この理想像を取りやめて、代わりに別の理想像を提案する理由に実際になる。言い換えるなら、道徳的聖者が必然的に欠いている性質のいくつかは、道徳には関わらない徳ではあるものの、それを備えた聖者らしからぬ人物がもつ徳なのである。グルーチョ・マルクスやレジー・ジャクソン、そしてレストラン・ルテスの料理長の業績はすばらしい偉業である。これらを偉業と認識することは、単に許されるだけでなく、まったくもって適切なことである。個人のもつ卓越性がとりうる非常に多様な形態のなかで、そのうちのいずれかを称賛し、獲得しようと努力することは、概して、人が備える価値があり、備えることが望ましい性格特性である。これらの多様な卓越性の陶冶を支持するということは、われわれは道徳以外の行為理由を支持しているということである。そして、これらの徳に対応する関心や価値に実質的な役割を与える理想像に向かって人々が努力することは善いことだと考えるということは、道徳的聖者という理想像とは両立しないような理想像の善さをわれわれは暗に認めているということである。最後につけ加えるなら、道徳的聖者という理想像を求めて努力し、実現することに比べて、これらの理想像のうちの一つを求めて努力することが同じくらい善い、もしくはいっそう善いとわれわれが考えているのなら、道徳的聖者でないことは善いことだという確信をわれわれは表明していることになるのである。

道徳的聖者と道徳理論

私がここまで試みてきたのは、道徳的聖者とはどのようなものであるかについて、ある一つのイメージ――いや、むしろ二つのイメージ――を描き出すことであった。その際私は、道徳について現代の常識的思考に浸透していると考えている態度と信念を利用した。私の考えでは、常識道徳によれば、道徳的聖者は魅力的でないか、それ以外の仕方で受け入れがたいという捉え方をされるのだが、これに対して、「このような悪い評価を下す常識道徳の方が問題なのだ」と反論するのは可能である。つまるところ、道徳哲学の目的は常識道徳を修正し、改良することだと主張されるのはしばしば見られることであるし、現代の主要な道徳理論から道徳的聖者性の一定の捉え方が生み出されるとして、それがどのようなものかという問いを私はまだ論じてこなかった。

功利主義やカント主義の文献にさっと軽く目を通せば、それぞれ博愛の聖者と理性的聖者のイメージがえられるだろう。功利主義者であれば幸福に重きをおくので、彼は間違いなく理性的聖者よりも博愛の聖者を好むであろう。なぜなら、博愛の聖者は、自分自身が理性的聖者よりも幸せな人物だからである。その一方で、カント主義者であれば理性に重きをおくため、彼は理性的聖者に対しても、少なくとも博愛の聖者と同程度には称賛できるものを見出すだろう。とはいえ、二つのモデルは常識から引き出されたものなので、両方とも功利主義とカント主義のそれぞれの直観が入り交じった混合物を典拠にしている。道徳的聖者の二つのモデルはそれぞれどちらかの道徳学説と明確に連関した教義の信奉者によって唱導されると考えられるかもしれないが、二つの道徳理論をより注意深く検討すれば、本当にそうなのか、疑問が生じるだろう。

もちろん、功利主義者は自己実現の価値を決して否定しはしない。道徳的聖者ならばもたないと私が主張したような関心や、才能や、その他個人に魅力を感じさせる特性を陶冶することもまた、功利主義者は決して軽んじはしない。実際、まさにこうした特徴が、それを所有する個人にとっても、その個人と関係する人々にとっても、幸福量を増大させるものであるため、自分自身であろうと自分以外の人であろうと、これらの特徴を促進させる能力は、功利計算において非常に大きな正の価値をもつだろう。

このことが意味するのは、功利主義者であれば、普遍的な理想像として道徳的聖者を支持することはないだろう、ということである。すべての人が道徳的聖者であるような世界、そうでなくとも大部分の人が道徳的聖者であるような世界――さらには、大部分の人がそうであろうと努力している世界――を考えてみよう。おそらく、そのような世界が内包する幸福の量は、個人的な価値や完成主義的な価値の多様さを伴った、多様な理想像が実現されている世界と比べて、少ないものになるだろう。より実践的に考えてみよう。もし功利主義者がより多くの人々に影響を与え、より多くの善を獲得するよう促したいと思うなら、彼が幸福になる目標として人々に奨励すべきは、〔道徳的聖者という理想像〕より魅力的で、普通の人々の手により入りやすい目的の追求であろう。このようなことも示唆されるのである。

しかしながら、このような考察にはまだ次のような問いが残されている。すなわち、根っからの功利主義者が個人的に自分がなりたいと考えるべきなのはどのような種類の理想像なのか、という問いである。自らの理論のために、功利主義者は最大の一般幸福が達成されるよう欲することを求められる。そして、これが正しければ、彼は道徳的聖者という理想像に向かって努力しなければならないように思われる。

人によっては、私が先に述べた主張を根拠にして、功利主義者は功利主義を放棄する道をとるべきだという議論を試みるかもしれない。先述の通り、他の多くの理想像に比べ、道徳的聖者は、自分にとっても、まわりの人にとっても、幸福度の少ない人物である。もしそうならば、全体の幸福を促進するのにあまりにも一生懸命になりすぎないことで、より大きな全体の幸福を作り出すことがもしかすると可能かもしれない。しかし、現実世界の経験的な状況に照らせば、この議論はあきらかに説得力がない。次の二つの場合で増える幸福量を比較してもらいたい。一つは、道徳的聖者の生活よりも、より多才で豊かな生活を送ることで自分自身や隣人にもたらされる幸福の増加分である。もう一つは、病人や虐げられている人、餓えに苦しむ人、そしてホームレスの世話に心血を注いだ際に増やすことができる一般幸福の量である。この時、前者の増加分は後者に比べると哀れなほど小さいものになるだろう。もちろん、頭がおかしくなることなく人がそのような物事に献身できる程度には心理的な限界があるかもしれない。しかし、だからといって、功利主義者一人ひとりがもつ限界が、〔道徳的聖者ではなく〕彼の個人的理想像の方を肯定する特徴にはならないだろう。

となると、道徳的聖者の魅力のなさによって、功利主義者に功利主義を放棄するよう理性的に説得することは当然うまくいかない。しかしながら、道徳的聖者への憧れをあからさまにしないよう努力をすべきだとは説得できるかもしれない。あまりに難しくない限り、功利主義者は周囲の人々を不愉快にしないよう努めるだろう。彼はいかにも聖者ぶったふうには見られたくないと思うだろう。また、彼は人々が楽しく過ごす能力を抑制したいとは思わないだろう。こうなると実際問題として、私が先に示した道徳的聖者像に比べると、完璧な功利主義者はそれほど不愉快な友人ではないことになるかもしれない。しかし、この種の推論によって、比較的我慢のできる公的人物像が生まれるとしても、この推論に頼ることは功利主義者にある代償を求めることになる。それは、彼が心の中で考えていることや態度が考慮に入れられると、その人物像は間違いなく、偽善的で慇懃無礼だと評されるというものである。

功利主義者としての理想像は、彼に自らの功利原理を放棄するよう要求することも、自分が持ってもいない関心やすることもない判断をねつ造するよう強いることもない。それでもなお、私が常識道徳の聖者に対して行った批判はこのような功利主義者による理想像の捉え方にある種の違いをもたらすはずである。というのは、道徳以外の関心の追求や、道徳以外の才能の陶冶に関して、この種の物事に従事することがまったく許されない場合に比べて、時間と労力を限定つきで、かつ注意深く見極めてこれらの活動に割り当てる方が、一般福利へのより大きな貢献が可能な人物になる場合がありうるからである。これらの〔道徳以外の〕活動が一般利益をもつことがなくなったとわかった場合にはいつでもよろこんでやめる、という条件の下でその活動に関わる限り、その活動に楽しみがあったとしても、それは決して功利主義の諸原則を危うくすることにはならない。

このような見方は、功利主義の理解から第一印象で思い浮かべる博愛の聖者のイメージを穏やかなものにするのに多少は役立つだろう。しかし、それが大いに役立つかというと、そうは思われない。というのは、時間や労力の制限は非常に厳しくなければならないだろうし、見極めが必要だとするとこれらの関心や特性への愛着はその範囲だけでなく、質までも制約を受けることになるためである。そのような関心や特性は、それほどまでに条件付きで意識的に抱きつづけられるのであれば、弱くてやや奇妙な種類の情熱にすぎない。その上、功利主義者がこのような人生の「課外授業」的側面を楽しむことができる仕方は、われわれのもつ聖者性の低い理想像においてそれが現われる場合に、われわれが楽しむ仕方とはまったくの別物である。

　功利主義者が、人生のこれらの側面に価値を認めているのはある目的に対する手段としてのみであるというのは、問題を正確に捉えていない。というのは、功利主義者の場合に、自他がこれらの側面から得る楽しみは、一般幸福への一手段ではなく、その欠くことのできない一部分だからである。それでもなお、功利主義者がこれらの物事に価値をおくのは、それらが実際に一般幸福の一部分だからにすぎず、またその限りでしかない。彼は、いわば「一般幸福への寄与」という分類の下におかれるものとしてこれらのものに価値をおく。このことは、功利主義者でない人が人生のこれらの側面に価値をおくさまざまなあり方と対照的だと言える。ある人は、文学は人間本性への洞察を与えてくれるという理由で、文学を愛するかもしれない。また、ある人は、バラは素晴らしく美しく、繊細なものだという理由から、バラの栽培を愛するかもしれない。それぞれの活動が備えるこれらの特徴は、これらの活動がなぜ幸福を生み出すのかを説明しもするというのは正しいだろう。しかし、功利主義者ではない人にとっては、このことは重要でないかもしれない。というのは、ある人がこれらの活動により直接的な仕方で価値をおく場合には、たとえ他のものがこれらの活動と同程度の、もしくはそれ以上の量の幸福を生み出すとしても、それとこれらの活動を交換してもよいとは考えないだろうからである。このような視点をとるなら、これらの活動に価値があるのは、それらが幸福を生み出すという理由からではない。むしろ、これらの活動がより直接的で特殊な仕方で価値あるものだからこそ、それらは幸福を生み出すのである。

バーナード・ウィリアムズの言葉を借りるなら、人生のなかの、明示的に道徳に関わっているとは言えない側面を功利主義者が評価するやり方は、「一つ余計な考えを生み出す」[*1]。功利主義者はこのような考えを――少なくとも定期的には――もたなければならないという要請は、彼が当該の側面を評価する能力の低さのみならず、浅薄さをも示している。かくして、功利主義者にとって受容可能な目指すべき理想像と、常識から引き出された道徳的聖者モデルとの強い類似性は失われていないため、功利主義的理想像も、そのモデルに対して私が先に示した批判を回避できないだろう。カント主義者も同様に、これほどまでに制限付きで魅力のない範囲の理想像を目標としているのかとなると、これはいくぶん難しい問題である。

カント主義者の考えでは、道徳的に価値あることの本質は、その人が普遍的法則であることを意志できるような格率に従って常に行為することにあり、かつ、このことを感性的な欲求から行うのではなく、道徳法則そのものに対する尊重の念から行うことにある。また、定言命法の別の法式を用いるなら、道徳的な行為の本質は、他の人物を常に目的として扱い、決して手段としてのみ扱うことがない点に存するとカント主義者は考える。推察するに、またカント自身も述べているように、これらの考えに基づき、カント主義者は公正さの規則だけでなく、ある程度の善意も引き受けることとなる。しかし、すべての人物が道徳的聖者になることをわれわれは意志しないというのは確かであるし、他人を目的として扱うことが、他人の利益の保護と促進のために全力を尽くすことを要請するとはまず言えない。となると、カント主義的学説の一解釈に基づくなら、道徳的完成は、限られた数の付随的制約を誤りなく遵守することだけで達成されるだろう。このような解釈に立てば、カント主義理論が生み出す理想の人物像というのは、端的に言えば私がここまで描き出してきた道徳的聖者という理想的人物像に匹敵するような完全さを備えているわけではない。

その一方で、われわれには善意の義務があるとカントが明白に述べている。すなわち、他人がそれぞれの目的を追求するのを許容する義務だけでなく、その目的を自分自身のものとして引き受ける義務がわれわれにはある。加えて、われわれには自己に対する積極的義務がある、すなわち自身の道徳的完成のみならず自然本性的完成をも向上させる義務がある。このような義務が生活に占める度合いは無制限であり、どれほど主要なものになってもよい。これらの義務に合致し、これらの義務の考えによって動機づけられるような行為が有徳だと考えられるなら、そのような行為を行えば行うほど、その人がより有徳になると想定するのは自然である。その上、徳一般についてカントは次のように述べている。「到達しえないにもかかわらず、それでもそこに向かって絶えず近づいていくことがわれわれの義務であるもの、それが理想というものである。[*2]」となると、この解釈では、カント主義の道徳的聖者は、私がこれまで考察してきた他の道徳的聖者と同様に、道徳的でありたいという動機によって支配されていることになる。

　二つのカント解釈のうちどちらを選ぶかは、カントの体系全体のなかで不完全義務が果たす役割にどのような解釈をし、どのような重要性を認めるかに依拠するだろう。ここではどちらかに答えを決めることをせず、それぞれを順番に考察していこう。

　これまでいくつかの種類の道徳的聖者に対して批判を行ってきたが、第二のカント解釈に基づいたカント主義的道徳的聖者は、同様の反論の多くにさらされる。この点は驚くべきことではない。確かに、カント主義的聖者は、どのような行為をせざるを得ず、どのような行為を差し控えざるを得ないのかということに関しては、功利主義的聖者とは異なるだろう。とはいえ、カント主義的聖者が受け入れ可能な活動の範囲は不愉快なほど制限されたままではないだろうか。その上、カント主義的聖者自身が追求する行為および陶冶する性格特性に関して、彼がそれらについて思考し、正当化する際にとるはずの方法は、功利主義的聖者の場合と同様に、「一つ余計な考え」を含むものという印象をわれわれに与えるだろう。功利主義者の場合、彼の活動と性格特性は「一般幸福に貢献するもの」と分類できる限りで価値がおかれるのと同様に、カント主義の場合に彼の活動と性格特性に価値がおかれるのは、それらが道徳法則への尊敬の現れである限りでなければならない。身体的、知性的、芸術的卓越性のいずれであれ、それを獲得する能力を陶冶することや、他人を幸せにするのを目指した活動が何らかの道徳的価値をもつのは、それらの行為が、われわれの種の成員が純粋実践理性を授けられているがゆえにもつ、尊厳に対する敬意から生じている場合だけである。これは優れた、高貴な動機であることは間違いない。しかし、フレッド・アステアのように踊りたいとか、ピカソのような絵を描きたい、抽象代数学のとびぬけて難しい問題を解きたいといった、個人的願望の背後にある主たる動機だと考えられるものではまずないだろう。また、息子のためを思ってなされる父親の活動や、愛する人のことを思ってなされる恋人の活動の背後にあってほしいと人々が考える主たる動機ではまずないだろう。

これまでの道徳的聖者のモデルのもつ基本的な問題とは、他のすべての価値を当然のごとく従属させる、最高度に重要な単一の価値によってそのモデルが支配されている点にある。そのため、もう一つのカント解釈では、厳格だが限られた種類の責務と制約しか生じないとなると、そこからはより受け入れやすい道徳を手にすることができるように見えるかもしれない。このカントの解釈によれば、利他的行為および自らの心身の健康維持にある一定限度の労力を捧げていれば、また〔道徳とは〕独立の動機づけをもち、自らの関心や価値を追求しても一定の境界を踏み出ることがないのであれば、人は能う限り道徳的に善いと言える。確かに、受容可能な道徳理論の要件として、道徳法則の完璧な遵守と道徳的関心への最大限の献身というのが、われわれにとって自身が心から努力して求め、また周りの人々に対してもそう願うことが可能なことだというのがあるとすれば、完璧な道徳的行為者の性格全体を飲み込むことなしに道徳の命令が遂行されうるということは、この種のカント主義に有利にはたらくとみなされるだろう。

このように道徳をより限定的に理解したとしても、道徳とカントの見解とのつながりを少しでも真剣に捉えようとするなら、道徳以外に目的をもつような、私の支持する理想像にこの道徳の理解が無条件の是認を与えることはありそうもない。というのは、カントは「無感動と自己支配の義務」[*3]と自ら名付けたものについて明確に語っているからである——それは、冷静な実践的熟慮の妨げになるほどには自らの情念を決して強くしないこと、または、より公平無私で理性的な部分から支配力が奪われるほどまでに、情念を切実なものにしないという義務である。特定の個人や理念への専心に対して、このようにきつく、意識的に手綱を引き締め続けるような責務がわれわれに負わされるなら、それは疑いなくこれらの物事におくわれわれの価値を制限し、必然的に力をもたない地位を割り当てることになるだろう。

この種のカント主義が道徳的価値に対して上限を設けていることは、この立場の道徳観にとって有利なように思われたのだが、その含意を考えると、このカント解釈に対するより興味深い反論が浮かび上がる。というのは、人が道徳的になることのできる能力にそのような限界を設けると、道徳的必然性が事実上否定されてしまうだけでなく、善意や正義の維持への献身は要求されている一定の度合いを超えてしまった時には道徳的善さをもたないことになってしまうからである。限界の設定は、制限された範囲の義務の要請を超えて道徳的に善くなる可能性を否定する。道徳的聖者であることにすべてのものを費やすことは、とりたてて健全で望ましい理想像ではないと私は主張した。しかしそうは言うものの、仮に道徳的聖者が実在するとした時に、彼らは彼らなりに極めて崇高で称賛に値するような人物なのだということを強く否定するのは屈折しているように思われる。自らの生き方の手本をマザー・テレサにではなく、キャサリン・ヘップバーンやジェーン・オースティンに求めることは、同じくらい理性的で善いことだという点に私は強い確信を抱いている。そうは言っても、マザー・テレサが道徳的により善い人だということを否定するのはばかげたことだろう。

上限があるものとして道徳を見るには二通りの方法が考えられる。第一に考えられるのは、利他主義と公平さは実際に肯定的な道徳的関心事としながらも、これらを道徳的とする場合を、これらの関心事を追求される程度が一定の決められた限度内に収まる場合に限る、という方法である。第二に考えられるのは、これらの肯定的な関心事は道徳とは偶然的にしか関連せず、道徳の本質は別のところ、たとえば、暗黙の社会契約やわれわれ自身の尊厳ある合理性の認識にあるとする方法である。最初のように道徳を捉えるなら、利他主義の程度や、正義と公正への献身の範囲に関して、それらが道徳的な称賛に値するのには上限ラインがある。しかし、この線を引く際に、利他主義者の献身対象となる人々全員よりも利他主義者自身の暮らし向きの方が悪くなる時点よりも手前で線引きするなら、それは受け入れがたい程人為的で、無根拠なように思われる。二番目の捉え方をするなら、利他主義と公平さへの肯定的関心事はそもそも道徳とは本質的に関連していない。しかしそうなると、他人に対する善意をより愛情深く、より気前よく表現することが、道徳の延長として自然で妥当なものとはみなせなくなってしまう。さらに、われわれの動機や関心を陶冶し評価する際に、薄情で、不当な程自己中心的な手法を推奨することになる。

　となると、道徳的聖者という、生の全てを包摂する理想像の種子を含まない道徳理論は、道徳的に善いことをする機会や、道徳的な称賛に値する見込みに対して、不自然で間違った制限を設けているように思われる。しかし、この論文の議論の主眼がどのような結論を目指していたかを思い出して欲しい。道徳的聖者という理想像が現にあるとしても、それは、人間がそれを目標にすることがとりたてて理性的だったり、健全であったり、望ましくあったりするような理想像ではない、ということが結論であった。この二つの主張が組み合わされると、それは、容易に解決できないジレンマになるように見える。私はこのような見え方に反して、二つの主張はジレンマを構成すると理解されるべきでないとすぐに論じるつもりである。が、その前に、先の私の説明に説得されてしまうような人がついとりたくなってしまう議論の筋道を簡単に示しておこう。

　先の説明が、道徳の内容に関して今日もっとも人気があると思われる見方への批判に暗に含まれるものと解されるなら、そこから自然と提示される代替案は、道徳の内容についての見方を修正することである。より具体的にいえば、私の説明は、道徳哲学に関して、よりアリストテレス寄りの手法を支持すると見なされるかもしれず、さらにはよりニーチェ寄りの手法すら支持すると見なされるかもしれない。そのような手法の変化に伴って生じるのは、道徳的徳や悪徳を構成する性格特性の種類、および道徳的な関心を構成する関心の種類に対するわれわれの今日的な直観を、大きく拡張するかもしくは置きかえることである。たとえば、ある人の道徳的性格に資する特徴として、個人のもつ我慢強さや創造力やセンスの良さが取り入れられるとしよう。その場合、われわれによって作り出される道徳的な理想像は、先に議論したカント主義や功利主義の理想像とは両立せず、かつおそらくはより魅力的なものでありうる。そのように道徳の捉え方を変えることができるなら、これまで〔道徳的聖者として〕私が関心を向けてきた人物は道徳的聖者と見なされるにはほど遠く、他のより魅力的で、関心をかき立てる個人のモデルに比べるなら道徳的に劣っていると見られるかもしれない。

　この手法は、とりわけ次の理由から成功しそうにないように思われる。すなわち、奨励と称賛に値する人間の可能性を実現する方法や、それに値する人間的善を達成する方法を考える際に、単一の、あるいはそれなりに少ない数の実質的な個人的理想像でもって、取りうる方法の全範囲をカバーできるとは考えられないためである。しかしながら、肯定しうる人間の生き方の特徴を十分に広い範囲で描写することがたとえできたとしても、そのような特徴を、道徳それ自体の枠組みのより中心的な位置に組み込むことに対しては、反対する強い理由があるように思われる。というのは、ある性格特性や活動が道徳的に善いと主張する際に人が主張しているのは、その特性を陶冶することや、その活動に従事することにある種の理由があるということだからである。しかし、より通常の道徳的聖者理解に対するわれわれの批判の背後には次のような認識があるように思われる。すなわち、人間の生活に肯定的に取り入れることができる特性や活動のうち、非常に大きな価値が認められるもののなかには、ある人物がそれらを取り入れるとしても、その理由は道徳的なものであってほしくないとわれわれが望むものがある、という認識である。これは以下のように言い換えられよう。どのような行動指針に対して「道徳」のラベルを貼るかをわれわれは非常に柔軟に決めることができるかもしれない。また、この指針に完璧に従うことで非常に豊かな生活がもたらされるかもしれない。しかし、そのような生活が道徳的に善いものなのだという抽象的で公平無私な考えによって、ある人物の生活が全面的に支配され方向づけられることを望まない理由がわれわれにはある、ということである。

つけ加えるなら、道徳それ自体を包括的な行動指針として用いるべきではないということにひとたび気づくなら、徳や関心、その他の似たものについてどれを道徳に、どれを道徳以外に分類すべきかについて、正直なところ明快とは言いがたい今日的な直観を保持する理由を理解できるだろう。すなわち、個人の生活がもつ諸側面のうち、道徳的評価の適切な対象として現在考えられているものと、われわれが今考察している、変更を加えた道徳の捉え方において含まれるようなものとの間には重要な差異があるように思われるのであるが、だが、この重要な差異を後者の手法は不当にあいまいにし、無視する傾向にある。今日の道徳的評価では、個人の生活のうち、自身のコントロールが及ぶ事柄に主眼がおかれている。また、その評価は他の人々に多大な影響を及ぼす可能性が高い側面に概ね限定されている。これらの制限は当然のように思われる。たとえば、善い趣味とはどのようなものから成っているか、もしくはどの程度の多才さが健全かといったことについて、責任能力のある人々が合意に至ったとしよう。それでも、誰もがこれらの物事を達成しようと努力すべきだと主張するか、それに従えなかったり従うことを拒否したりする人を非難することは間違いのように思われる。

今日の理論によって生み出される道徳的理想像には魅力がないという事態に対して、より好みに合う理想像をもたらすような新しい理論を提出するのでもなく、理論から理想像を生み出すことを一切やめてしまうという仕方でこれらの理論を理解するのでもないのであれば、われわれはどのような対応をすべきなのだろうか。私の考えでは、それは単純で、道徳的理想像は個人としての最善の理想像ではないし、またそうなる必要もない点を認めることである。先に、十全な道徳理論のテストとして、道徳法則に完璧に従うことや道徳的関心への最大限の献身が、われわれ自身が心から求めて努力し、周りの人に望むものでありうるかという考え方を取り上げ、その帰結の一つを述べた。そこからさらなる帰結を引き出すなら、私の考えでは、われわれはこのテストに合格しない理論に疑念を抱くのをやめて、提案されたテストの方を疑うようになるはずである。われわれは道徳的に善くあるための無限の可能性をもっていること、そして道徳的関心事を促進するにあたって数限りない機会をもっていることは、世界の経験的な現状からすると、倫理的事実のように思われる。しかし、この可能性を実現したり、この機会を活かしたりするのに一心に献身するのを選ばないということにも、健全で、説得力があり、そしてとりたてて利己的であるわけではない理由が存在するのも事実である。そしてそれほど倫理的ではないこの事実と先の倫理的事実とは両立しないわけではない。

となると、少なくともある意味では、私はカント主義も功利主義も実際には批判していないことになる。今私が主張している論点が近年の道徳哲学の研究に直接関係する範囲で言えば実際のところ、この論点が向けられているのはこれらの理論を批判する人々の方である。そのような人々は、完璧な功利主義者にはあんな欠点がある、完全なカント主義者にはこんな欠点があるなどと、本論文の大半を占めるのと似ていなくもない調子で指摘するのだ。[*4] これらの主張の背景には、時に暗黙のうちに、また時に明示的に次のような想定がなされている。すなわち、カント主義に比べると功利主義には間違ったところがある、功利主義と比べるとカント主義には間違ったところがある、名もなき第三の理論と比べると功利主義にもカント主義にも間違ったところがある、といったことがカント主義者もしくは功利主義者の欠点を認識することで示される、という想定である。しかしながら、この論文で提示したいのは、このような想定には何の保証もないということである。道徳理論を完璧に実践する人がもつ欠点には、理論の道徳的内容それ自体がもつ欠点が反映されていると考える必要はない。

道徳的聖者には残念な特徴があり、いくつかの望ましい特徴が必然的に存在しないということを指摘した際に、道徳的聖者や聖者になりたいと熱望する人物を非難しようとする意図は私にはなかった。むしろ、私が意図していたのは、一つは、道徳的聖者という理想像を基準にして他の理想像を判断したり正当化したりするべきではないと主張することであった。もう一つには、われわれの生活は可能な限り道徳的に善くあるわけではないという認識に対して、われわれは必ずしも身構えた態度をとらなくてもよいと主張することであった。[*5] ある人が追求する目的や関係、活動、関心が最大限に道徳的に善くあるわけではないものの、その人はそのような生活を送ることが許されている、と主張するのは誤解の素である。というのは、われわれの生活は、許可を求めるほどまでに道徳の要請に包括的に従っているわけではないからであり、また、自ら設定した目標に対する理由が道徳以外の理由であっても、それは言い訳ではなくむしろ積極的で立派な理由であり、それを打ち負かすおそれのある理由があるにも拘らず存在する、という性質のものではない。換言すれば、人は完全に道徳的であることなしに、完全にすばらしい人であることが可能なのである。

このような認識をもつためには、今日の道徳哲学が一般的に無視しているような観点が必要である。この観点は、道徳的でもなく利己的でもない種類の判断を生み出す。道徳判断と同様に、どのような人になるのがよいのかについての判断は、その人が実際にもっている価値観や関心事、欲求によって定められた限界を超えたところにある視点から下される。そして、道徳判断と同様に、これらの判断は自らにある種の客観性があると主張する。すなわち、理性的で洞察力をもった存在者ならばとることが可能な観点に根差していると主張する。しかしながら、道徳判断とは異なり、これらの判断が重視する善は、当人以外の他の人や集団の善ではない。

それにもかかわらず、これらの判断はその個人自身の利益のためになされる、というのは同じくらい誤解を招く表現である。というのは、これらの判断が重視するのは、どのような種類の生活を送ることがその人物の利益になるのかではなく、どのような関心をもつのがその人物にとって善いのかということだからであり、その人が客観的に善い関心事を獲得し維持することが当人の利益になるとは限らないからである。自らの関心事が道徳の関心事と同一であるような、博愛の聖者のモデルを考えてみよう。実際、このモデルは、合理的な自己利益の命令と道徳の命令が一致するような人物のモデルである。しかしながら、私が強く訴えてきたのは、われわれにはこの理想像を目指すべきでない理由があるということと、もし自分の子供がそれを熱望し、達成したとしたら、それを残念に思う理由をもつ人がわれわれの中にはいるだろうということである。

道徳的な観点とは、採用する際に次のような条件を求める観点であると言えるかもしれない。すなわち、他人は自分と同じくらい現実的な存在で、また人生におけるよい物事を得るに価する存在であり、自分はそうした人々のうちの一人にすぎないという事実の認識を、実践的な帰結をもった事実とみなす、言い換えるなら、この事実の認識を自らの行為と実践的な熟慮の形式において表明しなければならないような事実とみなす、という条件である。この事実を表明するのにもっとも正しく、最善の方法は何かという問いに対しては、競合する道徳理論がそれぞれの答えを提出している。その際にそれらの理論が提供しているのは、道徳以外の他の観点から行為者にとって善い・悪いと思われるような行為・事態・その他諸々を評価し、比較する方法である。しかし、われわれの活動、性格、そしてそれらの帰結を包括的にかつ客観的に評価する方法が、それぞれの理論が提出した道徳的観点によって尽くされているようには思われない。どのような生活が善い生活なのか、われわれ自身や他の人々がなるのにふさわしい人物とはどのようなものなのか。これらの問いを考える際にとる観点を、個人的完成の観点と呼ぶことにしよう。

いずれの観点もある人物の生活を包括的に評価する方法を提出しているのだから、それぞれの観点はもう一方の観点を説明し、ある意味で従属させている。道徳的な観点から見れば、個人の生活の完成にはいくらかの価値があるだろうが、しかしそれは限定されている——というのは、各個人は結局、人々のうちの一人にすぎないままなのだから。

完成主義者の観点から見れば、個人と世界の関係にある道徳的な価値は、同じようにいくらかの価値をもつだろうが、それは限定されている——というのは、先に述べたように、個人の生活にある（完成主義的な）善さは、その生活が道徳的善さを体現する程度に比例して変化するわけではないからである。

完成主義的観点は、道徳的観点と異なり、われわれはその観点を採用し、自らの行為において表明するよう責務づけられたことがあるとは言えないかもしれない。それでもなお、完成主義的観点をとれば、特定の仕方で自らの性格を陶冶し、特定の生き方をすることに関して、道徳的理由とは関係なくそれらを自他に望む理由をわれわれは手に入れる。われわれがこの観点をとった上で、道徳的観点から行為することが個人にとってどれだけ善いことなのかと問うなら、そこに明確な答えは見当たらない。[*6]

いずれにせよ、本論文の考察が示すのは、その答えが「最大限に〔善い〕」ではないというものである。この答えにはさまざまな事柄に対する含みがある。それは、道徳理論の絶え間ない進歩に対するものであり、メタ道徳的見解の進歩に対するものでもあり、また、より広くは、われわれの道徳哲学の捉え方に対するものでもある。道徳的観点からは、その観点の外側から善いと思える生活を人々に送って欲しいと思う理由がえられる。先に論じたように、このことが意味するのが、人々には道徳的には完全でないような生活を送って欲しいと望む理由がわれわれにはある、ということなのであれば、もっともらしい道徳理論であるためには、義務を超えた善行に関する何らかの考え方を用いなければならなくなる。[*7]

しかしながら、人はいかに生きるべきかという問いに対して、道徳哲学者が最も基礎的なレベルで取り組もうとするのなら、自らの道徳理論の内容を修正して、道徳以外の価値を肯定できる余地を作るというだけでは済まされない。道徳哲学者は、これらの道徳以外の価値の範囲と本性を明示的に検討しなければならない。また、この検討結果に照らして、ある道徳理論を受容することはどう理解されるべきか、またその受容に基づきどう行為すべきかという問いにも取り組まねばならない。というのは、近年人気のある個別の道徳理論のどれを取り上げても、本論文の主張はそのいずれの内容ともそれほど矛盾するわけではなく、むしろ、本論文の主張が疑問を投げかけているのは、より一般的に、道徳理論についての議論というものを暗に取り巻いているメタ道徳的前提だからである。なかでも、とりわけ疑問が向けられているのは、道徳的により善くあることは常により善いことなのだという前提である。

道徳がわれわれの性格の陶冶や実践的熟慮の形成において果たす役割というものを考えてみよう。それは、その他すべての価値が変換されるべき、普遍的な媒体である必要はない。また、他のすべての価値が必ず通り抜けなければならない遍在的なフィルターである必要もない。〔誤解しないでもらいたいのは、〕自分自身やこの世界を評価し、向上させる際にわれわれが注目する種類の価値として、道徳的価値は重要ではないとか、いわんや最重要の価値でもないなどと言っているのではない。言いたいのは、道徳を頂点とした階層的な体系というモデルに基づいて、われわれの価値〔のすべて〕を完全に理解することはできないということである。

哲学的気質を備えた人なら、この時点でつい次のように問いたくなるだろう。「では、頂点には何があるのか――もしくは、頂点がないのなら、いつ、どれだけ道徳的であるべきかをどうして決定できるのか」と。言い換えるなら、より包括的な個人の理想像を発展させ評価するための根拠として、さまざまな原則や、そうでなければ少なくとも非公式の指示を与えてくれるようなメタ道徳的な理論――といっても通常のメタ倫理的、という意味ではない――を求めたいという誘惑があるということである。ある人がその人生で期待されているさまざまな役割――専門家、市民、友人、など――を区別してくれる理論があれば、他のことはともかく、これらの問いについて考え、議論する、よりよい枠組を提供してくれるようないくつかの規則をわれわれは手に入れられるかもしれない。しかしながら、そのような理論に実質的で満足のいく結果を生み出す見込みがあるかついては、私は悲観的である。というのは、道徳理論を行為の究極的な包括的指針とみなすことの望ましさに内在的な限界を設けると思われる考察と類似した考察が当てはまらないようなメタ道徳的理論というのものがどうすれば構築できるか、私にはわからないからである。
このことが示唆しているのは、われわれはどこかの時点で非常によく秩序立てられた特定の価値体系へのコミットメントとは関係のない観点から規範的な問いを発する用意が必要で、それは、哲学する場合も、生きる場合でも変わらないということである。その場合には、どのような道徳理論を受け入れるにせよ、そこから得られた答えと噛み合ないような規範的回答が見つかってしまうというリスクを負う、ということを認めなければならない。私の見たところ、これはG・E・ムーアの「未決論法」にあるひとかけらの真理である。となると、この論文の背景には、健全な形の直観主義と私には思われるものへの傾倒が潜んでいる。それは、より厳密で、体系的に発展した道徳理論に取って代わるような意図をもった直観主義ではない——むしろ、意図されているのは、これらのより厳密で体系的な道徳理論をあるべき場所に据えることである。*8

（訳　佐々木拓）

本論文の初出は以下である。Susan Wolf, "Moral Saints," *Journal of Philosophy*, 79 (1982), pp. 419-39, Columbia University.

第四章　注

*1　Bernard Williams, 'Persons, Character and Morality,' in Amélie O. Rorty (ed.), *The Identities of Persons* (Berkeley: Univ. of California Press, 1976), p. 214.

*2　Immanuel Kant, *The Doctrine of Virtue*〔*The Metaphysics of Morals* (*Die Metaphysik der Sitten*), *Part II*〕, Mary J. Gregor, trans. (New York: Harper & Row, 1964), p. 71.〔訳注：邦訳『カント全集11　人倫の形而上学』岩波書店、二〇〇二年、二七九頁参照。〕

＊3　同上、pp. 69-70.〔訳注：邦訳同上、二七七–二七八頁参照。〕

＊4　例えば次のものを参照。Williams, 'Persons, Character and Morality' and J. J. C. Smart and Bernard Williams, *Utilitarianism: For and Against* (New York: Cambridge, 1973). また Michael Stocker, 'The Schizophrenia of Modern Ethical Theories,' *The Journal of Philosophy*, LXIII, 14 (Aug. 12. 1976): 453-466〔本書第二章〕も参照。

＊5　ジョージ・オーウェルもまた類似の指摘をしている。George Orwell. "Reflections on Gandhi" in *A Collection of Essays by George Orwell* (New York: Harcourt Brace Jovanovich, 1945), p. 176.「聖者とは、（中略）人間が避けなければならないものである。（中略）普通の人ならそれはあまりにも困難だという理由で拒否してしまう、と想定されがちである。言い換えるなら、平均的な人間は聖者になるのに失敗した人なのだ。これが正しいかどうかは疑わしい。多くの人々は聖者にはなりたくないと心から望んでいる。それに、聖者に憧れたり、それを成し遂げたりする人のなかには人間であることにそれほどの魅力を感じない人がいるというのはありそうなことである。」

＊6　トマス・ネーゲルはこれと類似の見解を表明しており、私はそこから強い影響を受けた（Thomas Nagel in "The Fragmentation of Value," in *Mortal Questions*, New York: Cambridge, 1979, pp. 128-141.〔「価値の分裂」『コウモリであるとはどのようなことか』永井均訳、勁草書房、一九八九年。〕）。ネーゲルが焦点を当てているのは次の点である。すなわち、具体的かつ個別な実践的判断というのは個人も社会も下さなければならないものであるが、そのような明らかに共約不可能な観点はこのような判断を行う際に困難をもたらす、ということである。個人に関する個々の理想像の発展にこれらの観点が果たす役割に注目することで、どの個人の人生の背景にも、私が関心を寄せてきた問いが潜んでいるということがより現実味を増すだろう。

＊7　しかしながら、義務を超えた善行という考えがとりうる形態の多様性に注目することは、これまで一般的ではなかった。この観念を用いる道徳理論がとる典型的な利用法は、〔まず〕ある特定の数の原則を普遍的な道徳的要請として同定しておいて、〔次に〕道徳的には称賛に価するものの、行為者が従うことを要請されない命令をさらにまとめてつけ加える、というものである。（Charles Fried, *Right and Wrong*, Cambridge, Mass.: Harvard, 1979 を参照。）しかし、道徳的に非難されない生き方をする能力は、

この種の理論が示唆するほど容易に、もしくは明確には保証できない、ということはありえる話である。二つの種類の状況が存在するという事実、すなわち、ある状況では行為者は何かをすることを道徳的に要請され、別の状況では行為者は何かをすることが善いとはされるものの要請されはしない、という事実があるからといって次のことは含意しされない。すなわち、いかなる状況であれ、行為者にそれに従うことを要請するような特定の原則が存在し、またいかなる状況であれ、行為者がそれに従うことが善いことではあれ、要請されはしないような別の特定の原則が存在するということは含意されない。

＊8　本論文については、草稿段階のものを聞いていただいた方、読んでいただいた方の多くから有益なコメントをいただいた。とりわけ、ダグラス・マクリーン、ロバート・ノージック、マーサ・ヌスバウム、そして倫理学法哲学研究会のみなさまに感謝申し上げる。

★1　一九四〇年代末から一九五〇年代にかけて米国のラジオとテレビで放送されたコメディドラマ。米国中西部の中流家庭の一家に起こる出来事を描いた。

★2　ナターシャ・ロストワはトルストイの『戦争と平和』の登場人物。ランバート・ストレザーはヘンリー・ジェイムスの『使者たち』の主人公。

★3　『デヴィット・コパーフィールド』の登場人物。

★4　アメリカの舞台やハリウッドのミュージカル映画で活躍した俳優、ダンサー。

★5　これまでの善の定義がすべて誤っていることを論証するために英国の哲学者ムーア（1873-1958）が用いた論証。「善はχである」という定義がうまくいっていれば「χは本当に善いのか」という問いは問いとして意味をなさないはずだが、この問いが有意味に思われるかぎり、定義は失敗していると論じた。

第五章　相対的ではない徳——アリストテレス的アプローチ

マーサ・ヌスバウム

ギリシア人はみな出歩くとき、剣で武装したものであった。

——トゥキュディデス、ペロポネソス戦争の歴史〔『歴史（『戦史）』第一巻六〕

むかしの時代の習慣は、あまりに単純で野蛮なものであると言われよう。実際、ギリシア人は出歩くとき剣で武装したものだし、お互いの妻を金で買いあったものであるから。そして極端にばかげた大昔からの他の習慣が、いまもある。たとえば、キュメには殺人に関し、告発者が自分の親族のなかから一定数以上の証人を出すことができれば被告は殺人の罪を着せられるという法がある。けれども一般に、すべての人間は先祖のやり方を求めてはいない。善を求めているのだ

——アリストテレス『政治学』第二巻第八章 1268b39 以下[★1]

人はまた遠くの国々に旅をしても、いかなる人間をも他の人間に対して結びつける、親近と友好の感情を見て取ることができるであろう。

——アリストテレス『ニコマコス倫理学』第八巻第一章 1155a21-22

《1》

徳は現代の哲学論争において、しだいに多くの関心を呼ぶようになってきている。人間の具体的な経験から隔たった倫理学理論に対する不満は、多くのさまざまな立場から聞こえてきている。この隔たり（remoteness）が、満足の一般的計算結果を得ることへの功利主義者の関心から帰結するものであれ、あるいは非常に一般的な普遍原則へのカント的な関わりから帰結するものであれ――これらの関心においては、特定の文脈や歴史や人物の名前は登場しない――、いまや、ますます多くの数の道徳哲学者が隔たりを、倫理的問題へのアプローチにおける一つの欠陥であるとみなすようになってきている。これに代わるアプローチの探索において、徳の概念が突出して重要な役割を果たしている。そして、徳概念に基礎を置く倫理学アプローチの最大の擁護者であるアリストテレスの仕事もまた、同様に突出した役割を果たしているのである。なぜなら、アリストテレスの仕事の魅力は、厳密さを具体性に結びつけているように思えること、つまり、理論の力を、状況ごとの多面性と多様性と可変性の全体に対処しながら人間の生活と選択の現実の諸状況に答える感受性に、結びつけているように思えることにあるからである。

しかし、一つの中心的な点においては、アリストテレスと現代徳理論との間に、目立つ相違が存在している。徳に基づく倫理学的アプローチを擁護する昨今の多くの論者にとって、徳への回帰は、相対主義の方向に進むことと結びついている。つまり徳への回帰は、「倫理的善の唯一適切な規準は、ローカルな規準である、すなわち、善に関して自問するローカルな社会や集団それぞれの、伝統や実践に内在的な規準である」とする相対主義的な考えと結びついていると思われているのである。特定の諸様相を帯びた有徳な行為に基づく〈善き生（the good life）〉の説明を支持して一般的な計算と抽象的規則を拒否することは、アラスデア・マッキンタイア、バーナード・ウィリアムズ、フィリッパ・フットといった[*1]、他の論点をめぐってであれば互いに非常に異なる立場に分かれる論者全員によって「全人類のための、そして全人類に通用する、幸福な生活の単一の規範を合理的に正当化するというプロジェクトを断念して、その代わりに、起源においても適用においてもローカルな規範にたよる」ということに関わることがらであると考えられている。

　相対主義が話題にのぼるとき、これら論者全員の立場は複雑である。また、相対主義の主張をはっきり自分でも唱える論者は、ひとりもいない。けれども、かれらは全員徳倫理学を、「倫理学は、それが正しく理解される場合、普遍的な人間的妥当性を伴う理由（そうした理由に訴えるときに、善の多種多様でローカルな把握をわれわれが適切に批判できるようにしてくれる理由）に訴えて正当化可能な、文化を超越したなんらかの規範を提供するわけではない」との相対主義的な主張と結びつける。また、かれらは全員そろって、アリストテレス的に徳に基づくやり方で倫理的問題を追求することでわれわれが得る諸洞察は、相対主義への支持となるということをも示唆している。

　この理由により、ローカルな諸伝統の合理的批判を支持することと、倫理的進歩という考え方を明確に分節することに関心を寄せる人々のほうで、徳倫理学は自分たちにとってほとんど助けにならないと感じてしまうことは、容易なことである。つまり、たとえば世界の多くの地域のローカルな伝統によって確立された女性の地位が、改善されるべきものであるなら、また奴隷所有と民族差別が、宗教的非寛容が、「男らしさ」に関する攻撃的で好戦的な把握が、そして物資の配分に関わる不平等な規範が、いずれも実践理性の名において批判されるべきものであるなら、この批判は――人は容易にこう想定するだろう――カント的、もしくは功利主義的観点からなされなければならないのであり、アリストテレス的アプローチを通じてなされるのではない……。

　アリストテレスに関するかぎり、これは奇妙な帰結である。なぜならアリストテレスが、単に徳に基づく倫理学理論の擁護者であっただけでなく、人間的善、ないし人間的幸福に関する、単一で客観的な説明の擁護者でもあったことは、明白だからである。ここで問題となる説明は、客観的なものと考えられる。すなわち、ただ単にローカルな諸伝統と実践に由来するのではなく、むしろすべてのローカルな伝統よりもさらに奥底のほうに存在する人間性の諸特徴に由来し、そしてローカルな伝統において事実的に認知されていようがいまいが、その基底的なところにたしかに見て取ることができる、そのような理由に言及して正当化可能であるという意味で、客観的と考えられるのである。それだけでなく、アリストテレスのもっとも明白な関心事の一つは、自分自身のポリス国家と他の諸国における既存の道徳的伝統を、不正である、ないし抑圧的であるとして、あるいは人間的な幸福とは相容れないような他の逸脱として批判することである。かれは諸徳に関する自分の説明を、ローカルな伝統に対するこうした批判のための基礎として使っている。これは、たとえば『政治学』第二巻でアリストテレスがしばしば、既存のいくつかの社会形態によりなんらかの重要な徳の発達が無視ないし阻害されるさまを指摘してゆくことで、[*2] そうした社会形態に対して反対の議論を繰り広げるときに、とくに顕著なことである。明らかにアリストテレスは、倫理学理論の基礎を徳に置くことと人間的善の単一性と客観性を擁護することの間に、非両立などいっさいないと思っている。実際、それどころかかれは、この二つの目標が相互に支持しあうと考えているように思われるのである。

ところで、アリストテレスが何ごとかを信じているということは、かれが信じている当のことがらを真にするわけではない（ただし、わたしはなんどか、この無謬説の立場を取っているとして非難されたことがある！）。しかし、概していえば、かれが何ごとかを信じているという事実は、当のその「何ごとか」を、真理であるとされてもよさそうな候補には、つまり、われわれのもっとも真剣な吟味に値する候補くらいにはしてくれるのである。いまのこの場合でいえば、かりにアリストテレスが倫理的思考における、非両立であることが自明な二要因を結びつけてしまったのなら、あるいは、要因間の積極的関連と両立性のために興味深いことを何一つも語り得ないような二要因を結びつけてしまったのなら、そのことは実際に奇妙なことだっただろう。本論文の目的は、アリストテレスが徳を倫理的客観性の追求に結びつけ、そして既存のローカルな規範の批判に結びつけるような興味深いやり方を現実にもっているということ、しかも、そうしたかれのやり方は、自分でこれらの問題を議論する際にわれわれの真剣な考慮に値するものであるということを立証することである。アリストテレス的なアプローチの一般的外形を描ききれば、その後で、われわれは次に、徳に関するこのような非相対的な説明に対して提出されうる反論のいくつかを理解しておいて、アリストテレス主義者がそれらの反論にどう答えることができるかを、思い描くことに着手できる。

《2》

さまざまな社会を観察するとき、相対主義者は自分がそれぞれの社会で遭遇する諸徳のリストの多様性と、一見しての比較しようのなさに、強い印象を受ける。多種多様なリスト群を調べ、各リストと具体的な生活形式と具体的な歴史の間に成り立つ複雑な関係を観察するとき、相対主義者が、諸徳のいかなるリストもローカルな諸伝統とローカルな諸価値の単なる反映であるにちがいないと感じてしまい、そして徳は（カント的な「原則（principles）」や、功利主義者的な「計算（algorithms）」とちがって）具体的であり、生活形式に密接に結びついている以上、これらの多種多様な社会のすべてに対して規範的にはたらいてくれる徳のリストなど、事実上、存在することが不可能であると感じてしまうのも、無理のないことである。諸徳に関連して推奨される特定種類のふるまいが、時と場所がちがえば大きく相違するというだけのことではなく、〈徳の領域（spheres of virtue）〉として切り取られる当の範囲と、そうした範囲が他の範囲から区別され個別化される様式もまた、時と場所しだいで大きく相違しているのである。――この考え方をとる人にとってアリストテレス自身のリストも、普遍性と客観性を装ってはいても、同様の制限をもっているにちがいないのであり、これもまた単に特定の一社会がもつ顕著さの感覚と区別の仕方の反映なのにちがいないと感じるのは、容易なことである。この点において、たぶん相対主義者の書き手は、アリストテレスのリストも、他のリストとまったく同じ程度文化に拘束されたものだと[*3]示すために、かれの「大いなる魂の人（*megalopsuchos*）」に関する記述を引用することだろう。たしかにそこには、具体的でローカルな特徴が数多く含まれていて、この記述は一定種類のギリシア人紳士の肖像画のような感じが強くするものである。

しかし、もしももっと踏み込んで、アリストテレスが実際に諸徳を列挙して一つひとつ個別化してゆくやり方を念入りに調べるなら、かれは自分自身の社会で賞讃されることがらを記述しただけではないかという感想に対して疑問を投げかけるいくつかの材料に、われわれは気づき始める。何よりもまず、われわれは、非常に多くの徳と悪徳は（悪徳がとくにそうなのだが）名をもたないということ、そして、名をもたないわけではない徳や悪徳のうちかなり多くは、アリストテレスによっていくぶん恣意的に選ばれ、かれが記述しようと企てているふるまいに完全にぴったりとは適合しない名前が与えられている——そのように、アリストテレス自身が説明している——ということに気づく[*4]のである。こうした種類の態度の取り方について、かれは「これらの大多数は名がない。しかしわれわれは、われわれの説明が明確になり理解しやすくなるように、それらの名を造語しようとしなければならない」（『ニコマコス倫理学』第二巻第七章 1108a16-19）と書いている。この文章は、単純にローカルな伝統を研究し、そうした諸伝統においてもっとも優勢に現れる徳の名を抜き出している人間がとるような手続きに似ているとは、感じられないものなのである。

現実には何が進行しているのかということは、かれが現に自分のリストを導入するやり方を検討するなら、より明確になる。なぜならかれは、『ニコマコス倫理学』[*5]において実際には一つの工夫によってリストを議論に導入しているのだが、その工夫が率直で、しかも単純なものであるというまさにその事情のために、この主題に関わるたいていの書き手は、そうした導入の工夫があったという事実そのものに気づかないからである。アリストテレスが行っているのは、人間の経験の領域を他から切り離して、それ単独で取り出すということである。その領域は、いかなる人間の生活にも多かれ少なかれ現れる。そしてその領域においていかなる人間も、多かれ少なかれ他ならぬ一定の諸選択をしなければならず、他ならぬ何か一定の仕方で行為しなければならない。諸徳ともろもろの悪徳を列挙する導入的な章は、これらの領域の列挙から始まっている（『ニコマコス倫理学』第二巻第七章）。そして、これに続きもっと詳細な説明を行う、個別の徳に関する各章は、「xに関し」（この「x」は、すべての人間が規則的に、そして多かれ少なかれ必然的に係わり合いをもつような生活の領域を指す）ないし同趣旨の文言で始まっている。[*6] 次にアリストテレスは、「その領域内部でよく選択し、よく応答するとはどういうことだろう？　他方、欠陥のある仕方で応答するとはどういうことだろう？」のように問う。一つひとつの徳の「内容の希薄な説明（thin account）」は、「何であれ、当の領域内で適切に行為するような安定的傾向があるなら、その傾向がそれである」というものである。「よく行為すること」がそれぞれの場合に、実際には結局何であることになるのかということに関しては、さまざまな競いあう特徴づけが存在しうるし、ふつうは現実にも存在している。アリストテレスはそれぞれの場合にさらに先に進んで、なんらかの具体的な特徴づけを擁護する。そして、結局当の徳の十全な、つまり「内容の濃い（thick）」定義を提出する。[★2]

ここに掲げるのは、アリストテレスが認めた、もっとも重要な経験領域である。そのそれぞれに、対応する徳の名を書き込んだ。[*7]

もちろん、このリストと、その特定種類をなすメンバーと、それぞれの場合の徳にアリストテレスが選ぶ名前――いくつかの名前は、たしかに文化に拘束されている――については、ここに書いたよりもはるかにたくさんのことを言わなければならない。しかしわたしは、アリストテレスが普遍的な経験と選択の領域から議論を始めて、何であれ、経験の当該範囲において「適切に選択する」とはいかなるものであるかということの（まだ定義されていないような）名として徳の名を新たに導入しながら、自分の一般的アプローチを具体的で明確な形にしてゆくときに払う細心の注意のところに、とくに強調点をおきたいと思う。このアプローチにおいて、相対主義者がそう言いたいようには「ある与えられた社会は、ある与えられた徳に対応するような何ものをももっていない」と言うことが可能であるとは、思えないのである。また、ある特定行為者の場合をとってみたとき、その人の人生にある徳が含められるべきか否か

	領域	徳
1	重大な損害、とくに死の、恐怖	勇気
2	肉体的欲望とその快楽	節制
3	限りある資源の配分	正義
4	他者が問題となる場合の自分の私有財産の管理	気前良さ
5	手厚い扱いが問題となる場合の自分の私有財産の管理	物惜しみのなさ
6	自分自身の価値に関する態度と行為	魂の大いさ
7	侮辱と損害に対する態度	温和さ
8	「つきあい、ともに暮らすこと、言葉と行為における仲間づきあい」 (a)話における真実の尊重 (b)娯楽的種類の社交的つきあい (c)より一般的な社交的つきあい	 誠実 機知（粗野や不作法や野暮ったさと対比される） 無名、だが一種の親しみやすさ（怒りっぽさや気むずかしさと対比される）
9	他者の幸運と不運に対する態度	当を得た判断（嫉妬深さや意地悪などと対比される）
10	知的生活	種々の知的徳（洞察力、知識等々）
11	自分の生活と品行の計画	実践的知恵

が、未決の問題であるとは思えない。ただし、その人は徳の代わりに、対応する人間的欠陥のほうを追求することがつねに可能であるという意味で「未決」と言うのなら、話は別である。要するに重要なのは、だれもがこれらの領域群では「なんらかの」選択を行い、またともあれ「なんらかの仕方では」行為しているということである。だから、「正しく」行為「しない」のなら、「不当に」行為「している」のである。だれもが自分自身の死に対して、自分の肉体的欲望とその管理に対して、自分の財産とその使用に対して、社会的な財の配分に対して、真実を語ることに対して、他者に親切にするか親切にしないかということに対して、娯楽と楽しみの感覚を涵養するかしないかということ等々に対して、なんらかの態度とふるまいをもつ。人がどんなところに暮らしていようが、人間の生活を送るかぎりで、人はこれらの問いを免れることができない。しかし、もしそうであるなら、このことは、それぞれの場合に人のふるまいが、アリストテレス的な徳の領域のな

かに否でも属しているということを意味している。もしもふるまいが適切でないのなら、不適切なのである。そのふるまいがこの一覧リストの完全に外側に出て行ってしまうことは、不可能である。もちろん、人々の意見は、行為し、反応する適切なやり方が事実何であるかということに関し、不一致であろう。しかしその場合、かつてアリストテレスがことがらを立ち上げたそのとおりに、いまも人々は同じことがらについて議論しているのであって、同じ徳の、競いあう複数の特徴づけを提出しているのである。徳の名の指示はそれぞれの場合で、経験領域によって――つまり、われわれがこれ以後は「基礎づける諸経験（grounding experiences）」と呼ぶものによって――固定されている。徳の内容希薄な、あるいは「名目的な定義」は、それぞれの場合、「何であれ、当の領域ですぐれた仕方で選択し、応答するような傾向をもつことが帰着するのは、いかなるもののところなのか」であろう。倫理学理論の仕事は、この名目的定義に対応するいっそう詳しい最善の特徴づけを探究することであり、十全な定義を提出することである。

《3》

われわれは〔前節末尾で〕言語哲学に由来する考察を、話に導入し始めている。いまやわれわれは、科学の専門用語と倫理学の用語両方の扱いを支配し、両方の学問分野における進歩の観念の扱いを支配するような、言語的な「示すこと（indicating）」（つまり「指示すること（referring）」）と「定義すること（defining）」に関するアリストテレス自身の説明を考察することで、かれの説明が向かってゆく方向をいっそう明確なものにすることができる。[*8]

アリストテレスの一般的な説明の図柄は、以下のようなものである。われわれはいくつかの経験から出発する。ただし、その経験は、かならずしもわれわれ自身の経験でなくともよい。広い解釈のもとでのわれわれの言語共同体のメンバーの経験でかまわない。[*9] こうした経験を基礎として、そのグループの言語に、何であれその経験の内容となるものを示す（指示する）ことばが導入される。アリストテレスが挙げる例は「雷」である。[*10] 人々は雲のなかで起こる音を聞く。そのとき人々は、「雷」ということばを使ってそれを指示する。この時点では、だれひとりその音の具体的説明をもっていないということや、だれひとりそれがほんとうのところ何であるのかに関する考えをもっていないということもありうる。しかし当の経験は、以後展開する探究のために一つの主題を固定してくれている。今からずっとわれわれは雷を指示して、「雷とは何か?」と問い、競いあういくつかの理論を提出してゆき、そしてそれらの理論を評価するのである。雷の内容希薄な定義、ないし「名目的定義」と呼びうる定義は、「それが何であれ、雲のなかに起こる音」である。競いあう複数の説明理論が、正しい十全な定義、つまり内容の濃い定義をめざすようなライバル候補たちである。ゆえに、雲のなかでの「ゼウスの活動」に訴えて説明をする物語は、最善の科学的説明が真の説明となる、まさにその同じ主題についての間違った説明なのである。ここには単一の主題に関する、たった一つの論争が存在しているだけである。

　アリストテレスは、われわれの倫理学の用語の場合も同じことだろうと示唆する。アリストテレスのはるか以前にヘラクレイトスは、「もしこれらのものが起こらなかったなら、人々は正義という名を知らなかっただろう」と言って、[*11] すでにこうした考え方にあたる本質的な発想法をもっていた。この断片を伝える出典の文献が知らせてくれるところでは、「これらのもの」とは不正の諸経験のことである。おそらく、傷害や収奪や不平等のことだろう。これらの経験が、それに対応する徳のことばの指示対象を固定する。アリストテレスも似たような思考の方向で進んでいるのである。『政治学』においてかれは、人間だけが（たとえば、正と不正、高貴と低劣、善と悪のような）われわれの基本的な倫理的用語と概念をもち、動物も神々もともにそうしたものをもたないのは、獣は、概念を形成することがそもそもできず、そもそも神々には、正義のような概念にその眼目を与えるための「限界と有限性の経験」が欠けているからだと主張している。[*12]『ニコマコス倫理学』の諸徳の列挙のところでは[★3]かれはこの考え方をもっと先に進めて、徳をあらわすことばの指示は、人間的経験を成り立たせる共有の諸条件によってわれわれが遭遇するような、われわれの有限性と限界にしばしば結びつく選択の領域によって固定されているのではないかと示唆している。[*13] ふつう徳に関する問題が発生するのは、人間の選択が、ただのオプションではないものであると同時に、いくぶん問題的である領域においてである（たとえばかれは、うっとりさせる音を傾聴することや、すばらしい景色を注視することの規制に関連するような「徳」は存在しない、と念押ししている）。徳のことばと悪徳ないし欠陥のことばが形成する家族的なまとまりは、なんらかのそうした領域に結びついている。こうしてわれわれは、科学的理解における進歩がそうであるのと同様に、倫理における進歩も、内容希薄な「名目的」定義によって他から切り離されて単独に取り出される徳の、正しく、より十全な特徴づけを発見するという観点における「進歩」であるというように、理解することができるのである。この進歩を手助けするのは、基礎づける諸経験が作る領域について、明確な見取り図をもつことである。実際、人間は相互にともに過ごす生活においてどんな問題に遭遇するのかということ、また、なんらか一定種類の選択が要求されるいかなる状況に人間は直面するのかということをより精確に理解するとき、われわれは先ほどの諸問題に対して競いあう複数の回答を評価するやり方を手に入れるだろうし、このような状況に直面して〈よく行為すること（to act well）〉は何であるかということを、ようやく理解し始めることだろう。

　アリストテレスの倫理学と政治学の著作は、このような進歩が（あるいは、もっと一般的には、このような理性的討議が）どのように起こるかということの数多くの実例を提供してくれている。われわれはプラトン的禁欲主義に対する反論を見いだすが、これは節制の適正な特徴づけ（すなわち、「肉体的欲望に直面しての適切な選択と応答」）（であるとともに、人間の生活において欲望がからむ活動に対し、もっと寛大な役割を認めるよう促すものである。われわれはまた、公的な地位と名声に対する強い関心」[★4] と、それに起因する侮辱的なことへの怒りやすさ——こうした態度は、ギリシア的な男らしさの理想とギリシア人的ふるまいのなかに蔓延していたものである——に反対する議論が、より限定され、より統制のきいた怒りの表出を擁護する主張とともに、アリストテレスが「温和さ」と呼ぶ徳の、適正な特徴づけになっているのを見いだす。（ここでアリストテレスは、「温和さ」という自分が選んだ徳の名に対して若干の不満足感を表明している。これはもっともなことであり、この名前を導入してしまえば、たしかに自分の具体的特徴づけのほうが明確に有利になり、そのことだけで伝統的な特徴づけは目立って不利にされてしまうからである）[*14]。そして、すべての徳に関して、以上と同様である。

本論冒頭でエピグラフの一つに一部を引いた、『政治学』第二巻の重要な章句で、アリストテレスは、われわれの倫理的理解においても、芸術や科学においてそうであるのと同様に、より高度な正確さにいたるような進歩が存在していることの証拠を挙げることにより、法律は改訂可能であるべきで、固定されるべきではないという命題を擁護する。かつてギリシア人は、勇気とは「剣を振り回すということの問題」だと考えたものだったが、いまやかれらは（『倫理学』が教えるところでは）、死の可能性に対する適正なふるまいに関して、もっと内面化した、いっそう市民的で共同性に沿った理解をもっている。女性たちはかつて財産とみなされ、買われては売られていたものだった。今こそんなことをすれば、野蛮だと考えられるだろう。そして、『政治学』の章句が主張するには、正義の場合でも、同じくわれわれは、何が公正で適正であるかということに関する、より適切な理解に向かって前進してきたのである。アリストテレスが例として挙げるのは、（ほんとうに何事かを目撃したにせよ、しなかったにせよ、明らかにどちらにしても）原告の親族を証人としたとき自動的に被告を有罪とした、殺人に関する既存の法である。アリストテレスが言うには、これは明らかにばかげた、不正な法であるが、にもかかわらずそれはかつて適切だと思われた。そしてその法は、伝統に束縛された共同体にとっては、今でも適切であるのにちがいない。すると、伝統を固守することは、倫理的進歩を阻止してしまうことなのである。人間たちが欲しており求めているのは、過去に合わせることではない。善こそが求められるのだ。このゆえにわれわれの法体系は、人々がある変化は善いものだと同意した場合、人々が過去を超えて進歩してゆくことを可能にしなければならないのである（ただし、人々はあまりに簡単に変化を起こしてはならない。なぜなら自分の善への道を見透すことは容易でないし、現今の流行よりは伝統のほうが、往々にしてより健全な道案内であるから）。

こうしたもろもろの考えを扱うにあたり、『政治学』は全体として、研究対象となる多くの多種多様な社会の信念群を、相互に没交渉なローカルな諸規範として提示しているのではない。正義や勇気（や他のことがら）に関するさまざまな問いかけへの「あれか、これか」の競いあう答えとして提示しているのである。（人間の社会である以上）すべての社会は、そのような問いかけに関わらざるをえない。そして、この問いかけに答えるように、すべての社会が、「何が善であるか」を見いだそうと努めている。アリストテレスの諸徳の分析は、こうした比較考量作業のための適切な枠組みを提供しており、行われる比較考量は、多様な社会が共通の人間的諸問題を解決してきたやり方への、完全に適切な探究になっているように思われる。

アリストテレス的アプローチにおいて、探究の二段階を区別することが、明らかにもっとも重要なことである。まず、他に先立って選択の領域、つまり徳のことばの指示を固定する「基礎づける諸経験」の領域を分類する。次に、これに続くような、当該領域における適切な選択は結局何であるかということに関する、より具体的な探究が成立する。アリストテレスはこの区別をいつも注意深く行っているわけではないし、かれが使用せざるを得なかった言語はしばしば、アリストテレスの役に立たないものであった。われわれは、「節制（moderation）」、「正義（justice）」、あるいは「勇気（courage）」のようなことばにさえ、それほどの困難をもっていない。これらのことばは漠然と規範的ではあるものの、ことばをみるかぎりで、倫理的な具体内容は比較的空疎であるように思える。アリストテレス的アプローチが要求するとおりに、ことばが、多くの競合的特徴づけがそこから探究されうるような外延を、あらかじめ固定しておく標識として役立つのである。これに対して、われわれはすでに、徳の名として「温和さ」と言うことにより、怒りに関する適切な行動傾向の座を争っている有力競争者を命令一発で退けてしまうように思えるという、このことばにまつわる問題をみた。また、相対主義者のお好みの標的である「メガロプシュキア（魂の大いさ）」にも、たしかにほぼ同じことがあてはまるように思える。まさにこの名のなかに、自分自身の価値に対する、普遍的というよりもギリシア的であるような態度が含まれている（たとえばキリスト教徒は、自己自身の価値に対する適正な態度ならば、自分の低級さ、心弱さ、罪深さを理解することを必要とすると感じるものである。謙遜（humility）の徳は、自己自身を卑小な者とみなし、偉大とみなさないことを要求する）。探究のこの局面でわれわれが手に入れるべきなのは、怒りと攻撃に対する、正しいふるまいをあらわすことばである。また、競いあう特徴づけの間で、よりほんとうの意味で中立的であり、何が適切かをその領域内で決めたいと思う問題の経験領域のみを純粋に指示するような、自己自身の価値に対する正しいふるまいをあらわすことばである。これらのことばが手に入るなら、われわれは競いあう複数の把握を、一にして同一のことがらのライバル的説明とみなすことができるようになるだろう。そうすれば、たとえばキリスト教の謙遜も、アリストテレスのメガロプシュキアに関する説明において、その徳のギリシア的な特徴づけが与えられるような同じ徳——つまり、自己自身の価値の問題に対する正しいふるまい方——の、ライバル的な一特徴づけであることになるだろう。

そして、事実、たいへん奇妙なことではあるが、もしもこの「メガロプシュキア」ということばの使用における、アリストテレスにはじまりストア派を経由してキリスト教教父たちにいたる進展を調べるなら、いま述べたことが多かれ少なかれ実際に起こったことであるということを、人は理解することができるのである。「魂の大いさ（メガロプシュキア）」は、まず徳の至高性と、肉体を含む「外的なもの」の無価値性とを強調する、ストア派的な態度に結びついた。そして次に、やがてそのことを通じて、肉体と現世の生の価値のキリスト教的否定に結びついた。*15 したがって、みかけ上は見込みがないように思えるこの事例においてさえ、アリストテレス的なアプローチは、単一の討議を支持すべき諸材料を提供しただけではなく、時間的にも場所的にも巨大な隔たりをまたいだそのような一つの討議を組織することに現実にも成功したということを、歴史が示しているのである。

　以上のことから、ここにあるのは、有徳な行為（virtuous action）という考え、つまり一つひとつの人間的領域における適切な機能（appropriate functioning）という考え★5に基づく、客観的な人間の道徳性を描くスケッチなのである。アリストテレス的主張は、それがさらに発展した場合には、一方で現実の人間的経験への、徳の道徳性がはじめから熱心に向けている注意力を保持したまま、他方でローカルで伝統的なもろもろの道徳を、人間の生活の諸状況に関する、それらよりももっと包括的な説明の名において、またそうした状況によって生まれてくる人間的機能の必要性の名において、批判する力を獲得するだろう。

《4》

　以上の提案は数多くの反論に出会う。本論文の結びにあたる以下数節は、もっとも重大な反論のうちの三つを示し、アリストテレス的な着想が回答を正式にことばにしてゆく方向をスケッチするものである。これらの反論の多くは、アリストテレス自身によって想像されたものでもないし、かれ自身がむかし立ち向かっていたものでもない。しかし、アリストテレスの立場は、これらに立ち向かうことが可能なものであるように思われる。

　第一の反論は、問題の単一性と回答の単一性の間の関係に関わるものである。さしあたりアリストテレス的アプローチが成功したと想定してみよう。成功というのは、徳のいわば領地（*terrain*）となるような人間の経験と選択の範囲を、整合的に一つひとつ取り出し、そして記述すること、および、それぞれの徳の「ともかくその領域内でよく選択しよく応答することにおいて徳が成り立つ」というような、内容の希薄な定義を与えることである。また、その上このアプローチは、善き人間と善き人間的生に関する単一の討議へと、互いにばらばらの諸文化をまとめあげることにより、数多くの時点と数多くの場所を包摂するようなやり方で、このことの実行に成功するというようにも想定してみよう。このとき、いちいちの事例ごとに、問題の領域内のすぐれた選択に関するさまざまの文化的説明は、翻訳不可能な程度に大きく相違する複数生活形式としてではなく、共有される一群の人間的諸経験に関する一つの一般的な問いに対する、複数の競合的な答えとして理解されることになる。——しかしながら、そうであってもこの想定の下で獲得されたのはたかだか、徳に関する単一の談論（discourse）ないし討議（debate）であるのにすぎない、と反論されるだろう。アリストテレスがそう信じたように、この討議が単一の答えをもつことになるということが示されたわけではないのだ。いや、それどころか実際には、われわれが立ち上げた談論がそもそも、文化的に特殊な複数の物語（narratives）——個々の物語が、特定の集団の経験やもろもろの伝統に対応するような内容の濃い徳の定義を与えている——という形式でなく、討議の形式をとるのかということさえ、まだ示されたわけではない。ここで、われわれの問いは単一の答えをもつだろうと論じる際、雷の事例にアリストテレス主義者は非常に強く頼っているけれども、この事例との間には重要な非類似が存在している。なぜなら、雷の場合に経験において与えられているものは被定義項の雷そのものであるので、もろもろの経験が、適切な定義であればそれに応答すべき問題事象のおおざっぱな外延を与えてくれているからである。諸徳の場合、事態はより間接的なのだ。諸集団をまたいで「経験において与えられているもの」は、有徳な行為の基盤である土地（*ground*）、つまり有徳な行為がそれへの適切な応答であるような生活の諸状況なのにすぎない。たとえこれらの基礎づける諸経験が共有されるものであっても、それだけではまだ共有される適切な応答が存在するだろうということが、われわれに告げられているわけではないのだ。

　さらに、雷の場合には明らかに、競いあう複数理論は、真理をめざすような競合する候補者として名乗りを上げている。談論に加わる人々のふるまいは、この人々が現にアリストテレスが言うとおり「かれらの先祖のやり方を、でなく、善を」求めていることを示している。そして、この場合なら、人々がそう求めることは当然のことに思える。

ところが〔反論者はこう反論を続ける〕諸徳が主題の場合、現実に談論に参加する人々によって統一的な現実的解決が事実求められているのかということも、参加者たちはそうした解決をぜひ必要と感じるものなのかということも、はるかに不明確なのだ。つまり、アリストテレス的提案は、諸徳が非相対的でもありうるあり方を把握することを可能にはするけれども、それがそれだけで相対主義の問題に答えてくれるわけではない。

第二の反論はより深い層をついてくる。なぜならこの反論は、アリストテレス的アプローチの核心に位置する、「共有される人間の経験の領域」という考えを疑問視するからである。このアプローチは——反論者が言うには——、「諸徳を基礎づける諸経験が、なんらか根元的（primitive）で、所与（given）で、かつ徳の複数の規範的把握において見いだされる、文化的変動を免れたものである」と考えているように思える。正しい勇気の諸観念は変わりうるが、死の恐怖は全人類に共有される。節制の諸観念は変わりうるが、飢えや乾きや性欲の経験は〔アリストテレス主義者が主張しているようにみえるところでは〕不変である。規範的な諸概念が、〔飢えや性欲のような〕基礎づける諸経験には現れない文化的要因を導入している。アリストテレス主義者の出発点は、まさにこの理由から、基礎づける諸経験のほうである。

けれども——反論者が続けて言うには——このような諸前提は素朴なものなのだ。そうした前提は、経験に関するわれわれの最善の説明にも耐えられないし、これらのいわゆる「基礎づける諸経験」なるものが、多種多様な文化により、事実多様に構成されてきたあり方の精密な吟味にも耐えることができない。何よりもまず、その経験が知覚経験であるときでさえ、経験の本性についてのわれわれの最善の説明は、一般に、解釈を施されない「所与」を受け止める「無垢の目」のごときものが存在しないということを教えてくれている。感覚知覚でさえ解釈を経たものであり、信念と教育と言語とによって、また一般には社会的・文脈的諸特徴によって、多大な影響を受けている。異なる社会のメンバーは同じ太陽や同じ星を見ているわけではない、同じ動植物に遭遇するわけではない、同じ雷鳴を聞くわけではないということには、正真正銘実質的な意味があるのだ。

しかし――反論者はさらに主張する――もしもこのことが、アリストテレスによる名指しの説明にとって申し立て上問題のない出発点であった、自然に関わる人間経験について正しいのであれば、まして人間的善の場面においては、もはや明々白々に真なのだ。ここに及んで「死の恐怖の経験や肉体的欲望の経験は、「人間的定数」である」などと語るのは、素朴で、歴史研究への感受性を欠いた道徳哲学者だけである。たとえば感情の社会的構成に関する最新の人類学研究は、恐怖の経験がどの程度大規模に後天的に修得され、文化的に変動する要因をもっているかということを示している。[*16] そして、この点にさらに付け加えて、アリストテレス主義者が興味をもつような恐怖の対象は、さまざまな時代にさまざまな地域で非常にさまざまに解釈され理解されてきた〈死〉である、とわれわれが言う場合、いわゆる「基礎づける経験」は、じつはただ一つには還元不可能な複数経験であって、非常に多種多様であり、それぞれの場合に文化的解釈が浸透したものであるという結論は、さらにいっそう免れようのないものとなるのだ。

肉体的欲望という、みかけ上もっと単純に思える経験でも、この点は変わらない。欲望について論じたたいていの哲学者は、飢えや乾きや性欲が、われわれが共有する動物的自然本性に由来するような、人間に関わる普遍的要因であると考えた。すでにアリストテレス自身は、これよりもっと洗練されていた。なぜならかれは、欲望の対象は「善いと現れるもの（the apparent good）」であり、そして、それゆえ欲望は、何か解釈を経た選別的なものである、すなわち一種の志向的意識であると主張したからである。[*17] しかしかれは、どのように歴史的な、また社会的な諸差異が当の意識を形作りうるのかということについて、それほど多く反省を加えたわけではないように思われる。アリストテレスにすぐ続いたヘレニズム期の哲学者たちが、この点の反省を大いに行った。そしてかれらは、性欲および多くの種類の飲食の欲求が、少なくとも部分的に、はじめは外的だが、やがて当の個人のもろもろの知覚に深く進入するため、結局現実にも欲求経験を形作りつつ変形させることになるような社会的教育をもとに、時間をかけて形成された社会的構成物であると論じている。[18] エピクロス派の二つの例を取り上げてみよう。よく栄養を取っていることのためには贅沢な魚と肉を必要とし、単なる菜食では十分でないと人々は教わる。時間を経ると教えと習慣の組み合わせは、個人がもつ眼前の対象の知覚を形作ることにより、食肉への欲望を生み出す。もう一例挙げれば、人々は、性的関係で唯一問題なのは、価値において高いとみなされる、ないし完全とさえみなされる性の対象との、ロマンティックな和合ないし結合であると教わる。時間を経るとこの教えは、性的なふるまいと欲求経験を形作るようになる。その結果、性的興奮そのものが、この文化的に修得されたシナリオどおりの反応を示すことになる。[19]

近年、この社会批評の仕事は、ミシェル・フーコーの『性の歴史』においてさらに進められた。[20] この著作は、この話題に関するギリシア人の思考の歴史としてみると、いくつかその間の記述のない間隙を含んでいるけれども、ギリシア人が欲望とその管理の問題を考えたやり方が、二〇世紀の西洋人のやり方とは極度に異なるものであったということを立証することには成功している。フーコーの複雑な議論の二つの顕著な結論をまとめて言えば、まず、ギリシア人は性欲を、特別扱いのためにそれのみ選び出しはしなかった。むしろかれらは性欲を、抑制される必要があり、限界内にとどめておかれる必要があるような衝動として、飢えや乾きと同列においた。ギリシア人の中心的関心は自己抑制のところにあったので、かれらは欲望をこの関心の観点から理解したのだ。次に、性欲を主題に話をすれば、ギリシア人は問題の行為の道徳的価値を評価するにあたり、パートナーの性別がとくに重要であるとはみなさなかった。またかれらは、片方の性のパートナーを他方の性のパートナー以上に好む安定的傾向を、それとして認定したり、道徳的に特筆すべきこととみなしたりもしなかった。その代わりにギリシア人は、自己抑制の問題とも複雑に絡めながら、能動性と受動性の一般的問題のほうに焦点を当てたのだ。

フーコーが行ったような仕事は――多様な分野で数多くの業績があり、なかにはきわめて優れたものがある――、肉体的欲求の経験と肉体そのものの経験には、文化的変動と歴史的変化に伴って変動するような要素が含まれているということを、非常に説得的に示している。人々が自分の欲求や欲求主体としての自分自身を呼ぶ名前。あるいは、人々が「欲求すること」に関する自分の考えを織り込んでゆく、信念と談論の織物状組織。——明らかにこのすべてが、欲求に関する人々の反省のみならず、人々の欲求経験そのものにも影響する。だから、たとえばわれわれが現代において行う同性愛に関する討議を、ギリシア人の世界でかつて行われていた、性的な営みに関するまったく同じ討議の継続であると考えるのは、素朴きわまることなのだ。[*21] われわれのように性の対象の性別に強調を置いたり、われわれのように性的嗜好の主観性と欲望傾向の永続性を強調したり、われわれのように一定形式のふるまいを問題視したりすることが、そもそも含まれることはなかったような文化において、ことばのぎりぎり実質的な意味において「同性愛の経験」なるものは、存在しなかったのだ。

もしも、少なくとも一つの事例、つまり、悪いものとしての肉体的苦痛の普遍的経験という事例において、社会的談論のこの多様性とこの構成的な力のさらに奥底のところにまで進むことができると想定するのなら、われわれはこの事例をめぐってさえ、自説に反対の精妙な議論に出会うことになる。なぜなら、痛みの経験は、それと密接に関係する欲望の諸経験と同じくらいたしかに、文化的談論に埋め込まれているように思えるからである。それだけでなく、この場合にもまた、有意な変動を指摘することはできるのだ。——アリストテレス的諸徳に対し、ストア派がすでにこの主張をおこなった。肉体的苦痛はその自然的本性そのものによって悪いわけではなく、ただ文化的伝統によってのみ悪いということを立証するために、ストア派は、苦痛が悪いものであるという信念と、苦痛を閉め出そうとする傾向が、至るところであまねく広まっているという事実を、なんとか説明しなければならなかった。この説明は、こうした反応が生来のものというよりは、修得されたものであるということを示すとともに、当の事実の観点において、どうして問題の反応がかくも広汎に修得されているのかということを説明しなければならないだろう。ストア派はこの課題を、ごく初期の幼児の扱いにおける一定の諸特徴を指摘することにより実行した。すなわち、幼児は生まれるとすぐに泣く。すると大人は、泣いているのは、自分がいる場所の不慣れな寒さと居心地悪さに幼児が苦痛を感じて、それに反応しているということだと考えるから、子どもをなだめるために、急いで駆けつける。しばしば繰り返されると、大人のこのふるまいはその幼児に、自分の痛みを悪いものとみなすように教える——あるいはむしろ、大人のふるまいはその幼児に、〈悪さの観念を含むような苦痛の概念〉を教え込み、そして幼児の社会が苦痛に関して共有するような生活形式を教え込むのである。これは全体的に社会的教育なのだが——そうストア派は主張する——、当の教育が初期のものであり、しかも非言語的な性質のものであるがゆえに、このことはわれわれの注意を逃れてしまっている[*22]。

これらの議論とこれに関連した議論は——反論者はこう結論づける——、「道徳性や欲求のような人間の経験に関する、単一の非相対的な談論が存在する」とのアリストテレス的な考え方が、素朴な考えであるということを示しているのだ。共有される経験といった岩盤はもともと存在しないのだし、徳が領域内ですぐれた選択を行う傾向であるような、単一の選択の領域もまた存在しない。したがって、アリストテレス的な企ては、大地を蹴って離陸することさえできない。

次にアリストテレス主義者は、やや異なる方向から攻撃を行ってくる第三の反論者に直面する。第二の反論者と同じくこの反論者は、アリストテレス主義者が、実際には一定の必然ならざる歴史的条件に依存しているような経験を、人間的生活の普遍的で必然的な特徴とみなしてしまったと論ずる。また、この点も第二反論者と同じく、この反論者も、人間の経験はアリストテレス主義者がこれまで容認してきたよりもはるかに深い層のところで、必然ならざる社会的諸特徴によって形作られていると論ずる。けれども今回の反論者の目的は、第二の反論者がそうであったように、諸徳に対応する「基礎づける諸経験」が人類によって現実に理解され、現実に生きられるあり方は非常に多種多様であるということを、単に指摘するだけのものではない。今回はさらにいっそうラディカルである。つまり、今回の目的は、われわれが、これらの経験、ないしこれらの一部を、いかなる形式においてもそもそも含まないような人間の生活形式を想像することは、可能だと指摘することなのである。ゆえに、当の領域において、よく行為することに存するような徳は、人間的善の説明には含まれる必要がない。一部事例において、当の経験は悪い人間的生活の印ですらありうるから、それに対応するような徳は、悪い事態への理想的ならざる適応以上のものではないということになる。このような事例において「真に善き人間的生」とは、むしろ「基礎づけ」をするそもそもの欠陥も、それを緩和する働きをする「徳」も含まないものであることになるだろう。

この問題は、気前良さ（generosity）の徳に関するアリストテレス自身の解説の一部によって、強力に提起されている。私的所有を排除する社会に反対するかれの論拠の一つは、そのような社会がそのことにより、気前の良い行為――これのためには、他者に与えることができるような自己の所有物をもつことが必要である――の機会をいっさいなくしてしまったというものである。[*23] この種の解説は第三の反論者にとっておあつらえ向きのものであり、反論者は直ちに、「気前良さというものが、もしもほんとうに私的所有の経験に基づくものなら、それは実際には、人間的諸徳の申し立て上非相対的な説明に組み入れられるものの候補としては、疑わしいものなのだ」と言うだろう。もしもそれが必然的なものでなく、評価の仕方がさまざまに分かれ、当の評価に応じて含まれることも消去されることもありうるような「基礎づける経験」によるものなら、気前良さは、アリストテレス主義者がそれだと言ったような普遍的徳では、そもそもないのだ。

第三の反論者の一部はここで止まるか、あるいはこの種の観察を、第二反論者の相対主義の支持のために使用する。しかし、もう一つの有力な議論形態においては、この議論は非相対主義の方向に向かう。それはわれわれに、「基礎づける諸経験」を、なんらか独立の仕方で作成される人間的幸福（human flourishing）の説明に照らして評価するよう求めるのである。もしも「基礎づける諸経験」を幸福に照らして評価するなら――と反論者は促す――、基礎づける諸経験のなかには、治療可能な欠点にすぎないものも含まれるということが判明するだろう。このとき、アリストテレス的徳倫理学への反論は、この倫理が、すべての人間の生活の利益になるようわれわれが事実改善する可能性があるものを、永続的かつ必然的であるとみなすようにわれわれにし向けることにより、われわれの社会的熱望を制限してしまっているというものである。これは、もっとも有名な提唱者であるカール・マルクスによって、徳への第三の反論が進められた方向である。[*24] マルクスの議論によれば、数多くの主導的なブルジョア的徳は、欠陥的な生産関係への応答である。ブルジョア的正義、ブルジョア的気前良さ等々は、共産主義が達成されたとき消去されることになる、理想的ならざる諸条件と諸構造を前提にしたものなのだ。そして、欠陥の除去に伴って乗り越えられるものは、これらの徳の現在通用している特徴づけだけではない。諸徳そのものが、乗り越えられるのだ。——共産主義が人類を、倫理を超えたところに導くというのは、この意味におけることである。

　このようにアリストテレス主義者は、ラディカルな政治的想像力の冒険的勇気をもって人間的生活の基本構造を探究するよう促される。この探究を行う場合、アリストテレス主義者は、自分の諸徳のリストにおいて夢想されている以上の諸可能性を人間的生活が含んでいることが、自分で分かるだろう……。

《5》

　これらの反論はそれぞれ非常に深い次元のものである。反論のどれか一つに適切に答えるためにも、独立の論考を要するだろう。しかし、それでもわれわれは、この段階でより十全な応答が今後進んでゆくおおむねの方向を指示して、一つひとつの反論へのアリストテレス主義者の応答を精密に組み立ててゆくための、何ごとかを行っておくことができる。

　第一の反論者は、枠組みの単一性と答えの単一性の間の区別を主張する点で正しいし、われわれが一定の経験領域の分類に基づいてもろもろの徳に関する討議を作りあげるとき、この討議が直面する「xとは何であるか？」という形式の諸問題のどれにも、われわれはまだ答えてはいないと強調する点でも正しい。われわれは、討議の構造そのものについてさえ——この討議は伝統的信念を、どのように使用しつつまた批判してもゆくのかということについて、また、それは衝突しあう信念をどのように扱うのかということについて、そしてまた、どのようにして討議は「われわれの先祖のやり方」から「善」へと、批判精神に基づく仕方で進んでゆくのかということについて——つまり、要するに「だれの判断をこの討議は信頼するのか」ということについて、初歩に属する若干のことを超えて、まだあまり多くのことを語っていないのである。わたしはこうした問題のいくつかを、そこでもアリストテレスを引きながらであるが、二本の別稿で扱った。[*25] だが、はるかに多くのことが、まだ為されていない。ただし、いまこの時点でも、アリストテレス主義者がここでふれた反論者の関心事のいくつかにどう対処するか示す、四つの観察を行っておくことができる。第一に、わたしが擁護したいアリストテレス的な立場は、一つの徳の特徴づけの要求に対して、単一の答えがあるということを、いかなる場合にも強調するという必要まではない。答えが、選言の「……または……」を含むものであると判明することになっても、少しもかまわないのである。わたしの想定では、比較や批判に訴える討議の過程により、多くの競争者が排除されるだろう。たとえば、キュメで広まっていた正義に関する見解などは、やがて消えてゆくことだろう。しかし、残るものが、（たぶん、あまり多くない）複数の受け入れることのできる説明であってもよいのである。これら複数説明が、単一のより一般的な説明のもとに包摂されることは可能かもしれないし、可能でないかもしれない。それでも、競争者をどんどん排除してゆくという課題に成功したことが、達成として些末だなどということにはならないのである。たとえば、かりにもしも、原罪の観念に基づいて自己自身の人間的価値への正しい態度に関してわれわれがもつ、もろもろの理解を排除することにわれわれが成功するなどということになれば、このことは、たとえわれわれが積極的説明を特定するという点においてそれ以上の何もできなかったとしても、非常に意義深い道徳的業績になる。

第二に、どこかの領域における「xとは何であるか？」という問いへの一般的な答えは、他のローカルな実践やローカルな条件との関係で、複数の――場合により多くの数でもありうる――具体的な特徴づけを許容してもよい。たとえば、友愛ともてなしが関わる場合の規範的説明は、たぶん極度に一般的なものになり、多くの具体的な「内容物の詰め物（fillings）」を許容することになりそうである。イングランドの友人たちはふだんの社交的な訪問の際に、古代アテナイの友人たちとは別の諸習慣をもつだろう。そして、それにもかかわらず両方の諸習慣は、ともに友愛の一般的説明――そうした説明は、たとえば、相互の利益、お互いに相手の善を願うこと、相互の快、相互に気づきあっていること、両者に共有された善の把握、なんらかの形の「ともに生きること」のような、アリストテレス的規準を述べるものである――の、より詳しい特徴づけとみなされうるのである。[26] 時として、われわれはこのような具体的な説明を、ある社会によって安楽さと便宜といった理由をもとに選ばれるような、オプションめいた代替的特徴づけとして考えようと思うかもしれない。他方で、時にわれわれはまた、この説明が当の具体的文脈にとってその徳の唯一正当な特徴づけを与える、と主張しようと思うかもしれない。その場合には、当該の具体的説明を、単一の規範的説明をより長く、より十全に敷衍した説明文の一部として考えることが可能であることになる。――具体的説明に関する以上二つの考え方の区別は、説明がそれの文脈（自然的文脈も歴史的文脈も、両方とも）においてどの程度恣意性を免れているかということや、当の文脈の道徳的把握に含まれる他の恣意的ならざる諸特徴に対して当の説明がいかに関係するかということなどに関するわれわれの評価に依存することになるだろう。

第三に、われわれがある一つの徳の一般的説明を一つもとうが複数もとうが、またこ（れら）の説明が、現実に通用している文化的文脈に相対的な、より具体的な特徴づけを許容しようがしまいが、この把握のもとで有徳な人が行う特定の選択はつねに、自分の具体的文脈に含まれるローカルな諸特徴に対して鋭い感受性で応答するということの問題になる。したがって、この観点においてアリストテレス主義者が有徳な人相手に与える教示の内容は、相対主義者であれば推奨するようなことがらの一部と、異ならないのである。アリストテレス的な諸徳は、一般規則と、個別的な諸要素の鋭敏な気づきとの間のデリケートな平衡を含んでいて、この平衡の過程においては個別的なものの知覚のほうに優先権があるということを、アリストテレスは強調している。ここで、そのような知覚のほうに優先権があるというのは、すぐれた規則は賢明な個別的選択の総括なのであり、それが最終法廷なのではないという意味におけることである。医学や航海における諸規則と同様に、倫理規則は新しい状況の観点における修正に対して、開かれていなければならない。そして、それゆえすぐれた行為者は、既存の規則の下では押さえ切れないような状況の諸特性でさえもここでの知覚的把握に含めることができるくらいに、自分の状況を知覚し正確に記述するという課題を、繊細に、また正しく実行できるような能力を、磨いておかなければならないのである。

「個別的なものの優先」に関してわたしは、それが厳密には何を含意し、何を含意しないか、そしてまた、個別的な知覚は厳密にいってどのような仕方で一般規則に先立つのであり、どのような仕方では先立たないのかということに関し、他のところでたくさん書いてきた。この中心的主題について解明を求める方はそれらの研究を参照していただきたい。*27

わたしがここで強調したいのは、アリストテレスの個別主義（particularism）はアリストテレス的な客観性（objectivity）と、完全に両立可能だということである。すぐれた、有徳な決定が文脈への感受性をもつものであるという事実は、その決定が、限定された文脈に相対的にのみ正しい、あるいは文脈内部でのみ正しいということを含意しないのである。すぐれた航海術的判断が特定の気象条件への感受性をもつという事実が、その判断はローカルな、ないし相関的な意味でのみ正しいということを示すわけではないのと、それは同じことである。自分の文脈の特定の特徴を注意深く見極めることは、絶対的に、客観的に、人間世界のどの地点からみても正しいことであって、そのように見極めを行いそれに従って選択する人は、アリストテレスによれば、人間的に正しい唯一の決定を行ったのである。そして、これには何一つの留保条件もつかない。かりにもしも、文脈的諸特徴も含む、道徳に関連性を持つ諸特徴すべて同一の別の状況が発生するようなことがあれば、再度あの同じ決定が絶対的に正しいということになるだろう。[*28]ゆえに、このように徳に基づく道徳は、相対主義者が求めていることがらの非常に多くを確保しながら、それでもなお客観性を主張することができるのである。事実、アリストテレス的諸徳は、「人々が最善のものへのまなざしをもって、共有される特徴と共有されない特徴の両方を見ながら自分の文脈の諸特徴を注意深く精査するとき、この人々は現実にはいったい何を行っているのか」ということを説明する点において、相対主義的諸徳よりもすぐれているとわれわれは言うことができる。なぜなら、アリストテレスが言うように、このことを行う人々はふつう、善を求めているのであって、単に自分の先祖のやり方を求めているのではないからである。人々は自分の決定を、〔ずばり〕善いものないし〔ずばり〕正しいものとして弁明する用意をしているのだし、自分と別の進路を唱道する人々のことを、単に別の伝統を物語ろうとしているのではなく、「何が〔ずばり端的に〕正しいか」に関して意見が相違していると考える用意をしているのである。

最後に、アリストテレス的諸徳とそれら諸徳が導くもろもろの熟慮は、新しい状況と新しい証拠の観点における改訂をつねに受け入れる点で、倫理規則のなんらかの体系とは異なっている。この面においてもアリストテレスの徳は、相対主義者がしきりに欲するようなローカルな諸条件への柔軟性を保持している。だが、ここでもまた、柔軟性はありながら、客観性を犠牲にしないで済んでいるのである。時として、新しい状況は、以前定義されたままの当該の徳の、新たな具体的特徴づけを単に必要とさせるだけかもしれない。しかしある場合には、新状況により、われわれはその徳がそのものとして何であるかに関する自分たちの見解を、変更する結果になるかもしれない。すべての一般的説明は、もろもろの正しい決定の総括であるかぎり、また新しい諸決定への道案内であるかぎりにおいて、暫定的であるとみなされる。アリストテレス的な手続きにもともと組み込まれている、このような柔軟性の助けにより、またしてもアリストテレス的説明は、相対主義者の提起する諸問題に対して、相対主義ぬきに答えることができるのである。

《6》

次にわれわれは、第二の反論に向かわなければならない。わたしは、ここにアリストテレス的な立場への真に深刻な脅威があると思う。アリストテレス自身を含めて、徳について論じた過去の著作家たちは、いかにして談論の異なる伝統が、つまり異なる概念枠（conceptual schemes）がそれぞれ世界を分節的に理解させてくれるかということへの感受性に欠けていたし、また談論の構造と経験それ自体の構造の間の深い結びつきへの感受性にも欠けていた。アリストテレス的立場の現代におけるいかなる弁護も、相対主義者の歴史家や人類学者が提供するデータになんらか応答することにより、この感受性を示さなければならない。

深い人類次元の重要性をもついかなる複雑な問題に関しても、「無垢の目」なるものは存在しない、つまり、完全に中立的で、文化的形成から自由な世界の見方は存在しないという点を承認することからアリストテレス主義者は始めるべきであると、わたしには思われる。パトナム、グッドマン、デイヴィドソン[★6]のような哲学者の研究は[*29]（かれらの研究は、カントの議論に、また——わたしが信ずるところでは——アリストテレス自身の議論にも従って成り立っている[*30]、と指摘しておかなければならないが）、感覚知覚の場面でさえ、人間の心は能動的で解釈を行うような道具であり、心の与える解釈は、心の内的構造の関数であるばかりでなく、心の歴史とその諸概念の関数でもあるということを説得的に示した。わたしにはアリストテレス主義者はまた、人間のもろもろの世界解釈の本性は全体論的（holistic）であること、そして諸解釈の批判もまた同等に全体論的でなければならないことを、承認すべきであるように思われる。

概念枠は、言語もそうであるがそれと同様に、構造全体としてひとまとまりである。そしてわれわれは、どれか一要素における一変化でも、システム全体にとっての含意をもつ見込みがあるという点も、認識すべきである。

しかし、この二つの点は、文学理論と人類学の分野の一部の相対主義者がそのように前提しがちなようには、すべての世界解釈が同等に妥当であることも、完全に比較しようのないものであることも、またすぐれた評価規準がまったく存在せず「何でもよし」であることも含意しないのである。まったく解釈されていない実在との対応として倫理的真理を考えるということを拒絶するからといって、それで真理の探究という考えが全面的に古くさい誤りであるということにはならない。人々が世界を理解する一定の仕方は、アリストテレスがむかし「ばかげている」「有害だ」「間違いだ」のように批判した、まさにそのとおりに、今でも批判されうるのである。このような批判において用いられる規準は、人間の生活の内側から取ってこられるものでなければならない（しばしば批判は、問題の社会自身から、つまりその社会自身がもっている合理主義的で批判的な諸伝統から出てくるだろう）。そして、探究者は批判以前に、目下の批判の対象となる概念枠について、それの諸部分のそれぞれを動機づけているものは何か、どのように部分同士がひとまとまりになっているのかを理解して、包括的な理解を進めようとしなければならない。しかし、このかぎりでは、批判者が奴隷制度やキュメの殺人の法を、徳の把握——人間の諸文化においてそれまでに「諸徳を基礎づける経験」が生まれてきた種々のあり方の多様性に、反省を加えたことから発生するような徳の把握——にそぐわないものとして拒絶することもできないだろうと考える理由は、存在しないのである。

アリストテレス主義者は「基礎づける諸経験」が、まさにただ一つの言語——徳の説明が直截に、また問題なくそこに基礎を置くような中立的な岩盤のようなもの——を提供するわけではないと、容認すべきである。異なる諸文化がこれらの諸経験を「構成」してきたあり方を記述して評価することは、アリストテレス主義による哲学的批判がもつ中心的課題の一つになるだろう。しかし、相対主義者はここまでの議論で、われわれが最後の最後に、「死を概念化する一定の仕方は他の概念化以上に、われわれの証拠全体とも、また幸福な人生への諸々の願望の全体とも、うまく合うものである」というように言い、また「欲望的欲求を経験する一定の仕方は、同様の理由から、他の経験の仕方より見込みがある」というように言うことがどうして可能でないのかという理由を、一つも示していないのである。

さらに相対主義者は、とくに基礎づける諸経験の領域において、現実に諸文化を横断して成り立っている同調と承認と意見の重なりの総量を、事実より少なめに申し立てる傾向がある。アリストテレス主義者は、文化的に感受性のあるやり方で考えを展開する場合、アリストテレス自身がそうしたように、このような同調と承認の証拠を強調すべきである。基礎づける諸経験の特殊な文化的形成において明白な諸差異はあるけれども、われわれは他のもろもろの文化に属する人々の経験を「自分たち自身の経験とよく似たもの」であると、事実、認めているのである。われわれはこの人々と、深い重要性をもつことがらについて、事実、会話して、事実、相手を理解し、事実、いつのまにか相手に感動を覚えている。ソフォクレスの『アンティゴネー』を読むとき、われわれはそこに、自分たちにとって奇異なたくさんのことを認める。また、もしもわれわれがこの作品の死や女らしさなどの把握がわれわれ自身の把握とどれほど隔たっているかということに気づかないなら、われわれはこの戯曲を、まだよく読めていないのである。しかし、われわれがこの劇によって感動し、登場人物のことを気にして、かれらが行うそのつどの討議はわれわれ自身の経験に訴えかけてくるような徳にかかわる反省であると考え、劇中のかれらの選択は、われわれ自身もまた選択しなければならないような品行と不品行の領域における選択であると考えることは、それでもなお可能なことである。また、世界の他の地域からやってきた人々と一つテーブルを囲んで座り、ともに飢えや正しい配分や一般に人間の生活の質（the quality of human life）について討議するとき、明白な概念的諸差異にもかかわらず、あたかもわれわれが全員で同一の人間的問題について話しているかのように進むことは可能であるということを、人は、事実、理解する。そして、この談論を続けてゆくことが結局不可能になるのは、ふつう、その場の一つないし複数の立場の人々が理論的相対主義の立場に、知的に荷担している文脈にかぎられることなのである。この共同性と意見の重なりの感覚は、われわれが「基礎づける経験」の領域と呼んできた領域では、とくに強いように思われる。そしてこのことは、基礎づける諸経験こそ倫理の討議のよい出発点になりうるというアリストテレス的見解を、支持するように思われる。

さらにまた、今日ではほとんどいかなる文化集団も、相対主義の議論が前提とするほどには自己自身の内側の伝統に焦点をあてていないし、他の諸文化から孤立してもいないという点を、強調しておくことが必要である。文化横断的コミュニケーションと討議は、世界中どこにでも見いだすことのできる、同時代の生活の事実である。われわれが文化的相互作用を経験してみると、一般に別々の概念枠をもつ諸地域の人が、自分たちの相互作用をアリストテレスのやり方で考える傾向があり、相対主義のやり方では考えていないことが分かってくる。新しい科学技術と、科学技術とセットになっている考え方に直面すると、伝統的社会は実際には、単にそれらを理解できなかったり、単に密閉された生活の仕方への、完全に外部からの侵入であるとみなしたりはしない。伝統的社会はむしろ、新しく登場したものを、生活を繁栄させるために貢献する可能性のあるものとして評価し、それを自分にとって訳の分かるものにした上で、幸福の諸問題を解決する約束をする諸要因を取り込むのである。このような同化の諸事例と同化をめぐる論争は[*31]、論争に参加するさまざまな立場が共通問題を認識しており、伝統的社会も「外で起こった革新は、自分の社会が革新的社会と共有するある問題を解くための一つの工夫である」と考える力を、完全にもっているということを示唆する。この論争の参加者たちは、事実、善を求めている。かれらの先祖のやり方を求めているのではない。「先祖伝来のもの」の絶対的な保存を懐旧的に強調するのは、伝統主義的人類学者だけなのである。

そしてこの点は、たとえ文化横断的談論が、基礎づける諸経験の概念化のレベルで差異を露呈する場合であっても、成り立つことである。しばしば、このような領域での自分自身のものの見方が必然的でも普遍的でもないことを思い出させてくれる、フーコーがやったような研究の効果は、それが人間的善を求める批判的討議を、まさに促進するということなのである。たとえば、われわれの性的な観念の歴史に関するフーコーの観察を読んで、キリスト教道徳が一九世紀疑似科学と結びついた結果としてこれらの主題に関して西洋現代の討議が組織された一定方式は、とくに愚かで、恣意的で、制限的で、人間の幸福希求に敵対的であると感じるに至らないということは、難しい。ギリシア文化に関する、人に感銘を与えるフーコーの説明は、かれ自身が序文で強調しているように、[*32] かつて別の仕方で考えた人がいたという印を提供するだけでなく、われわれが別の仕方で考えることは可能であるということの証拠をも提供する。フーコーはかれの著書の目的が、「思考を解放」して、新たな、そしてより実り豊かな諸可能性を想像することにより、別の仕方で考えることができるようにすることであると宣言した。そして、基礎づける諸経験の領域における文化的差異を強調する、文化的談論の詳しい分析は、性とその関連の主題に関する現代的討議のなかで、しだいに既存の社会的配置と態度の批判に結びつき、人間的幸福の新たな規範の労多き精製に結びつくようになっている。この結びつきが首尾一貫しないと考える理由は、存在しないのである。[*33]

　われわれがこれらの可能性を追求するにつれ、アリストテレス的アプローチにおいて同定される基本的経験領域は、すでに述べたように、もはや解釈を経ていない経験の領域とはみなされないようになるだろう。しかし、われわれはその一方でまた、もろもろの社会の間で強い家族的親近性も存在するし、広い重なりも存在するということをも主張してきた。そして、比較的高い普遍性をもつ一定の領域を、ここでそれとして特定することができる。以下の議論のなかで、文化的表現においてより差異の大きな領域に進む際には、この一定領域に強調点を置く必要がある。自分たちが語っているのは、文脈が異なれば異なって経験されるようなものであるということの感受性をもち、そのことに意識的になりながらであっても、それでもなおわれわれは、われわれが討議を進める際出発点になりうるような、われわれの共通の人間性の一定特徴——これらは、アリストテレスの元々のリストと密接に関係するものである——を、以下のように指摘することができる。

1　死すべき運命（*mortality*）。死がどのように理解されるにせよ、人間はだれでも死に直面するし、（一定年齢以上で）自分が死に直面するということを知っている。この事実は、多かれ少なかれ、あらゆる人間の人生のあらゆる相を形作っている。

2　肉体（*the body*）。あらゆる具体的な文化的形成以前にわれわれは、肉体自体のもろもろの可能性ともろもろの脆弱さが、そうしたものであるかぎりで、どこか他の文化というよりある文化に属するということはないような人間の肉体とともに生まれる。いかなる人も、いかなる文化にも属することが可能であった。肉体の経験は文化の影響を受けている。しかし、そのような経験以前の肉体そのものは、飢えや乾きや欲求や五官が関係するかぎりの経験で今後経験されるようになるものにおける大規模な重なりを保証する、諸限界と諸限定を提供する。これらの経験における文化的な構成要素を指摘することは、むろん、何の問題もないことである。しかし、人が飢えと食糧不足の、また一般に人間の悲惨さの問題を、時間をかけて考察する場合、そのような文化的相違は比較的小さく、洗練を経たものであり、人は、「養分の新陳代謝の点で、人間の生理には既知の民族差は存在しない。アフリカ人とアジア人は、ヨーロッパ人とアメリカ人に比べて、いっさい異なる摂取カロリー燃焼をしないし、異なる摂取タンパク質利用もしない。ゆえに、摂食の諸条件が民族間で大きな変動をすることは、不可能である」と認めないわけにはいかない。[*34] これや、これに似た諸事実は、この領域における適切な人間的ふるまいに関する討議にとって、焦点となる論点であるのにちがいない。またさらに、欲求の主観的経験から始めるのではなく肉体から始めることにより、われわれは、あまりに絶え間なく収奪され続けたために善いものへの欲求さえ現実に少なくなってしまった人々の状況を、批判する機会を得るのである。これは、選好（preference）の主観的表現のところにとどまるもろもろのアプローチと対比されたときにアリストテレス的アプローチがもつ、もう一つの利点である。

3　快と苦（*pleasure and pain*）。いかなる文化においても苦痛の概念が存在する。そして、互いに非常に広汎に重なりあうこれらの苦痛の概念が、普遍的で前文化的な経験のうちに基礎づけられるというようにみなされることは、もっともなことである。幼児の発達に関するストア派の物語は、まったく信憑性の薄いものである。肉体的苦痛に対する否定的応答は、その特定の「文法」が後の修得によって形作られうるとしても、修得されオプション的なものであるというより、きっと根元的であり、普遍的なものであるのにちがいない。

4　認知能力（*cognitive capability*）。アリストテレスの有名な「すべての人間は生まれつき知ることを欲する」[★7]という主張は[*35]、最高度に洗練された人類学的分析に耐えるものであるように思われる。このせりふは、これもまた特定の文化変容とは独立に基礎づけられる——そのことの後で文化変容により形作られるものが、どんなに多くても——とみなされることがもっともであるような、われわれの共通の人間性に属する一要素に言及している。

5　実践理性（*practical reason*）。すべての人間は、その人間たちの文化がいかなるものであっても、「人はいかに生き、いかに行為すべきか」ということに関する問いを問い、それに答えながら自分たちの生活の計画と管理に参加する（ないし、参加しようとする）。この潜在能力（capability）は、社会が異なればそれぞれ異なって表現されるけれども、この力をまったく欠いた生物がいれば、いかなる文化においても人間とは認知されそうにない[*36]。

6　初期幼児発達（*early infant development*）。広汎に共有され、アリストテレス的諸徳にとって非常に重要な一定範囲の人間的諸経験と人間的発達とは、たぶんすべての文化的形成から自由というわけではないにせよ、大部分の特殊な文化的形成には先立つものである。欲求、快楽、喪失、自己自身の有限性などの経験はそうだし、おそらく、ねたみ、悲哀、感謝の経験もまたそうだろう。幼児期に関するあれこれの精神分析的説明がもつ利点について議論することはできるけれども、幼児の欲求に関するフロイトの研究と、悲哀や喪失や他のもっと複雑な感情的態度に関するクラインの研究が、帰属する特定の社会にかかわらず、おおむねどんな人間にも全員に共通な人間経験の一定領域を同定したということを否定することは、難しいように思われる。すべての人間はおなかをすかせた赤ん坊として始まり、自分の非力さを感知し、自分が依存する人々にある時は近く、またある時には遠くというふうに遠近を交代に感じ取るなどの知覚をもつ。メラニー・クラインはある人類学者との会話を記録しているが、その中で最初（西洋人の眼には）信じられない変わったものにみえていた出来事が、クラインにより普遍的な悲嘆のパターンの表現として解釈されたと報告する。その人類学者も彼女の解釈を受け入れたということである。*37

7　友好（*affiliation*）。人間は人間であるかぎり、他の人間と仲間であるという感覚を感じるものであり、われわれは自然本来的に社会的動物であるというアリストテレスの主張は、経験的な主張ではあるが、健全な主張であるように思われる。友情と愛に関するわれわれの特殊な把握がどれほど多種多様であるにせよ、共有される人間的必要性と欲求という、同一の家族をなすものの重なりあう表現としてこれらを見ることには、非常に大きな意味がある。

8　ユーモア（*humor*）。ユーモアほど文化的に多様なものはないが、それでもアリストテレスが主張するには、ユーモアと、娯楽のためのなんらかの余裕は、いかなる人間生活にとっても必要なものである。人間が「笑う動物」であるとかつて呼ばれたことは、意味のないことでもないのである。たしかにこのことが、ほとんどすべての動物とわれわれが異なる、顕著な差異の一つであるし、十全に人間的であるとみなされることになるいかなる生活においても——わたしはやや大胆に断言するけれども——（ともあれなんらかの形式において）共有される特徴なのである。

これらは、アリストテレスの共通経験のリストに密接に関係する示唆的提案をかき集めてできたリストに過ぎない。これらの項目のいくつかを削除することもできるし、（その上で、あるいはそのことと独立に）他の項目を付け加えることもできる。しかし、これらの分野全部において、人間的善に関する今後の研究のための基礎をわれわれがもっていることは、信ずるに足ることのように思われる。われわれは、まったく解釈を経ていない「所与の」データという一枚岩の岩盤をもっているわけではない。そうではなく、われわれは複数の核となる経験をもっているのであり、その核のまわりを、それぞれ別々の社会の構築作業が進行してゆくということなのである。ここに「アルキメデスの点」は存在しない。また、それ自体における、そして自ずと自らを表すような純潔な「自然（nature）」への、純粋な接近も——いまのこの場合には、人間本性（human nature）へのそうした接近さえ——、存在しない。ただ、生きられるかぎりの人間の生活が存在するのみである。しかしながら、その生きられるかぎりの生活において、現にわれわれは、一定の焦点のまわりで一群のものになっているような諸経験の家族的まとまりを見いだす。そして、この一家をなす経験群が、文化横断的反省のための正当な出発点を提供することができるのである。

《7》

第三の反論はその根底において、深い概念的問題を提起する。すなわち、人間的善（the *human* good）に関して探究するということはいかなることなのか？　存在のいかなる状況ならば、「人間の生活を——そして他の生活を、ではなく——生きるとはいかなることか」ということを、定義するようになるのか？　アリストテレスは人間的善への探究が、首尾一貫性を犠牲にしないかぎり他の存在の善、たとえば神の善を記述すること——われわれの置かれた状況ゆえに、われわれにはそもそも到達できないような善を記述すること——で完結することはできないと指摘することを好む（『ニコマコス倫理学』第八巻第七章 1159a10-12、第九巻第四章 1166a18-23 参照）。ではそれは、どの状況なのか？

もろもろの徳は一定の問題と一定の限界に相対的に定義されるが、それだけではなく、一定の資質にも相対的に定義される。どういった資質が、それを取り去ったときにわれわれを別の存在にしてしまうほど十分に中心的であり、善に関するまったく新しく異質な討議に道を開くのだろう？　――この問いは、それ自体がわれわれが提案している倫理的討議の一部なのである。なぜなら、この問いに答えるには、われわれの経験のいかなる要素が「自分は何者であるか」ということの一部のように自分自身にみなされるほど重要であるとわれわれに思えるか、自問するほかないからである。わたしはこの問題に対するアリストテレスの態度を他の場所で論じているので、ここでは単にまとめるだけにする。[*38] 何よりもまず、われわれの道徳性が人間としてのわれわれの状況の一つの本質的特徴であることは、明らかなことに思える。不死の存在ならば、あまりにも異なった生活形式をもち、あまりにも異なった諸価値と諸徳をもつから、この存在をわれわれと同じ善の探究の一員とみなすことは、意味をなさないように思われる。次に、われわれが自分の外部にある世界に依存しているということ、つまり食物、飲み物、他者の助けのなんらかの必要性ということもまた、本質的なことであろう。また能力の側では、われわれは認知的機能と実践理性の活動を、われわれが人間的とみなすいかなる生活の要素にも含めたいと思うだろう。アリストテレスはわれわれが、社交性をも含めたいと思うだろう、つまり、われわれ自身に似た他の人々が必要としているものへの感受性と、そのような他の人々とつきあうことの喜びも含めたいと思うだろう、と説得的に論じている。

しかしわたしには、マルクス流の問いは、人間的な生活の諸形式と、人間的善の探究に関する深い問いとして残っているように思われる。なぜなら、私有財産の所有を含まず、またそれゆえ正しい財産管理に関係するような諸徳を含まない人間の生活の諸形式を思い浮かべることは、たしかに可能であるからである。そして、このことは、これらの徳は徳とみなされるべきであるか、そしてわれわれのリストに載せられ続けるべきであるかという問題が、未決にとどまることを意味する。マルクスが、共産主義は正義や勇気などのブルジョア的諸徳のほとんどの必要性を除去するだろうと論ずるとき、かれはこれよりもはるかに先のほうまで進みたかった。わたしは、われわれはこの点に関して、懐疑的なのではないかと考えている。このような生活の変革に対するアリストテレスの一般的態度は、そうした大変革が通常、悲劇的な次元をもつということを示唆するものである。もしもわれわれが一つの種類の問題を、たとえば私有財産をなくすことによって取り除くなら、われわれはしばしばこのことを、他の種類の問題を新たに導入することにより行っているのである。新しい問題とはたとえば、一定種類の選択の自由、つまり他者のための立派で気前の良い行為を、可能にしてくれる自由がない、といったものである。もしも気前良さの事例のように、当の徳をなきものとするような変革を想像することが比較的容易な場合においてさえ事態が複雑であるのなら、正義と勇気の場合には、事態は間違いなくはるかにいっそう複雑であろう。また、共産主義下の生活の形式がこれらの徳との関係で、事実、事態を変革したのかということ、また、その代わりに新しい諸問題や諸制限を導入してしまったのではないか、それとも導入しないで済んだのかということをわれわれが単に理解し始めることができるようになるという、たったその程度のことのためにさえ、その前にまず、そのような生活形式に関してマルクスが与えている記述よりも、はるかに詳しい記述を必要とするだろう。

一般に、想像される神の生活を含むあらゆる生活形式には、境界と制限がつきまとっているように思われる[*39]。すべての社会構造は、推測上制限を持たないような構造でさえも、何かには近く、何かとの関係は絶たれている。たとえば、今のこの推測的な事例では、制限に反対する闘いに内在する特殊な徳と美との関係が絶たれている。このゆえに、われわれが諸徳を超えて進んでゆくことが容易であるというようには、思われないのである。また、われわれがそのように進むということが、人間的な生活にとってそれほど明確によいものであるとも、思えないのである。

徳倫理学へのアリストテレス的アプローチの、以上のスケッチへの最善の結語は『ニコマコス倫理学』第一巻の人間本性論末尾において、アリストテレス自身によって書かれたものである。

> 善は、このようにその輪郭が描かれたとしよう。というのも、おそらくはじめにはおおよそのところを描いておいて、しかるのち後になってから細部を描き尽くすようにすべきだからである。この作業を進めて細部を仕上げることなら、万人にできることであるし、そうした作業には、時がよい発見者にも、よい協力者にもなってくれるように思われる。このようにして科学技術も進歩を遂げてきた。欠けて不足しているものを付け加えることは、万人にできることだからである。(『ニコマコス倫理学』第一巻第七章 1098a20-26)[*40]

(訳　渡辺邦夫)

本論文の初出は、Martha C. Nussbaum, 'Non-Relative Virtues: An Aristotelian Approach', *Midwest Studies in Philosophy, vol. XIII* (Notre Dame, IN: University of Notre Dame Press), 1988, 32-53 である。翻訳にあたり、アリストテレスなどの古典のテキスト引用では原文にない巻と章をも示した。二、三の箇所では再録版の *The Quality of Life*, M. C. Nussbaum and A. Sen (eds.), Oxford, Clarendon Press, 1993, 242-269 のテキストを参考にし、該当箇所は訳注で示した。

第五章　注

*1　A. MacIntyre, *After Virtue* (Notre Dame, IN, 1981)（篠崎榮訳『美徳なき時代』みすず書房、一九九三年）, P. Foot, *Virtues* *and Vices* (Los Angeles, 1978), B. Williams, *Ethics and the Limits of Philosophy* (Cambridge, MA, 1985)（森際康友・下川潔訳『生き方について哲学は何が言えるか』産業図書、一九九三年）, and Tanner Lectures, Harvard, 1983. M. Walzer, *Spheres of Justice* (New York, 1983)（山口晃訳『正義の領分』而立書房、一九九九年）, and Tanner Lectures, Harvard, 1985 も参照。

*2　この例に関し、Nussbaum, 'Nature, Function, and Capability: Aristotle on Political Distribution,' a WIDER working paper として読まれているもの、また *Oxford Studies in Ancient Philosophy* (1988) 所収。また、拡張版の形で、Proceedings of the 12th Symposium Aristotelicum 所収。

*3　たとえば、Williams, *Ethics and the Limits*, 34-6（邦訳五一〜五五頁）; Stuart Hampshire, *Morality and Conflict* (Cambridge, MA, 1983), 150ff. 参照。

*4　「名前をもたない」徳と悪徳に関し、『ニコマコス倫理学』第二巻第七章 1107b1-2、1107b8、1107b30-31、1108a17、第三巻第十一章 1119a10-11、第四巻第六章 1126b20、1127a12、第四巻第七章 1127a14 参照。与えられた名の不十分性については、第二巻第七章 1107b8、1108a5-6、1108a20 以下参照。これら二つのカテゴリーは、第二巻第七章 1108a16-19 で表明される、名前がない場合には不十分であってもそうでなくとも名が与えられなければならないという一般原則により、大幅に重なり合っている。

*5　経験領域のこの強調は『エウデモス倫理学』には出現しないことに注意すべきである。この事実はわたしには、『エウデモス倫理学』の考察が徳に関するアリストテレスの思考の、より原始的段階を――より初期の作品であろうがなかろうが――表現しているということの印であるように思われる。

*6　諸徳をもろもろの生活領域に結びつける前置詞 *peri* を含む言明は、第三巻第六章 1115a6-7、第三巻第九章 1117a29-30、第三巻第十章 1117b25, 27、、第四巻第一章 1119b23、第四巻第二章 1122a19、1122b34、第四巻第五章 1125b26、第四巻第六章 1126b13 および『ニコマコス倫理学』第二巻第七章全体にある。第四巻第六章 1126b11 と第四巻第八章 1127b33 の、これに関連する用法もみよ。

*7　ここに掲げたわたしのリストでは、初めにくる代表的徳のところに正義を入れている。（『ニコマコス倫理学』では正義は、他の徳すべての後で別扱いにされる。そして導入的な徳一覧では、検討は後で行うため、内容を説明していない）。またわたしは、リストの末尾に、『ニコマコス倫理学』第六巻で論じられるさまざまな知的徳に対応する項目、および、これも第六巻で論じられ

るフロネーシス、つまり実践的知恵に対応する項目をも付け加えた。以上の点をのぞき、わたしのリストの順番とことばづかいは、第三巻第六章から第四巻のより詳しい分析のプログラムを与える、第二巻第七章の説明に忠実に従っている。

＊8 文献と関連する哲学的議論への参照を含むこの点の詳細な説明として、Nussbaum, *The Fragility of Goodness* (Cambridge, MA, 1986), ch. 8 参照。

＊9 この考えを表現するとき、アリストテレスは翻訳をめぐる諸問題については悩まない。翻訳に関するいくつかの困惑とアリストテレス的な応答について、後の第四節と第六節を参照。

＊10 『分析論後書』第二巻第八章 93a21 以下。*Fragility*, ch.8 参照。

＊11 ヘラクレイトス断片 DK B23。Nussbaum, '*Psuche* in Heraclitus, II', *Phronesis* 17 (1972): 153-70 参照。

＊12 『政治学』第一巻第二章 1253a1-18 参照。その議論は諸徳を神々に帰属することを明言的に否定するものではない。しかし、そのような否定は『ニコマコス倫理学』第七巻第一章 1145a25-27 および第十巻第八章 1178b10 以下で明言される。

＊13 アリストテレスは言語に関する自分の説明との関連を明言していない。しかしかれのプロジェクトは諸徳の定義というものなので、この文脈ではわれわれは、定義に関するアリストテレスの一般見解が念頭にあるということを予想するのである。諸徳、および非相対的な説明の可能な基礎としての一定種類の経験に関する類似の考えは、アリストテレスへの言及なしだが、P. Foot, *Virtues and Vices* に対する N. Sturgeon の *Journal of Philosophy*, 81(1984), pp. 326-33 の書評において展開された。

＊14 第二巻第七章 1108a5 参照。そこでアリストテレスは諸徳と対応する有徳な人が「非常に多くは名前がない」と言い、名前を導入するに際し「……と呼ぼう」と言う。第四巻第五章 1125b29、1126a34 もみよ。

＊15 John Procope, *Magnaminity* (1987)、および R. -A. Gauthier, *Magnaminité* (Paris, 1951) も参照。

＊16 たとえば *The Social Construction of the Emotions*, ed. Rom Harré (Oxford, 1986) をみよ。

＊17 Nussbaum, *Aristotle's De Motu Animalium* (Princeton, NJ, 1976), ch. 6 のいくつかの注と、*Fragility*, ch. 9 を参照。

＊18 ヘレニズム時代の三大学派におけるこれらの考えの取り扱いの詳細な研究を、Nussbaum, *The Therapy of Desire: Theory and Practice in Hellenistic Ethics* (Princeton 1994) で示した。

＊19 関連テキストは Nussbaum, *The Therapy*, chs. 4-6 で論じた。また、Nussbaum, 'Therapeutic Arguments: Epicurus and Aristotle,’ in *The Norms of Nature*, eds. M. Schofield and G. Striker (Cambridge, 1986), 31-74 も参照。

*20　M. Foucault, *Histoire de la sexualité*, vols. 2 and 3 (Paris, 1984).（田村俶訳『性の歴史』第二、三巻、新潮社、一九八六～七年）

*21　*Before Sexuality*, eds. D. Halperin, J. Winkler and F. Zeitlin (Princeton, 1990) 所収の D. Halperin と J. Winkler の論文参照。

*22　ストア派の見解のこの部分を示す証拠は、Nussbaum, *The Therapy* で論じた。

*23　『政治学』第二巻第五章 1263b11 以下。

*24　関連章句の議論として、S. Lukes, *Marxism and Morality* (Oxford, 1987) 参照。これらの問題に関する激しい討論として、わたしは一九八七年三月の Oxford Philosophical Society における Alan Ryan と Stephen Lukes の間の意見交換に負っている。

*25　*Fragility*, ch. 8 および ‘Internal Criticism and Indian Rationalist Traditions,’（Amartya Sen と共著）, in *Relativism*, ed. M. Krausz (Notre Dame, IN, 1988) および WIDER working paper 所収。

*26　*Fragility*, ch. 12 参照。

*27　*Fragility*, ch. 10, ‘The Discernment of Perception,’ *Proceedings of the Boston Area Colloquium in Ancient Philosophy*, 1(1985): 151-201; ‘Finely Aware and Richly Responsible: Moral Awareness and the Moral Task of Literature,’ *Journal of Philosophy*, 82(1985): 516-29, *repr.* in expanded form, in *Philosophy and the Question of Literature*, ed. A. Cascardi (Baltimore, 1987).

*28　しかしわたしは、アリストテレスの意見では、いくつかの道徳的に意味のある特徴は、原則的にも別の文脈で再現することができないような特徴である可能性があると思う。‘The Discernment’ および *Fragility*, ch. 10 参照。

*29　H. Putnam, *Reason, Truth, and History* (Cambridge, 1981)（野本和幸他訳『理性、真理、歴史』法政大学出版局、一九九四年）; *The Many Faces of Realism: The Carus Lectures* (La Salle, Ill, 1987) および *Meaning and the Moral Sciences* (London, 1979)（藤川吉美訳『科学的認識の構造――意味と精神科学』晃洋書房、一九八四年）; N. Goodman, *Languages of Art* (Indianapolis, 1968) および *Ways of World-Making* (Indianapolis, 1978)（菅野盾樹訳『世界制作の方法』ちくま学芸文庫、二〇〇八年）; D. Davidson, *Inquiries into Truth and Interpretation* (Oxford, 1984)（野本和幸他訳『真理と解釈』勁草書房、一九九一年）.

*30　カントに負っていることのパトナム自身の説明について、Putnam, *The Many Faces* を、アリストテレスの ‘internal realism’ については、Nussbaum, *Fragility*, ch. 8 を参照。

＊31　C. Abeysekera, paper presented at Value and Technology Conference, WIDER 1986.

＊32　Foucault, *Histoire*, vol. 2, preface.

＊33　この段落は一九八七年二月のブラウン大学における「歴史と文化のなかの同性愛」に関する会議におけるD. HalperinとJ. Winklerの論文へのコメント中の注記を拡張したものである。同じ会議でHenry Abeloveの'Is Gay History Possible?'において、歴史学的に感受性豊かな分析と文化批評が組合せられて強力に展開された。

＊34　C. Gopalan, 'Undernutrition: Measurement and Implications', paper prepared for the WIDER Conference on Poverty, Undernutrition, and Living Standards, Helsinki, 27-31 July 1987, およびS. Osmani編集のProceedingsの巻に所収予定。〔訳者注：S. R. Osmani (ed.), *Nutrition and Poverty* (Oxford, 1992)として出版された〕

＊35　『形而上学』Α（第一）巻第一章。

＊36　Nussbaum, 'Nature, Function, and Capability'をみよ。その論文では、人間の機能に関するマルクスの見解に、このアリストテレスの見解を対比している。

＊37　M. Klein, Postscript to 'Our Adult World and its Roots in Infancy', in *Envy, Gratitude and Other Works 1946-1963* (London, 1984), 247-63.

＊38　'Aristotle on Human Nature and the Foundations of Ethics' バーナード・ウィリアムズの業績に関する論文集（R. Harrison and J. Altham 編集 (Cambridge)）に所収予定。この論文はWIDER Working Paperになる。〔訳者注：その後出版された書名とヌスバウム論文の頁付けは、*World, Mind, and Ethics: Essays on the Ethical Philosophy of Bernard Williams*, R. Harrison and J. Altham (eds.) (Cambridge, 1995), ch. 6, 86-131である〕

＊39　*Fragility*, ch. 11参照。

＊40　本論文は、一九八六年夏にヘルシンキで開催された、価値と技術工学に関するWIDER会議で討議された諸問題によって動機づけられたものである。本論文で提出した議論のいくつかを生むような挑発を与えていただいたことに対し、スティーブ・マーグリンとフレデリック・マーグリンに感謝する。もっとも、かれらは議論のほとんどどれひとつにも賛成しないだろう。有益なコメントをしていただいたダン・ブロックと、ここで扱った問題について何回も討議していただいたアマルティア・センにも感謝する。

★1　底本・再録版いずれも「1268a39以下」としているが単純ミスであり、「1268b39以下」である。

★2　thin（薄い、内容希薄な）とthick（厚い、内容豊かな）の区別はバーナード・ウィリアムズが提唱して以来徳倫理学で多用される種類分けである。ウィリアムズは勇気のようにローカルで具体的で、事実と価値がともに入っている「厚い概念」と、善や「べし」のような普遍的で抽象的な「薄い概念」とを区別して議論することを方法とした。相対主義ときっぱり訣別して倫理を考えるヌスバウムはこの区別を、アリストテレス由来と彼女が解釈する定義的説明の問題の表現のために自己流にアレンジし、具体的な徳である勇気や気前よさについて、ことばの名目を通じて外延が定まる「薄い」説明から、内容豊富な「厚い」説明への（重要な部分で世界規模の普遍性をもつ）討議的探究の進展を考えている。

★3　底本は非文法的なので、語順が変わり文法的になった再録版を助けにして訳した。

★4　底本とした原文ではここに示した通りの英文だが、再録版では〔　〕内に示した約二行分の語群が途中に入っている。内容からみて、底本に明らかな欠落があった。

★5　「適切な機能（appropriate functioning）」は、厚生経済学・倫理学のアマルティア・センが提唱しヌスバウムも同調者となった、潜在能力アプローチ（capability approach）のキーワードである。この一文は「徳」の発揮と「適切な機能」を同一視して、彼女流のアリストテレス主義の立ち位置を簡潔に表現するものである。なお、本論文《6》節後半でヌスバウムが挙げる1～8の「人間性を問題にすることができる共通経験のリスト」は、新《ネオ》アリストテレス主義的であると同時に、センたちとの共同研究のテーマ一覧確定をめざす彼女の哲学的方向性を一瞥するのにも便利なリストになっている。

★6　ただし、デイヴィドソン自身は概念枠という考え方に反対の立場を公表していて（'On the Very Idea of a Conceptual Scheme,' *Proceedings and Addresses of the American Philosophical Association* 47 (1974); *repr.* in *Inquiries into Truth and Interpretation*, Oxford 1984, ch. 13, 183-98（「概念枠という考えそのものについて」野本和幸他訳『真理と解釈』勁草書房、一九九一年、植木哲也訳）、デイヴィドソンのこの論文は概念枠（と相対主義）に関して否定的な議論の文脈でしばしば引用される。ヌスバウムのここでの言及は、デイヴィドソンの哲学の別の側面に基づいているのかもしれない。

★7　原語は*eidenai*で、日本語訳は「知ること」とアリストテレスの既存日本語訳に従ったが、ヌスバウムはアリストテレス的

「知識」を「理解的な知識」と解する近年アリストテレス研究の一般方向を明示して「理解する（understand）ことを欲する」と訳している。

第六章　古代の倫理学と現代の道徳

ジュリア・アナス

道徳（morality）を定義づけること、少なくとも、説得的に定義づけることが極端に難しいことは、道徳哲学者にとって決して目新しい話ではない。私たちのように古代哲学を研究している者は、さらなる問題に直面する。私たちがプラトンの『国家』、アリストテレスの『倫理学』、そしてストア派やエピクロス派を研究する時、彼らのような道徳哲学における著名人が本当に道徳について語っているのか、まったく明らかとは言えないのである。まず手始めに、彼らは皆、自分たちの探求の主要な焦点が行為者の幸福に置かれることを当然のこととしている。そして、これはあまり道徳を語っているようには聞こえない。無論、私たちはこの時点で、彼らは私たちが理解しているような幸福（happiness）について語っているのではなく、むしろエウダイモニア（eudaimonia）について語っているのであり、エウダイモニアとは満足な善く生きられた生のことである、と説明する。しかし、少し反省すれば、このことは問題解決の助けにならないか、少なくとも、期待していた程には助けにならないことが分かる。この説明では、依然として彼らが道徳を語っているようには聞こえないのである。そして、この最初の落ち着かない感じは、他の相違点を見つけると強まるばかりである。例えば、古代の倫理学において、他者の善は自分自身にとっての善の一部として登場する点、また、正義は他者の権利を通じて導入されるものであるよりも、むしろ性格の徳であるといった点である。

それゆえ、私たちは古代の理論を研究する際、時に、それらが何の理論であるかについて、いくらかの疑いを抱きながら従事しているのである。私たちは実際、古代の「倫理学」（ethics）について語るが、古代の「道徳」とは言わない傾向にある。そして、私たちは、古代の理論に顕著な諸要素を含む現代の理論についても、同じ傾向にある。それゆえ、私たちは「徳倫理学」（virtue ethics）を語るが、「徳道徳」（virtue morality）などと言わないのである。徳と善き生についての古代の理論は、私たちが「道徳」と考えるものに関わるのではなく、なにか別のもの、つまり「倫理学」と呼ばれ得る代替物に関わっているという、かなり広くいきわたった態度が存在するのである。*1

この問題は近年、バーナード・ウィリアムズによって先鋭に提起されている。*2 ウィリアムズの主張では、古代の人々は実際、私たちの言う「道徳」という観念を欠いていた――そして、彼らはそれなしで十分うまくやっていたのだが、それは、道徳という観念が混乱しており、様々な点で異論の余地があるものだからである。しかしながら、古代の倫理学が現代の道徳に対して、同じ探究の一部というより、それに成り代わるものだと考えるほど「道徳」に敵意をもつ必要はない。私たちはなにかしらの誤った方向転換をしてしまったのかもしれないが、そこで今度は、私たちは進歩をしているのかもしれない。*3 さらに、道徳が私たち自身の見方にとってどれほど中心的であるかについては、様々な可能な観点がある。私たちは、古代の倫理学が、道徳理論を構築する私たち自身の試みにおいて有益であることを見出すかもしれない。だが古代の倫理学が現代において魅力的であっても直接の関連性をもたないこと、おそらく本当には手に入らないものであることを、私たちは同等に見出すかもしれない。

私たちがどう扱うにせよ、そのような対比が存在することは広く受け入れられている。古代の倫理学は別の国のようなものであり、そこで人々は異なる仕方で物事をなし、異なる仕方で考えている、という対比である。私は、この対比が、一般に考えられているようなものとして存在するということには納得していない。無論、重要な相違点は存在するが、それらの相違点は私たちに、古代の倫理学が古代の道徳でもあることを否定するように強制はしない。

道徳の観念を限界づける困難さのゆえに、私が思うには、もし私たちが最初に道徳を定義し、次に古代の理論に見出すものに対してそれがどれほどのものかを見計ろうとするならば、なんの進歩も得られないことは確実である。古代の理論を検討する際には見出すことがないと言われるところの「道徳」の顕著な諸特徴を検討することが、計画としてはより扱いやすい。その検討の結果は、完全な説明には欠けるものとなるだろうが、古代の倫理学と現代の道徳がそれぞれ全体として二者択一をなすほど別個のものと理解され得るかどうかを示す点で、少なくとも進歩を生み出すのである。

道徳的理由と非道徳的理由

現代の道徳理論のなかで古代の理論には見出すことのできないもっとも顕著な特徴は、道徳的理由（moral reasons）と非道徳的理由（non-moral reasons）が種類において異なる、という考えである。道徳的理由は特別な、強制的な力を持っている。というのも、適切に評価された場合には、道徳的理由は私たちの熟慮過程において特別な位置を占めるからである。つまり、それらは、あらゆる非道徳的考慮を乗り越えるか、もしくは、沈黙させるのである。もちろん、そのようにそっけなく語られると、道徳的理由と非道徳的理由の間の相違は非常に謎めいたものに聞こえるかもしれない。それは形式的な違いと考えられるなら、より納得できるものである。その場合、道徳的理由は、例えばそれが矛盾なく普遍化可能であるということによって私たちの理性に勧められるという事実から、その力を得ると考えられるだろう。

古代ギリシア語は、道徳と非道徳という語や概念に対応する語や概念をまったく欠いている。さらに、どの倫理学の理論も、実践的理性には二種類あり、基礎的な事実として、それらが基本的に異なる種類の力を持つということを示唆しない。むしろ、あらゆる古代の理論は次のように主張する。善き人はフロネーシス、すなわち、実践的知恵や実践的知性の所有によって特徴づけられるが、そのフロネーシスとは、その人の生全体にわたって理性的に判断する、分割されない卓越性のことである。アリストテレスは『ニコマコス倫理学』第六巻五章（1140a26-28）で、この卓越性を持つ者の特徴を次のように言っている。「自分自身にとって善いこと、有益であることについて熟慮するのに優れており、それは、特定の事柄についてではなく……善く生きること一般を導く種類の事柄についてなのである」。アリストテレスは、ペリクレスや他の成功した政治家を例に挙げているが、現代人にとってもっとも顕著に道徳の模範とされる類いの人を例にしてはいない。

古代の理論は、道徳的理由を特殊な種類の理由として区別しないので、まして、形式において特殊な種類の理由として区別することはない。私たちはさらに先に進むことすらできる。すなわち、古代の理論は、倫理的推論の形式それ自体にはどんな特定の関心も示してはいない。現代には「道徳的推論の正しい形式」へのこだわりがある。そして、そのようなものがあるということは通常前提とされており、「それが何であるか」（規則に従うこと、結果の計算など）が問われるだけなのである。しかし、古代の理論では、それを用いることが倫理的な正しさを保証するようなどんな種類の推論も存在しない。[*4]

これらがすべてその通りだとすると、ウィリアムズと同様に、以下のように結論づけたくなるかもしれない。すなわち、「（ギリシアの倫理思想は）基本的に、他の種類の理由や要求とは決定的に異なる理由や要求の集合という意味での「道徳」（morality）という概念を完全に欠いている」と。[*5] しかし、これは早計であろう。

もし、私たちが非道徳的理由から道徳的理由を区別する要点とは何かと問うならば、私たちはなにか際立った類似性を持つものを見出す。その要点とは、道徳的理由が私たちの熟慮において特別な位置を占めることを示すことだからである。私がある行為を、それがどれほど費用のかかるものか、どれくらい時間がかかるかといった観点から考慮したらどうだろう。その場合、私はそれが不誠実であると分かる。こうした考慮は単に、考えに入れられ他の要素に対して重要さが測られるなにか別の考慮というものではない。もし私が「不誠実さとは何か」ということを理解していたら、このような道徳的理由はその熟慮過程をただ停止させるのである。というのは、この種の理由は、他の様々な種類の理由に重要さで優るというものではなく、むしろ、それらを乗り越え、沈黙させるものだからである。[*6] 無論、私はともかくその行為を行ってしまうかもしれない。それは、道徳が要求するものを理解することと、それを行うことは別だからである。不誠実さについて、要点はむしろ、ことによると利益を上げることがより重要視されるように、あたかもそれが他の理由と同様のある一つの理由に過ぎないかのように考慮することが、「不誠実さとは何か」を誤解することだという点にある。道徳的理由が特別なのは、それが私たちの熟慮過程において持つこの役割ゆえなのである。道徳的理由は他の様々な種類の理由を沈黙させたり乗り越えたりするが、これらがその種の理由であるがゆえである。[*7]

しかし今、私たちは古代の徳倫理学になんらの違いも見出してはいない。というのも、すべての古代の理論は、その行為が不誠実であるという事実について、まさしく同じ仕方で考えているからである。それは、ただ費やされる時間や利益に対して重要性が測られるだけではなく、それらを脇に押しやる考慮なのであり、そうでない仕方で考えることは「不誠実さとは何か」を誤って解釈することなのである。

ストア派はこの点を、もっとも明確でもっとも非妥協的な仕方で主張している。彼らが言うには、ただ徳のみが善い。私たちが欲求する他の物事は「善くない」ではなく、「善悪無記」と呼ばれるべきである。このことは、私たちがそれら「善悪無記」のものを求めない理由がないのと同じく求める理由もない、ということを意味しない。それはただ、徳と他のすべてのものの違いを特徴づけている。ある物事は、健康や富のように、自然的な利点を持っており、私たちがそれを求めることは理性的である。これらは「優先される善悪無記のもの」であり、病いや貧しさは「優先されない善悪無記のもの」である。というのも、悪徳以外のなにも悪くはないからである。新しい語彙の全体が、これに則して成立する。それゆえ、徳だけが「選択される」が、他方で、健康や富は「選出される」。このこと全体の要点は、私たちの推論において徳が果たす特別な役割を強調することにある。もし徳と私たちが慣習的に「善い」と呼ぶ他の事物とに異なる単語を用いなければならないとしたら、私たちがそれらの事物をすべて同等の考慮として扱う無思慮な態度に対しての、最初の防壁となる。

私たちは健康がなにかの価値に値すると判断するが、私たちはそれを善いものであるとは判断せず、また、私たちは徳に優先するほど大きな価値があるものがあるとは考えない。……ランプの光が太陽の光によって霞み圧倒される様、また、一滴の蜂蜜がエーゲ海の広がりに消える様と比べなさい。クロイソスの富に一円を加えることや、ここからインドへの旅に一歩を踏み出すことと比べなさい。もし、目的となる善がストア派の言うものであれば、身体・物体的なものの価値の全体が、徳の輝きと広がりによって霞み圧倒され、実際破壊されるのが必然なのである[*8]。

これらの類比は二つの点を示している。一方で、徳は、同じ尺度にまったく基づいていないという意味で直接に他の事物と共約不可能なのではない。一円は、クロイソスの全財産と同じ種類の（貨幣的）価値を持っている。一歩を踏み出すことは、インドへの道をいくらかでも進ませる。他方で、そこにはあまりに顕著な相違があるので、真剣にこれらの項目を比べることはそうしたものが何であるかに対する無理解を示すのである。一歩進んだことでインドに至る道程を前進したと自分で大真面目に祝う者は、一歩とは何であり、インドへの旅とは何かということについての理解の欠如を示している。一円を億万長者の財産への第一歩と真剣に数える者も同様である。同様に、私たちは、直感的なレベルでは、徳や健康やそういったものを、そのすべてが行為者の生において価値を持つ考慮点として語ることができるが、たとえば、金銭の価値を誠実さの価値に対して真剣に比較することは、金銭が何であり、誠実さが何であるかについての誤解を示すのである。

このことは私たちにとって、道徳的理由と非道徳的理由の区別よりも馴染みは薄いが、それは次の二つの理由による。一つは、古代の人々がその問題を異なる種類の原因という観点で立ててはいないという理由であり、もう一つは、彼らが問題を立てているのは、私たちが徳と他のものを比較できたり、できなかったりする諸々の方法という観点でであるという理由である。（とりわけ、古代の資料において、対立する事態の場合に何がもっとも優先されるかがあまり強調されていないことを私たちは見出すが、それは疑いなく、古代の議論においては対立や不一致にあまり強調が置かれないという事実のためである）。[*9] それにもかかわらず、私たちは古代の論点を、徳が生み出す様々な種類の理由についての論点として容易に再定式化できるだろう。そして、再定式化しない場合でも、諸々の区別は一致するように見える。というのも、彼らの論点は同じものだからである。つまり、古代の人々は私たちの実践的熟慮のある特徴、すなわち、一つの種類の考慮は、もし正しく理解されたなら、単純に他の種類の考慮に対して比較考量されることはありえず、むしろそれらを競争から叩き出すという事実を強調するのである。無論、なぜ不誠実が避けられるべきかについて現代の理論が与える諸々の理由は、古代の理論が与える理由とは異なる。現代の理論は、誠実さに由来する理由について言い立てられた形式的特徴を指し示すかもしれないが、古代の理論は、誠実さという徳の本性の分析へと私たちを導くであろう。しかし、主な点では一致がある。すなわち、不誠実さとは、要因として盛り込まれるべきなにか別の理由ではなく、他の諸々の理由をただちに止め、私たちを振り出しに戻す考慮点なのである。

一般に認められているように、ストア派は徳の価値と他の種類の事物の価値の違いをまったく妥協なしに主張する唯一の学派である。アリストテレスは、徳が私たちの求める他の種類の事物とこのような形で区別されるとは主張していない。後に、彼の後継者にあたるペリパトス派は、自分たちの立場をストア派の立場に対抗するものとして規定したが、そのため、徳と他の種類の自然的な利点はすべて善いものであると語り、ストア派は私たち皆が理性的に求めているのは善いものではないと主張しているのだと言って嘲笑した。そのようにアリストテレスは、徳の特別な熟慮的役割を区別するのにストア派ほど強い立場をとってはいなかった。しかしながら、アリストテレスは異なった仕方で、徳が他の諸々の善いものが持たない特別な有益性を持つことを主張している。有徳な人は、有徳であることに快さを感じるのだが、たとえそのことが不利益なこと、傷や死に至るとしてもである。したがって、その人は有徳な行為によって、徳の価値に釣り合うものをなに一つ失うことはない。そのように、徳は他の諸々の善との関係で特別な位置を保っている。[10]

　アリストテレスはまた、有徳な行為を、道徳的理由のゆえになされることへの現代の特徴づけに近い仕方で記述している。有徳な人は有徳な行為をそれ自体のために行い、[11] そして、それがカロン（*καλόν*）、すなわち「立派な」「高貴な」ゆえに行う。[12] カロンは徳の目的である。[13] 後代のアリストテレス注釈者、アフロディシアスのアレクサンドロスは、この点をより精確に表現している。「徳はあらゆることをカロンとしてのカロンのために行う。[14] というのも、徳は、行為の領域においてカロンである物事を行うようなものだからである」。有徳な行為はそれ自体のために、隠された動機なしになされるが、それは道徳的理由のためになされる行為に当てはまると通常考えられている。そして、有徳な行為は、人間の他の特徴的な目的である利益や快楽ではなく、カロンを目的としてなされる。[15] アリストテレスは『倫理学』において、「カロン」のさらなる分析を行ってはいない。それは、快く有益であるものから区別されるだけでなく、必要なものからも区別されているのであるが、[16] 私たちはその点についてそれ以上ほとんど分からない。[17] アリストテレスは、カロンが有徳な人を動機づけること、そして、私たちはこうした動機づけを認めることができると前提している。それは異なる方法でも分析しうるが、ここではそれらを検討することはできない。むしろ目下の問題で重要なのは、アリストテレスが、有徳な人は有徳な行為をそれ自体のために行っていること、そして、これは特有の種類の動機づけであることを、はっきりと認めている点なのである。

この点でもまた、私たちには、現代の道徳の諸々の要求と古代の倫理学の間で、不一致よりもむしろ一致をみるように思われる。というのも、道徳的理由は通常、まさにこれらの特徴を持つと思われているからだ。すなわち、ある道徳的理由のために行為することはそれ自体のために行為することであり、なにかそれ以上の動機のためではないこと、そして、それはまた特有の種類の動機づけを含むことである。それゆえ、アリストテレスとストア派は異なった仕方で、現代の道徳理論に一致しているように思われる。アリストテレスの立場は、両者のなかでより弱いものだが。(それゆえ、現代の道徳と対照させる場合にもっともよく引き合いにだされるのがアリストテレスの理論であることは、驚くに当たらない)[*18]。

ストア派は徳についてもっとも先鋭で満足のいく立場をとっている。他の学派も類似の路線でより弱い見方を持ってはいるが。しかし、どちらの立場でも、私たちの熟慮における徳の役割が、現代の諸理論が道徳が持つと前提する役割と本質的に同じであることを否定する理由はなにもないように思われる。エピクロスだけが、より弱い仕方でさえも徳の熟慮的役割を区別していない。だが、まさにこの点で、古代においてはエピクロスに標準的な批判が加えられていたのである。[*19] そして、もし、私たちの熟慮におけるこの種の力が道徳の特徴をなし、あるいは、道徳を定義づけさえするものと見なされるならば、古代の諸理論は道徳に関して私たちになにか重要なことを告げているように思われる。

道徳的責任

現代の道徳哲学において、「『べき』は『できる』を含意する」、つまり、道徳的な評価が道徳的な責任を含意することは決まり文句となっており、これが今度は、行為者が問題となっていることを行わない自由がなんらかあることを含意している。対照的に、よく主張されるように、古代の倫理学はこのことにあまり関心がない。つまり、倫理的な評価は時に、行為者が当の行為をしない自由がこのような仕方で存在しない場合でも与えられるのである。これは、「道徳的運」の問題として語られる時もある。つまり、行為者はそれを行うことを避ける能力をもたない行為についても責任があるということが、道徳的にあり得るのである。もしこの主張を受け入れるならば、その人は実際、古代の倫理学が現代の道徳とは異なると考えがちになる。というのも、もし人がその行為を行う自由がないならば、その人はその行為に対して道徳的な責任を問われ得ない、というのが現代のすべての理論の中心的な考えなのだから。

この論点はしばしば、ギリシア語の「アレテー」（ἀρετή）が――ラテン語の「ウィルトゥス」（virtus）も同様――英語の「徳」（virtue）を意味しないと指摘することで補強されている。「アレテー」は「卓越性」（excellence）を意味しており、家や馬を優れた家や馬にするものに適用される。この論点から、人間にとってさえ、諸々の「アレテー」は「徳」のことではないとしばしば推論される。（現代の翻訳のなかには、この見解を反映しているものもある）[*20]。徳とは、私たちがとりわけ道徳的な評価に関心を抱き、人が賞賛か非難を受け、それゆえに彼が行ったことについて道徳的な責任があると判断する場合のあり方なのである。しかし、もし諸々のアレテーがただ人間の卓越性を指すだけなら、勇気あるや正しいということと、健康であるとかハンサムであるといった卓越性との間に種類の区別がなくなり、そこにおいて行為者が道徳的に責任を持つことが前提とされるような、とりわけ道徳的な評価の領域を区別する方法はなくなってしまう。

古代倫理学に対するこの告発は昔からあるもので、ヒューム『道徳原理の研究』の第四補遺に見出すことができる。ヒュームはそこで、英語においてさえも私たちは道徳的な諸徳と通常呼ばれるものと他の種類の非道徳的な卓越性との間に際立った区別をつけてはいないという、シジウィックによって反論された主張を行っている[*21]。私たちの現在の論点により関係する点では、ヒュームは次のように主張している。「最高のモデルである古代の道徳家たちは、種々の心的な才能と欠陥の間で実質的な区別を行わず、徳と悪徳という呼称の下ですべて同様のものとして扱った」。また、「総じて、私たちは、自発的と非自発的の区別を、古代人が道徳的な推論のなかではほとんど考慮していなかったことを見て取る」と。彼が主張するところでは、哲学者が自発性の問いに取りつかれ始めたのは、ただ宗教、特にキリスト教が道徳哲学に侵入したからなのである。

ヒュームの分析とそれに伴う診断は頻繁にくり返されているので、ヒュームの言っていることがまったく誤りであると指摘することには意味がある。アリストテレスは『ニコマコス倫理学』第三巻の主要な部分を、自発性の諸条件の議論に当てている。それは、明らかに徳の探求においてこれが必要だからであり、「賞賛と非難は自発的であるものに与えられ、許しと、時に同情は非自発的なものに与えられる」[*22]からである。さらに、アリストテレスに当てはまることは古代のすべての学派に当てはまる。すなわち、徳は自発性、つまり、他でもなくまさにその仕方で行為するという選択を自由に行使することを必要とする。古代人がこの種の状態と健康や美しさのような状態の間の相違に関心を持っていなかったという主張は、まったく真ではあり得ない。

しかしながら、アレテーについての論点はどうなるのか？　アレテーが「徳」ではなく「卓越性」を意味するのは確かである。しかし、このことは、人間の生の諸々の卓越性が諸徳、実際、私たちは道徳的徳と呼ぶものであるはずだということと、まったく両立可能である。そして、これは実際に私たちが見出すことである。無論、私たちは、これが卓越した人間の生がとるべき形式であるということに同意しないかもしれない。しかし、プラトン以来、人間の諸アレテーは、勇気、「節制」（つまり、節度や自己抑制）、実践的知性や正義として、これらの下位区分としての他の諸徳と共に、定型的に理解されてきた。[*23]そして、もし私たちが勇気や正義などといったものをより近くから見るなら、それらが自然本性的な才能と同等のものとは見なされず、また、それらが単に多くの望ましい性状の一部と見なされもしないことを、私たちは疑うことはできない。それらは、倫理的に正しいことを行う性状であり、そのようなものとして行為者の選択を含み、これが自発的なものであることを前提としているのである。

私たちは、ストア派の時代までに、諸徳が特別な種類の卓越性やアレテーであることが明瞭に認識され、専門的な術語のなかで祭り上げられていることを見出す。それはまさに、諸徳が選択を含意し、ストア派が言うには、特定の諸原理を受け入れることに基づいて「理性的に推論されている」からである。

アレテーに関しては、一つの意味では、一般になんであれ完成に至ることである。彫像の場合がそうである。そして、健康のような非推論的な種のアレテーと、知性のような推論的な種のアレテーがある。ヘカトンが言うには、……知識を含み理性的に推論される諸アレテーは、知性や正義のように、その構成が諸原理から形づくられるものであり[24]、非推論的な諸アレテーは、健康や強さのように、諸原理から構成されるものと外延を同じくすることが観察されるものなのである[25]。

実際、人の道徳的な徳に「アレテー」（ἀρετή）や「ウィルトゥス」（virtus）の語を用いることが標準的で主要な用法とされ、後代の文章から見られるように、その語を彫像や馬に適用することは二次的と見られるようになった。それらの書き物では、「自発的なウィルトゥス」（virtutes voluntariae）が語の適正な意味でのウィルトゥスであると言われ[26]、「アレテー」は実際に多義的であると主張されている。というのも、アレテーは、道徳的な諸原理を受け入れることで発達する人間の諸徳と、素質や本性的な卓越性との両方に用いられるからである[27]。

それゆえ、「アレテー」を「卓越性」と訳すことによって、また、アレテーが彫像や健康な身体に適用されると指摘することによっては、なんの理解も得られない。実際、そこで理解は失われてしまっている。というのも、倫理学に関わるアレテーとは勇気、正義などであり、これらは自由に選択し成長する行為者を前提としている点で、明らかに彫像や健康といった用法とは異なっているからである。

例えば、いくつかの古代のテクストに——例えば、悲劇作品において——「道徳的運」に関する信念が反映されているのを見出すことは確かに真である。しかし、私たちがそれを古代の道徳理論のなかに見出さないのは驚くべきことである。その主な理由は、古代の道徳理論が中心的には諸徳に関わっており、その諸徳とは、私たちが見てきたように、選択の自由を前提として理性的に推論された状態であるということにあると思われる。実際、古代の道徳理論は、古代の知的生活の他の諸領域において「道徳的運」が受け入れられることに批判的であることにもっぱら関わっている。そしてそれは、現代の道徳理論が現代の知的生活の諸領域においてそうした受け入れに対して批判的であることにもっぱら関わっている仕方と、非常によく似ている。それゆえに、義務論や帰結主義の理論は道徳的運を排除することにもっぱら関わっているが、他方で徳倫理学はそうではない、と考えるとしたらそれは誤りである。すなわち、古代の理論は義務論や帰結主義の理論とまさに同じ問題を見ているのである。「道徳的運」という観念を排除することは根本的な誤りであると、主張されることもある。[*28] もしこれが正しければ、その誤りは、きちんと反省を経る以前の倫理的信念との対立における倫理学の理論一般の側にある。それは、古代の理論との対立における現代の理論の誤りではない。[*29]

射程

アリストテレスによる諸徳の一覧表を顧ると、しばしば現代の読者は（特にアリストテレスしか古代倫理学を読まない人々は）現代の道徳と古代の徳の倫理学との間にはその射程に根本的な違いがあると気付かされる。アリストテレスの徳は私たちが道徳の領域だとまったく考えないような生の領域に及んでいる。それゆえ、アリストテレスは「節制」、つまり、飲食や性愛のような身体的快楽における自己制御の徳を、彼の言葉で言う所の「過剰」である放縦にだけ対比させるのではなく、「無感覚」（*ἀναισθησία*）、すなわち、人がそうすべき分量の飲食や性愛を享受しない性状にも対比させている。（この性状には滅多に出会わない、と彼は述べているが）。アリストテレスはまた、公共事業に趣味よく適切な仕方で出費するような、大がかりな社会的徳を描いている。もし、彼が徳について明瞭に道徳的な意味で語っていると私たちが理解するのなら、食を楽しまないことは道徳的な悪徳であり、趣味のよい出費は道徳的な徳である、といった馬鹿げた結論を強いられるように見える。そして、アリストテレスの徳の多くには同様の結論が生じてくる。

こういった批判は、それについて他にどんなことを私たちが言おうとも、アリストテレスの諸徳の一覧表がかなり風変わりであるという論点で、部分的には逸らすことができる。彼の後継者たちは、徳が四つの「枢要徳」という部分に分かれて構成されると見なすプラトンの慣習に回帰している。そのように、アリストテレスは少なくとも典型的ではない。さらに、徳を中庸とする彼の理論は——彼の区別の多くを方向づけているのだが——同様に風変わりであった。そして、徳一般についての見解ではないのだが、その理論が「無感覚」の位置づけのような、いくつかのより奇妙な見解の原因となっている。しかし、このことを考慮に入れても、アリストテレスが私たちが道徳の領域に入れようとしない生の諸領域にわたって諸徳について語っているという事実は残る。

しかしながら、アリストテレスの論じる諸徳が道徳に関係しないと主張するには、通常の応答とは別の応答の仕方がある。というのも、アリストテレスは、私たちよりも多くの日常の物事を道徳化するつもりがあったかもしれないからだ。彼は、飲食や性愛への無関心は（いつも）所与の身体的空白部であるのではなく、なんらかの道徳的な無感覚を含む、もしくは、そこから流れ出るなんらかの無感覚であると、もしかしたら考えていたのかもしれない。そして、公共の費用負担における趣味のよさや、大がかりな公共の徳一般は、それらの結果か原因、またその両方において、道徳的関心の問題なのである。アリストテレスについてこうした立論がもっともらしいかは、明らかに彼の諸徳についての詳細な説明に依拠する。だが、ここでその説明を与えることができないにしても、戦略全体は十分に明らかであろう。

　これは馬鹿げた立場なのだろうか？　古代の倫理学派はすべて、倫理学が人生において仕切られた個室をなすものではないという前提を受け入れていた。趣味や様式や社会的振る舞いは総じて、中立的な物事ではない、つまり、善と悪の間で中立無記のものではない。性格が中心におかれるがゆえに、倫理的な差異は人の生のあらゆる側面に影響を与えることになる。ほとんどの倫理学の理論は、社会的生のあらゆる側面について実際の諸徳を構成するという点でアリストテレスに従ってはいない。アリストテレスは特別であり、これらの問題を徳理論の一部として詳細にわたって論じようとしている点でおそらく野心的すぎるのである。しかし、他の諸学派も、徳を所持しているか否かによって、人のお金の使い方、食事の楽しみ方、冗談の言い方などに大きな違いが生じるという論点で、アリストテレスに反対はしない。人の成長の倫理的段階は人の生全体において、他人との関係のあらゆる側面で関わりをもつのである。

　このことは、道徳と対照をなすのか？　それは、道徳が私たちの人生において仕切られている場合、私たちの道徳的発展の段階が、私たちの人生の残りの部分を生きる生き方とほとんど、あるいは、まったく無関係である場合にのみそうであろう。これが事実かもしれないと考える人もいるが、それは明瞭に真というわけではない。実際、そのことが真ではないと示すきわめて有力な議論が提示されうる。その議論は、ブラッドレーによって効果的に明示化されている。彼はこう述べている。

> 私たちが人間の生と呼ぶものの内で、道徳化されていない領域が残っていると考えるのは誤りである。性格は、私たちの生のあらゆる些細な細部において現れる。私たちは性格を飼い犬と一緒にドアの外に出しておきながら、私たち自身が楽しもうとなかに入ることはできない。性格とは私たち自身であり、私たちの道徳的な自己である。それ

は、単なる気分や、生まれつきの性状ではなく、一連の意志行為の結果なのだから。[*30]

私たちはこの考えを退けることもできる。また、ブラッドレーはこの点では、一般にはその問題を無視する現代の道徳理論のなかで典型をなす人ではない。しかし確かに、道徳が人の生の一部分にだけ限定され得るというのは当然だと受け取るべきではない。そして、もし私たちがこの点を受け入れるならば、アリストテレスと同じく、社会的生の諸領野がそれぞれの徳を境界で区切ると考えるか、それとも、他の学派と同じく、より狭く定義された諸徳があらゆる社会的生の領野で人の営みに影響を与えるかどうかは、些細な問題に過ぎないことが分かるであろう。[*31]

行為と行為者

ウィリアムズは道徳を、**義務**を最重要とし、実際、道徳的要求の唯一の形式とする思考の体系として特徴づけている。[*32] ウィリアムズの指摘によれば、もし私たちが道徳的生のあらゆる側面を義務の把持に還元しようとするならば、私たちはその説明がおどろくほど貧しくなっていることに気づくだろう。これは確かに真であるが、他方で、現代の道徳理論は本当にウィリアムズが提案するほど強力に義務の最重要性で特徴づけられるのか、疑う余地は十分にあるだろう。例えば、帰結主義者が考える所では、重要なのは、ある種の善き結果を最大化することである。たとえもし彼らが、これが人のなすべきことだと考えるとしても、彼らは義務や責務のような観念から始める考え方にはしばしば不満を覚えるのである。

より弱い立場は、一つの重要な違いであると広く感じられてきた点、すなわち、現代の道徳を「行為中心主義」と呼んで要約される点を捉えている。その考えは次のようなものである。道徳とは第一に、人がどう行為すべきか、何をなすべきかの問題である。道徳は私たちの直感と呼ばれるもの、すなわち、私たちが何をなすべきかについて反省以前に行う判断から始まる。道徳は、それらの判断を私たちが下す仕方と、私たちが重要だと考える種の根拠を検討する。道徳理論の仕事は、私たちが何をなすべきか決定するようになる仕方を私たち自身に対して明らかにし、さらに厳密にすることである。道徳理論のなかには、決定過程、すなわち、何をなすべきかを見出すための、しかも正しい結果に至るように構築された、機械的な仕方を生み出すことを目的とする種のものがある。しかし、この点で不十分な理論でさえ、何をなすべきか決定する私たちの能力を改善することを第一の目的にとる傾向にある。

対照的に、古代の倫理学はこのことを目的と見なしてはいない。関連して、古代の倫理学は、困難な特殊事例の研究といった、現代の理論にとって重要である仕事に時間を費やすことはない。古代の理論は「行為者中心」と呼ばれてきた。つまり、その理論は、善い人間を描写すること、そして、「善き生を構成するのは何か」を私たちが理解する助けになることを最重要の目的と見なしている。それらは、私たちが皆善き生を求めていることを前提とした上で、善き生が何に存するかを検討し、私たちの性状のあるものについて、それを徳にするのは何かを問い、これらの性状を持つことがどのように人に最善の生を達成することを助けるかを問うのである。

このように大まかに述べられた場合、両者の対照性は明らかに正しい。しかし、いくつかの点を細かく言い直す必要がある。現代の理論は決定過程を探求しているだけではない。とくに、なすべき正しいこととは何かについて、現代の理論が改良主義的な見方をとっている場合には、正しいことをなすことと、正しいことをなすであろう種類の人間の関係を検討する必要があるからである。また、古代の理論も、徳と善き生を議論しているだけではない。それらの理論もまた、なすべき正しいこととは何かを議論している。古代の理論もこの問題を避けることはほとんどできないが、その理由は、徳とは正しいことをなす性状だからである。実際、少し反省すれば、どんな分別ある理論も、行為か行為者かの一方だけを考察するという意味での行為中心主義でも、行為者中心主義でもあり得ないことが分かる。どんな理論でも、両方を考察する必要があるのである。

それゆえ、対照性は、古代の理論と現代の理論が行為と行為者に与える相対的な重要性にあるに違いない。だが、一見すると、依然として顕著な対照性があるように見える。というのは、現代の理論は人が何をなすべきかの問いを第一の問いと考える傾向にあるのだが、それは、その問いが手元にある場合にだけ、どのような人であるべきかという問いが考察され得るからである。乱暴に言えば、善き人間とは正しいことをなすような性状にある人のことなのである。しかし、私たちは、なすべき正しいこととは何かを、善き人間とは何かということに訴えることなしに、独立に見出す。それゆえ、徳の概念が、なすべき正しいこととは何かを私たちが発見し明瞭にする助けにはならないという理由で、それらは道徳理論において二次的となるのである。対照的に、古代の理論は徳の概念を第一と考え、正しい行為についての問いを二次的であると考えている、と見なされている。古代の倫理学にとって重要な点は、有徳な人とはどのような者かを確立することになる。なすべき正しいこととはただ、有徳な人がなすであろうことであり、したがって行為の問いは、二次的なものに過ぎなくなる。

　古代と現代の理論の間にこのような対照性があることは広く受け入れられている。実際、その対照性は、しばしば古代の理論への批判の根拠にされているが、それは、正しい行為について、それが些細な問題ではないにもかかわらず、古代の理論がなにも語っていないという論拠による。[*33] というのも、もし人が困難な決定に直面し、なすべき正しいこととは有徳な人がなすであろうことだと言われたとしても、その人はあまり助けになったとは感じないからである。

　しかしながら、この言い立てられた対照性を見れば見るほど、それは根拠の薄弱なものに思われるだろう。現代の理論でも、行為の決定過程を考案した上で、善い理想的な行為者をその過程を用いる者として単純に定義するほど乱暴なものはほとんど存在しない。というのも、もし正しい行為の説明が、人々がどのように正しく行為するかの説明であるのなら、人間がどのようであり、どのようであるべきかについてのなんらかの説明がそのなかに組み込まれているはずだからである。その説明を真空のなかで展開することは意味がない。もし誰もその理論を内在化する者がおらず、それに基づいて行為できないとしたら、ある理論は道徳の理論としてどんな有用性を持つのだろうか[*34]？ 他方で、古代の理論は、正しい行為とはまさにこの正しい人間が作り出すようなものであると加えることによって、有徳な人が何であるかの説明を真空のなかで展開させずにいる。むしろ、有徳な人は正しい行為をなすような発達した性状を持つ人なのである。なにか他の種類の性状に対立するものとしての徳について現に機能している概念を手に入れるというまさにそのために、私たちはなすべき正しい行為とは何かということについて、なんらかの考えを持たなければならない。実際、反省してみると明らかなように、どんな倫理学の理論も、行為の正しさと人間の善さの両者についての私たちの直感的見解を批判したり明確化したりする仕方で、なにかを語る必要があるのである。

結局のところ、一つの差異が確かに残っている。困難な特殊事例に対する個別の答えが理論それ自体に次のような仕方で組み込まれていることを、現代の理論はしばしば要求するからだ。それは、理論が特定の問題への答えを生みだすために、その問題のかなり単純な記述を人は与えさえすればよいという仕方である。他方で、古代の理論は個別の状況の複雑さや困難さにより強烈な印象を抱いている。完全に有徳な人なら、ある個別状況のすべての特徴に対して正しく対応するような個別の決定に至ることができるだろう。それは、そうした人は倫理学の理論を内在化しているからである。しかし、それらの決定そのものは理論の部分ではない。

（しかし、これは理想的な場合であると付け加えるべきである。あなたや私は完全に有徳な人ではないので、個別の判断をするために発達させてきた能力に頼るよりもむしろ、手元にある最善の規則や原理に従うようにと忠告されるのが最善なのである。それゆえ、理想的でない人間にとっては、古代と現代の隙間はいくらか狭まる）。

時に現代の道徳は、正しい行為への導き手としての規則を強調していると特徴づけられるが、古代の倫理学は人間に関心を抱くがゆえに、善き性状を発達させることにより大きな関心を抱く、より人間的な対抗馬として引き合いに出される。規則に従うことが興味の対象となるのは、行為にのみ、あるいは、第一に行為に関心がある場合だけであるとしばしば考えられている。しかし、道徳の規則は、明らかに現代と古代の両方の種の理論に場所を占めている。道徳の規則は正しく行為するための導き手である。だが、まさにその理由ゆえに、道徳の規則は有徳な性状を発達させるための方途なのである。アリストテレスは、徳のモデルに従うことにより大きな関心を抱いていたために、規則についてはほとんどなにも語っていない。そしてそれゆえ、古代の倫理学についての現代の議論においても、規則はしばしば不当に少ない強調しか受けていない。しかし、ストア派は、徳の発達の範囲内で、規則に従うことにかなり大きな場所を与えている。徳の倫理学において、規則に従うことがそれ自体で人を有徳にするには十分でないことは真である。だがそうであっても、規則に従うことがそれ自体で、ある人を正しく行為させると考えるような現代の理論も、ほとんど存在しないのである。

私自身と他者

古代の倫理学理論は、私の「究極目的」や「究極善」とは、私がそれを理解している時には本当は何なのか、それを特定することから始める。私たちのそれぞれが究極善——私たちがなすあらゆることにおいて、私たちが成し遂げようとする全体的な善——を持っていることは当然の前提とされている。この究極善が幸福であることもまた前提とされている。この論点は言うまでもないもので、それがなにも解決しないにしてもである。実際の議論は、その人の究極善がどのように具体的な仕方で特定されるかということに集中的に向けられている。エピクロスは、それを快楽だと主張した。アリストテレスとストア派は、それが単に徳の発達だけを必要とするのか、それともなにか物質的な有益なものもまた必要とするかについて、意見を異にしている。そのように、倫理的探究は、私が直面する根本的な倫理的問いが、私はどのように私自身の究極善を達成するのか、という問いであるような枠組みにおいて遂行される。

穏やかな言い方をすると、以上のことは現代の理論においては根本的な倫理的問いではない。現代の理論は他者への関心から道徳を性格づける傾向にあり、他方で、古代の倫理学は自分自身への関心から発するという事実は、ここに確かになんらかの対照性が存在することを示している。そして、もし基本的で非派生的な他者への関心が道徳の定義をなすと考える人がいれば、その人は、しばしば起るように、この対照性が古代の倫理学が道徳ではないか、あるいは、せいぜい道徳として大いに欠陥を持つものであることを示すと考えるであろう。しかし、ここでも、その想定されている対照性は根拠薄弱なものなのである。

古代の倫理学理論は「私の究極善を構成するものは何か」という問いに答えようと努めるがゆえに自己中心的であると、いまだに主張されることがある。つまり、私自身の究極善を追求することで私は私自身の自己利益を追求している、という主張である。この主張は誤っている。というのは、私の究極善を追求することにおいて私が発達させると古代の理論が要求するのは諸徳であり、それは正義や勇気、そしてそれらと同様なものを含むからである。それら徳の内には、例えば正義のように、他者にとっての善と直接に関係するものがある。すべての徳は、少なくとも、正しいことを行う性状を持つことを含んでおり、そこでは正しい行為が行為者自身の利益とは独立に確立される。徳の倫理学は、せいぜいのところ形式の上で自己中心主義的であるに過ぎないが、それは、その枠組みが行為者自身の究極目的を対象とするものだからである。つまり、徳の倫理学の内実は、他の倫理学の諸理論とまったく同様に、他者に関わるものであり得るのである。

それにもかかわらず、古代の倫理学は行為者の究極目的を枠組みとするがゆえに、根底では自己中心的であるという考えが根強く残っている。これには、思うに、二つの主要な論拠があるが、一方は混乱したものであり、他方は混乱してはいないが結局のところ誤ったものである。その混乱とは、もし他者の善が行為者自身の究極善へと導入されるのなら、それは本当には他者の善ではなく、むしろなんらかの形で行為者にとって重要となるものに還元されるはずである、という考えに由来する。しかし、なぜこれが本当でなければならないのか？　その考えは、おそらく、他者の善は、それが他者の善であるがゆえに私にとって重要でなければならないのであって、それが私自身の善の一部であるがゆえに重要なのではない、というものである。しかし、古代の理論家はだれもこのことに異論を唱えないだろう。他者の善は、それが私自身の善の一部であるがゆえに私にとって重要なのではない。それが私にとって重要なのは、他者の善だからである。このことは、他者の善が私の全体的な究極善の一部をなすということとまったく両立可能である。この第二の考えは、第一の考えを妨げるものではない。

より一層信憑性のある反論は、次のようなものである。もし倫理学が「私の究極善とは何か」という問いから始まるのであれば、これは実際「フィリアー」（友愛）、つまり、特定の他者を彼ら自身のために配慮することを含みうる。それは、公正な取引への関心として理解される正義すら含み得る。しかし、このような倫理学が不偏性にまで及ぶことはありえない。不偏性とは、道徳的観点からすれば、私が人々のなかの一人としてのみ重要なのであり、私の利益に他のだれの利益に対してより以上の重きも置くべきではない、という考えである。そして、不偏性は（少なくとも、多くの）現代の道徳理論によって要請されているものなのである。[35]

これは興味深い主張であるが、誤っている。古代の理論のすべてが、倫理的な観点から、私が自身を人々のなかの一人に過ぎないと考えるよう要求するわけではないが、ストア派はそのように要求しているからである。ストア派は、理性的な人間は本性的に自分の理性的な関心を、その人自身の関心と「もっとも遠く離れたミュシア人」との間で偏らず公平になるまで、他のすべての人々（少なくとも、理性的な人々）に拡張するように自然本性的に導かれるだろう、と考えている。「もっとも遠く離れたミュシア人」とは、個人的にその人々についての知識をまったく持たず、個人的なつながりも一切持たないような遠く離れた国に住む人のことである。[36] ストア派はこのことからある結論を導き出したが、それはちょうどウィリアムズがカントの理論を攻撃したのと同様の仕方で、古代の批判者たちにから攻撃されたものである。例えば、船が難破した時、一枚の木の板があり、二人のそれぞれが救われたいと欲しているとする。ストア派の見解では、その板を手に入れるべきは道徳的により価値がある者である。もし両者が同等に道徳的に価値ある者であれば、彼らは公平な無作為の手続きを用いることになる。古代の批判者は、そのような状況ではどちらも実際自分自身を助けようとするだろうという理由で、この議論を攻撃する。すなわち、人が自身の利益と他人の利益の間で不偏であるべきで、倫理的価値の考慮にだけ訴えて問題を解決すべきだという主張は、人々が現実には持っていない動機に訴えるものなのである。[*37]つまり、ストア派は、まさに可能とは思われないことを主張している。彼らは倫理学とは行為者の善を構成するものの吟味であると考え、倫理的な発達は最終的には行為者に次の二つの事柄を行うように導くと主張する。一つは、道徳を単に自分の関心事のなかの一つと見なすのではなく、あらゆる他の関心に優先し得る関心と見なすことである。もう一つは、道徳を、自分自身の関心や利益と、関係する他者の関心や利益との間で不偏であるような視野と見なすことである。私たちは、幸福主義（エウダイモニズム）がこれらの考えを容れることを奇妙に思うかもしれないが、それが可能であるということは、古代倫理学の所与の事実の一部なのである。

古代のすべての理論が、自分自身の利益と他の人の利益の間のこの種の不偏性が倫理的な考慮によって要求される、と考えるわけではないのは事実である。例えば、アリストテレスによる正義の説明は、ストア派の説明が要求するような、自分とすべての他者の間での不偏性を要求しない。アリストテレスに由来する諸理論は、不偏性を道徳一般について要求することはなく、とくに正義について要求することもない。それらの理論は特定の他者の善に対する行為者の関心から始まり、行為者が共同体の感覚をもつ特定のグループ——例えば、自身のポリスの市民たち——に至って終結する傾向にある。ここで重要な点は、古代の理論においては、自分自身の利益と他のあらゆる理性的な人間の利益の間での不偏性が、道徳の要件としても、正義の要件としてすらも、当然のものとして認められてはいなかった一方で、そういった考え方は馴染みのものであり、議論の対象になっていたことである。倫理学の幸福主義的な形式は、行為者がこの不偏の観点に至ることを妨げるものではない。

それゆえ私たちは、古代の理論が道徳は不偏性を必要とすることを認識していないという点を根拠にして、それが道徳の理論であることを否定することはできない。古代の理論のなかには不偏性を認めているものもあるし、それは論点にもなっていたのだから。実際、近年、現代の理論がこの種の不偏性を要求することは正当か否かをめぐって論争が起っていることから、どんな原理的な仕切りも消失するように見える。

結論

私が行ってきた説明は、素描的であり部分的である。しかし私は、少なくとも、思考の一般的な筋を取り出し、それを明らかにするよう努めたと希望する。実際、古代と現代の倫理思想には大きな相違点があり、それらに過剰な印象を受け、「道徳とは何か」についての私たちの考えが私たち自身の理論の型に対応しなければならないがゆえに、古代の理論を道徳理論でなくなにか異なったものと見なす必要がある、と結論づけることは容易である。私はこう考える主な理由と、それらを排除すべき理由に焦点を当ててきた。

私のこの試みは融和的であったと思われるかもしれない。つまり、私はしばしば絶望的なまでに異質であると理解されている立場を融和させようとしてきた。私は相違を最小に見積もるという方法でこれをなした。相対立する立場のように見えたものは、異なった仕方で同じことを行っているのであり、対抗関係にはないことが明らかとなった。しかし、この見方はすべてを以前の通りに留めるものではない。というのも、それは古代倫理学の理論、および、古代のテクストに立ち返る現代の理論に対する二つの態度を、土台から切り崩すからである。一つは、古代の理論は端的に時代遅れであるという敵意のある態度である。それはすなわち、古代の理論は、現代の理論が取り扱う必要のある問題に対処するには不適切であるという態度である[*38]。私は、この態度が古代の倫理学理論に対する誤った理解に基づいていることを示し得たと思う。しかし、もう一つ、思うにこれと同等に有害な、浪漫的懐古趣味に属する態度がある。それは、もし私たちが私たちの持っている問題領域を取り去り、まったく異なる問題群へと立ち返ることができたらより素晴らしいだろうという感情であり、また、もし私たちが困難な特殊事例を忘れて、代わりに友情や善き生について語ることができるならば、倫理学はより優しく、より穏やかな場所になるだろうという感情である。大方の懐古趣味と同様に、これは見当違いである。

これら両方の態度は、古代の理論を私たちの問題への回答としては無効にしてしまう。それが時代遅れのものであろうと、勇気づけるものであろうと、これら古代の理論は私たちの射程の外にあり、私たちが現在持っている道徳の諸問題には適用できないものと見なされる。しかし、もし私が提案していることが正しければ、古代の倫理学はそれほど容易に片付けてしまうことはできない。対立する古代の理論のなかの一つが、競争相手である現代の理論と同じだけのチャンスを持っている可能性が開かれている。それは、道徳の理論として単に興味深い、あるいは、啓発的であるというだけでなく、真の道徳の理論であるというチャンスなのである。[*39]

（訳　納富信留・三浦太一）

本論文の初出は以下である。Julia Annas, "Ancient Ethics and Modern Morality," *Philosophical Perspective*, 6 (1992), pp. 119-36, Ridgeview Publishing Co.

第六章　注

＊1　私は、日常言語では「倫理学」（ethics）と「道徳」（morality）が互換可能な仕方で用いられていると理解している。ともかく、両者の間には単一の原則に基づく区別はないように思われる。道徳から区別される一方の呼び名として「倫理学」を用いることは、倫理学理論を議論する際になされるある種の前提の産物であり、私は「倫理学」という語をそれらの前提に一致する仕方で用いた。私はこの相違を確立する一般的な議論を一つも知らないし、それゆえ、この論文における私の論敵はいかなる単独の議論上の立場でもなく、古代哲学を議論する際に広くいきわたっている一群の前提なのである。もしかすると、私がここで批判している諸前提すべてに明示的に同意する者は誰もいないかもしれないのだが。

＊2　M. I. Finley, *The Legacy of Greece*, Oxford, Oxford University Press, 1981 所収の「哲学」の章、および、*Ethics and the Limits of Philosophy*, London, Fontana/Collins, 1985。ウィリアムズへの私の批判は、その著作における彼自身の立場にではなく、古代の倫理学についての彼の歴史的な主張にだけ向けられている。

＊3　バーナード・ウィリアムズは「セイザー講義」において、私たちが古代の倫理学を超えて成長しており、問われている問題に対してより成熟した応答を持っているという考えを、「進歩主義的」と呼んでいる。

＊4　むしろ、ギリシアの倫理学理論で重要なのは、初心者と倫理的に成長している人間との相違である。これは通常、技術における初心者と熟練者のモデルで見られている。すなわち、初心者は規則や模範に従うことに依拠しているが、熟練者は技術の原理を内在化しており、規則や模範にそれほど厳密に従う必要はない。（しかしながら、これが倫理的な推論の形式における初心者と熟練者の間の違いに当たるのかどうかは難しい問題であり、学派によって意見が異なるのも無理はない）。

＊5　「哲学」、二五一頁（注2）。

＊6　「沈黙させる」という比喩については、J. McDowell, 'The Role of *Eudaimonia* in Aristotle's Ethics'（A. Rorty（ed）, *Essays on Aristotle's Ethics*, Berkeley / Los Angeles / London, University of California Press 1980, pp. 359-376）を参照。

＊7　誤解を避けるために言えば、これが、私が道徳的理由の直感的な観念と考えるものである。相違を弱めるか、消し去ろうとするような理論に対して、私は理論的防御を与えてはいない。

＊8　キケロ『善と悪の究極について』第三巻四四-四五参照。

*9　ストア派にとって、徳とは非道徳的な利点（「善悪無記」のもの）を利用する時に行使される「テクネー」、あるいは技術である。ジョン・クーパーが私に強調してくれたように、道徳的価値の非道徳的価値に対する関係についてのこの考え方は、両者が対立しがちであると最初から前提する考え方とは著しく異なっている。それにもかかわらず、それは徳が、私が「特殊な熟慮的役割」と呼んだものを持つという考察と両立する。

*10　それは幸福のための必要条件である。というのも、それなしには、他の諸々の善もそれらの真の価値で評価されることは不可能であるから。しかし、それは十分条件ではない。というのも、外的善もまた必要だからである。拙稿 'Aristotle on Virtue and Happiness,' *University of Dayton Review*, Winter 1988-9, 7-22、および、拙著（注39）の関係する箇所を参照。そこで私は、この立場が本質的に不安定であると論じている。

*11　例えば、1105a31-2 参照。

*12　例えば、1116a11 参照。

*13　1115b11-3。これらの表現が登場することへのより詳細な説明は、アーウィンの優れた論文を見よ（T. Irwin, 'Aristotle's Conception of Morality,' in *Proceedings of Boston Area Ancient Philosophy Colloquium* vol. 1, 1985, pp. 115-143）。また、J. Owens, 'The *Kalon* in the Aristotelian Ethics,' in *Studies in Aristotle*, ed. D. O'Meara, Catholic University of America Press, 1981 も参照。

*14　『魂について』II. 154, 30-32 参照。

*15　1104b30-1105a1 参照。

*16　アーウィン（注13）, 125-126 頁参照。

*17　オーエンズと比較せよ。彼はアーウィンと同じくそれを「道徳的善の内的な義務的性格」と理解している。アーウィンはそれを、『弁論術』の記述を通じて、他者の善に本質的に結びついたものと説明している。

*18　より強いストア派の立場は、アリストテレスと似たことを含意しているが、逆は当てはまらない。アリストテレスが道徳的理由の本性を本当に認めていたかどうかという問いは、それゆえ、道徳的理由とそれ以外の理由の対照性をどれほど強くとるかという点に依存する。私は、私たちが直感的に強い見方を想定していると前提してきたが、その前提をここで擁護はしていない。

*19　『善と悪の究極について』第二巻44以下を見よ。エピクロスは、徳は快楽を生み出す手段としての道具的な価値しかもたない

と考えたと、しばしば解釈されている。私は、エピクロスが種々の制約から、徳が内的な価値を有すると認めるようになったと論じた（拙論 'Epicurus on Pleasure and Happiness', *Philosophical Topics* XV（1987), 5-21、および、拙著（注39）の関連箇所を見よ）。

*20 例えば、『改訂版オックスフォード訳アリストテレス全集』（ed. J. Barnes, Princeton, 1984）は、全面的に「徳」を「卓越性」に置き換えている。このことは、アリストテレスが「徳倫理学」にどんな貢献をしているかを見たいと興味を持つ読者が、この翻訳においてアリストテレスが「徳」についてなにも述べていないことを見出すという、奇妙な結果を生んでいる。J. O. Urmson, *Aristotle's Ethics*, Blackwells 1988, p. 26 以下は、明示的に「徳」よりも「卓越性」の訳が良いと支持しているが、その根拠は、アリストテレスが道徳的徳について「絶望的に誤った」主張をしてはおらず、人の性格の結果として、努力せず喜びをもって行為することに関心を持っているという点におかれている。

*21 『倫理学の方法』第三部第二章参照。

*22 注意すべきことに、ヒュームは、アリストテレスの諸徳が意志的なものに限定されないということを「確信するには、私たちはただアリストテレスの『倫理学』の章の題名だけをざっと見るだけでよい」と述べているが、ヒュームが実際の章を読んだ痕跡はほとんどない。実際、ヒュームは明らかに古代の文学や歴史や弁論に精通している一方で、彼の古代哲学についての把握はおどろくほど貧弱である。

*23 アリストテレスは例外であり、彼の諸徳一覧表はこれらを含んでいるが、より広範囲で、より雑然としている。アリストテレス倫理学に集中すると、これら四つの徳が古代世界においてどれほどまったく標準的であったかが曖昧になりがちである。アリストテレス倫理学の後世の諸形態ですらも、標準の型により従っている。

*24 この語は *θεωρήματα* である。この語はストア派によって数学の定理に用いられるが、しかし同時に、なにかの技や技術を構造づける原理にも用いられる（von Arnim, *Stoicorum Veterum Fragmenta* III, 214 の箇所を参照せよ。そこでは、*λόγος κατὰ τὰ θεωρήματα* は単なる習慣化から区別されている。また III, 278, 295 も参照）。ストア派にとって徳とは技であり、それゆえ、その「定理」は徳を構造づける原理であり、性状として勇気ある、正しい、またはそういった状態であると受け入れるべき規則や原理である。（行為者の道徳的な推論が演繹的か数学的な構造を持つという含意はない）。

＊25　ディオゲネス・ラエルティオス『ギリシア哲学者列伝』第七巻 90参照。また、アリオス・ディデュモスの並行箇所、ストバイオス『抜粋集』第二巻 62.15-63.5 におけるストア派倫理学の説明も参照。

＊26　『善と悪の究極について』第五巻二六-二八での、アンティオコスの倫理学説の記述。

＊27　アフロディシアスのアレクサンドロス『魂について』II.155 二四-二八参照。

＊28　マーサ・ヌスバウム（*The Fragility of Goodness*, Cambridge University Press 1986）に強い影響を受けている。

＊29　そして、無論私は、それが誤りか否かは少しも示してはいない。

＊30　『倫理学の研究』（第二版、Oxford University Press 1962, Essay VI, 217-218頁）参照。

＊31　私たちがアリストテレスのより「社会的な」徳について見出しがちな困難から見られるように、後者が確かにより蓋然的である。後代の諸学派がこれらの困難を共有していること、そして、これが彼らが別の道をとったか理由を説明することを、私たちは推定できる。

＊32　*Ethics and the Limits of Philosophy*, 第十章（注2）。

＊33　このことへの辛辣な意見については、R. Louden, ‘On Some Vices of Virtue Ethics,’ *American Philosophical Quarterly* 1984（R. Kruschwitz and R. Roberts, *The Virtues*, N.Y. Wadsworth 1987 に再掲）を見よ。

＊34　帰結主義の現代的形態の中には、道徳理論の動機づけの役割と、正当化の役割とを区別するこの制約を認めないものもある。私はこの展開が、しばしばそう考えられるほど成功するとは思わない。だが、そのことはここでは論じられない。

＊35　この問題は私の著作の関連する箇所で（注39）より十分に論じられている。また、‘The Good Life and the Good Lives of Others,’（*Social Philosophy and Policy* に収録予定）にもある。［この論文は、一九九二年に vol. 9, pp. 133-148 で公刊された：訳者注］

＊36　プラトンはソクラテスに「もっとも遠く離れたミュシア人」という表現を、遠く離れていて私たちに知られていない人についての慣用的表現として使わせている（『テアイテトス』209b）。おそらく紀元前一世紀頃の『テアイテトス』への無名の注釈家は——彼の著作はかなりの量のパピルス断片で現存している——ストア派の理論を議論する際に、倫理的文脈における例としてその表現を用いている（第五～六列）。

＊37　無名の注釈家（前注）参照。難破の例は実際、『注釈』の中では断片的であるが、現存している実質的な反論や、キケロ『義

務について』第三巻八九-九〇の並行箇所から、著者の見解は明瞭である。

＊38　この態度はしばしば、現代の道徳哲学が先例のない問題に直面しており、私たちがその問題を扱う方法は過去の伝統の恩恵を受けることがほとんど、あるいは、まったくない、という浪漫主義的な考えを伴う。

＊39　この論文はアリゾナ大学、コロンビア大学、オクラホマ大学、ブラウン大学、ジョンズ・ホプキンズ大学、ブリガム・ヤング大学、そして、プリンストン大学の政治思想セミナーで口頭発表された。私はそのそれぞれの機会で有益な論評を得たが、質問や問題提起で私が事柄を明らかにするのに大きな助けとなったにもかかわらず、もはや正確にその個々の助力を識別できない多くの方々にお詫びしたい。私はマイケル・スロートとジョナサン・キャンデルからの書面での論評に感謝する。これらの問題を反省する必要は、現在執筆中のギリシアの倫理学理論の知的構造についての本、すなわち、*The Morality of Happiness*, Oxford University Press から生じた。［その著書は、一九九五年に出版されている：訳者注］

第七章　功利主義と徳の人生

ロジャー・クリスプ

功利主義にとって最も深刻な問題の一つに、功利主義は自身を無用のものにしてしまうように思える、ということがある。たとえば、道徳的な行為者が、約束を守ることを、単に効用を増進するという目的のための手段ではなく、それ自体として価値があるものと見なすことはより善いことだろう。功利主義者はこれまで、正しさの規準、すなわち行為などを正しいものとする規準と意志決定手続きの規準を区別することで、この問題に応答する傾向にあった。[*1]その場合には、功利主義は道徳の規準のみにかかわる理論と考えられることになる。

本論文で私はまず、功利主義が実際に、意志決定手続きとしてはうまくいかないことを示す。そしてその後に、では功利主義はいったい何を代わりの意志決定手続きとして推奨するのかを考察していきたい。第一に、最も説得的な形式の功利主義について説明する（《1》節）。第二に、その功利主義の理論に対して、意志決定の状況から生じる問題（《2》節）、ならびに効用の本性それ自体から生じる問題（《3》節）を論じる。次に、功利主義的な根拠から非功利主義的意志決定手続きの採用を支持する、ヘア教授の論証を簡単に考察する（《4》節）。そして最後に、功利主義は徳のある生を推奨するということを提案することにしよう（《5》節）。

《**1**》

大まかに言って、功利主義は二つの方法で支持される。一つ目は、平等についてのあるもっともらしい考え方、すなわち、各個人の利益や選好はその強さに応じて平等な重みや強さを与えられるべきだという考え方に基づくものとして*2功利主義を示すことによってである。とはいえ、平等主義の魅力は諸個人を平等に扱うことの推奨にあり、彼らの利益を平等に扱うことにあるわけではない。功利主義は根本的に総計的な理論であるから、異なる人々を扱うときに生じるひどい不平等に対して、不平等それ自体を根拠として反論することができない。

そのため、功利主義者は、自説を下支えするために、たとえば、「上には上がある（good is good, but better carries it）*3」などと言って総計の概念それ自体に訴えなければならない。功利主義を正当化しようとするこの第二の試みは、価値についての一般的な原理から始められよう。

全体的な歴史的原理（*The Global Historical Principle*：GHP）：ある世界の二つの可能的歴史のうち、効用の全体量がより多い歴史の方が、より善い歴史である。*4

この原理は、世界の最善の可能的歴史とは、その中での効用の全体量が最大となる歴史である、を含意する。ここでの「可能」には、「論理的に可能」を意味するものと、「経験的に可能」を意味するものとがあるだろう。知性や美しさが効用に対して肯定的に働くという想定に立つなら、世界の非常に善い（最善ではないと私は思うが）論理的に可能な歴史には、あらゆる人がアインシュタインの知性とミシェル・ファイファーやメル・ギブソンの美しさをもつことが含まれるかもしれない。*5 しかしながら、全体的な歴史的原理が経験的に可能な歴史にかかわるものと解されるなら、世界の最善の可能的歴史とはその状況において可能であるような歴史のうちで最善のものであるだろう。いくつかの状況は他様ではありえないものであるため、世界の最善の可能的歴史とは、とにかくすべての人が自身の知性的な能力を最大まで発達させることを含む歴史かもしれない。それがたとえ、アインシュタインのレベルにはほど遠いものであるとしてもだ。以下では、経験的な可能性について論じていきたい。
世界の歴史もその部分部分は、その世界のうちに住まう諸個人の歴史から成っている。現実の人間になれなかった甚だしい数の潜在的な人々がおり、それを変えようのない所与の事実だと考えるなら、幸か不幸か現実の人となった私たち五〇億人が主役を演じているのが世界の最善の可能的歴史であるなどということは、およそありそうもないことだ。とはいえ、もちろん、これはどうしようもないことである。ただ、そうだとしても、何らかの指針は得られるだろうという見込から、全体的な歴史的原理に類似した原理を今のままの世界に適用してもよいかもしれない。
任意の個人の人生を評価する際の全体的な歴史的原理に類似した原理は以下のようなものになる。

伝記的原理（*The Biographical Principle*：BP）：ある個人の生の二つの可能的歴史のうち、効用の全体量がより多くなる仕方で生きられる歴史の方が、より善い歴史である。

この原理は、ある個人の生の最善の可能的歴史とは、効用を最大化する歴史であることを含意する。そのような生が、その生を送る個人にとっての最善の可能的生と同じものになることは、およそありそうもない。[*6] 伝記的原理は世界の歴史の中の価値を増やすために、あるいは、同じことだが、他の誰かのために、各個人自身の利益をある程度まで犠牲にすることを求めるだろう。さらに、そのような人生がそれ自体として、最も効用を生み出すような人生となるとも限らない。伝記的原理に従うなら、私は自分が生きるかもしれない最善の人生のなかで間違いなく、次のような場面に出会うだろう。それは、他の誰かがもっと効用を生み出すだろうという想定、あるいはそう想定するがゆえに私が他の生産的な活動に従事する自由を与えられるだろうという想定に基づいて、自ら一歩引き下がって、自分がしたかもしれないことを他の誰かにさせるような場面である。

私たちは誕生の時点で自分の人生を、フィリップ・ブリッカーが「人生の樹形図（life-tree）」（図1参照）と呼ぶものの形で想像することができる。[*7] 伝記的原理によるなら、私の最善の可能的未来を表すような、誕生から死に至る、詳細に描かれた一本の道筋が常に存在することになるだろう。自分の死に向かって時間軸をたどっていくなかで、私は何度も誤った方向に進んでしまうことだろう。これは他の人々も同じであって、彼らがなしうる行為は私に対して開かれている可能性に影響するだろう。誤った道に進んだ時点から、私に開かれた可能的歴史は、もはや私の誕生か

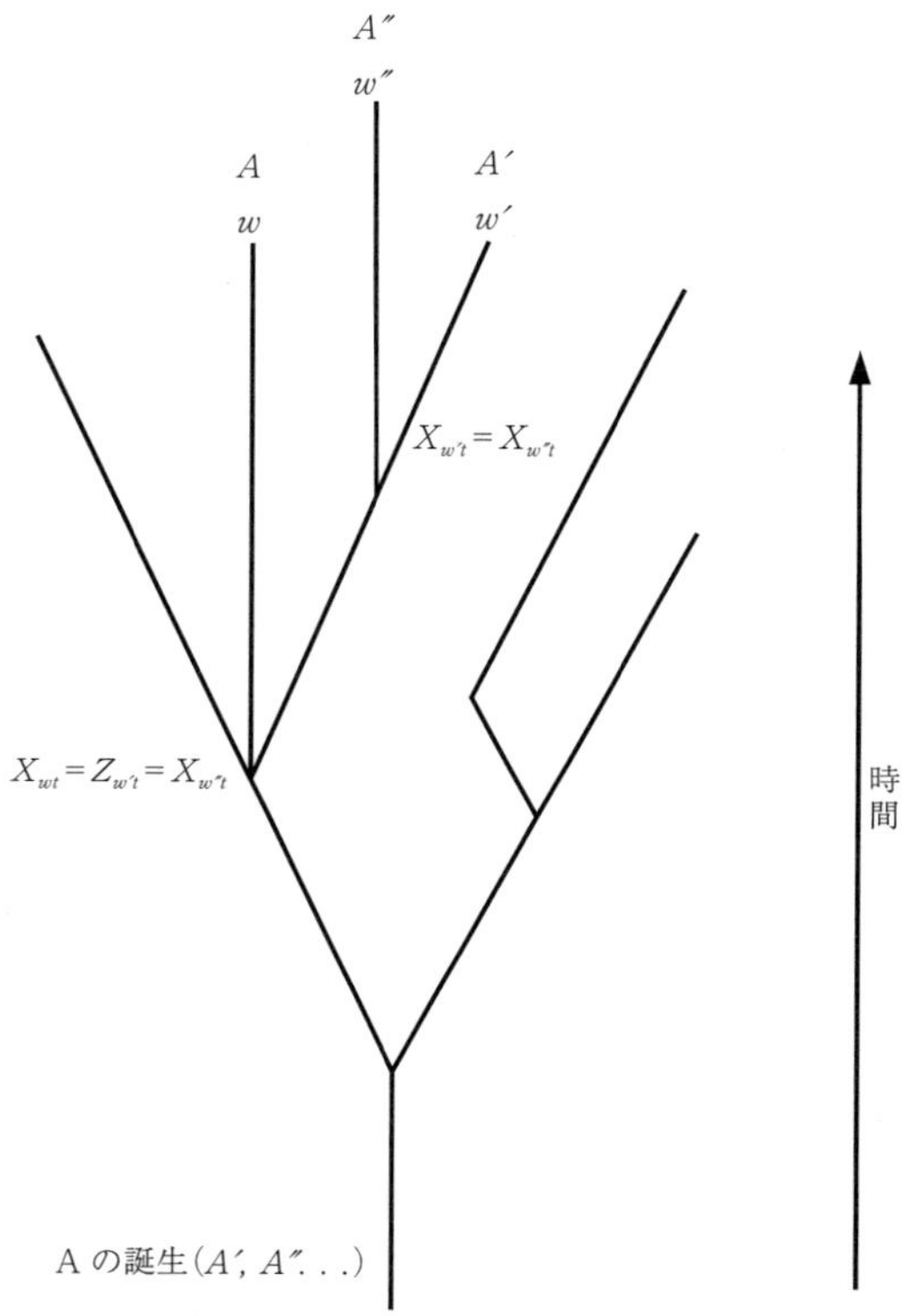

人物 A の人生の樹形図。樹のそれぞれの節は、選択肢となるような行為の集合である。樹のそれぞれの点は、世界の座標（一意である必要はない）と時間座標（一意）が与えられることで指定される（ここではタイムトラベルの可能性は無視する）。

図 1

らの最善の可能的歴史とは重ならない。たとえば、私の人生の最善の可能的歴史は一八歳から医学を学び、エイズの治療に従事するというものだったかもしれない。だが現実には、私は哲学を学び、哲学者になってしまった。しかしこのことは、私がすべてを投げ捨てて今から医学を学び始めるべきだということを意味するわけではない。私の機会は失われてしまっているのである。むしろ、訓練にかかるすべての時間と費用を考えれば、私の最善の可能的未来は哲学者であり続けることだろう。

ここまでは、価値について語ってきた。フィリッパ・フットが言うところの「より悪い事態の方を、より善い事態よりも選好することは決して正しいことではありえない、という非常に単純な考えかた」[*8]を導入するなら、功利主義者はここで伝記的原理に基づいて、道徳理論と理解しうるものに近い形の理論を提示することができる。

伝記的功利主義（*Biographical Utilitarianism*：BU）：すべての個人は、世界の歴史における効用の総量が可能な限り最大に近い形でもたらされる仕方で生きるべきである。[*9]

ここでの「べき」は、上で言ったように、慎慮（prudence）の「べき」ではない。ここで提示されているのは、ある人の生の道徳的価値を判断するときの規準である。私が送った生の結果として、世界の歴史における効用の量が、私が別様に生きたならば得られただろう効用の量よりも少ない場合、私の生はそうありえたものよりも道徳的により悪いものである。そして、経験的可能性に関して言うなら、私の生は目下のところ（また、過去においても）道徳的により善い生でありえただけでなく、道徳的に完全な生でもありえたであろう。もっとも、誰かがそのような生を送ったというのは、そうそうありそうもないことではあるけれども。

伝記的功利主義は他の形式の功利主義とどのようにかかわるだろうか。第一に、伝記的功利主義は平均型（A）の功利主義と対置される総量型（T）の功利主義である。[10] 平均型の全体的な歴史的原理においては、世界の最善の可能的歴史はその世界における効用の平均レベルが最大であるような歴史である。ヘンリー・シジウィックは、平均型と総量型の規範的な含意に違いが生じるのは、人口が固定されていない場合のみであることに気づいていた。[11] 平均型はデレク・パーフィットが単純追加のパラドックスと呼ぶものに陥る。[12] 平均型の全体的な歴史的原理によれば、アダムとイブがすばらしい生活を送っており、彼らの他に誰も存在しない世界の歴史は、アダムとイブが同じ生活を送り、かつ何億という他の人々が彼らにやや及ばないもののほぼ同じくらいすばらしい生活を送っている世界の歴史よりも善いことになるだろう。総量型の全体的な歴史的原理の魅力は、なぜ私たちがこの平均型の全体的な歴史的原理の含意を馬鹿げたものと見なすのかを説明できる、という点にある。〔しかし、〕総量型の方も同じようにパーフィットが「いとわしい結論」と呼ぶ深刻な問題に陥ると考えられるかもしれない。[13] この問題は《**3**》節で扱う。

伝記的功利主義は規則功利主義（RU）とはまったく違うものである。規則功利主義においては、ある行為が正しいのはその規則の一般的受容または普遍的受容が、代わりになるような他の規則の受容と同程度に多くの効用を生み出す規則に従っている場合である。[14] なぜ伝記的功利主義と規則功利主義が違うのかと言えば、規則功利主義が個人に求めうる生き方は、一般的または普遍的に受容されたならば、効用を最大化するだろう規則に従う生き方ではあるが、現実には当該の規則が一般的にも普遍的にも受容されていないので、それに従っても世界の歴史における全体の効用のレベルの低下につながってしまうからである。規則功利主義がもつ魅力は全体的な歴史的原理に基づくことから生じるものではまったくない。[15]

功利主義にはR・M・アダムズが「動機功利主義」（*Motivation Utilitarianism*：MU）と呼ぶ形態のものもある。この見解によれば、道徳的に完全な人は、最も有益な欲求を持ち、しかもそれをちょうど最も有益な強さで持つ。すなわち、彼または彼女は、人間に因果的に可能な動機づけのパターンのなかで最も有益なものを有するだろう。[16]

一見したところでは、伝記的功利主義は動機功利主義と整合的である。というのも、伝記的功利主義によれば、ある人がもつべき動機づけのパターンとは「最も有益なもの」、すなわち世界の歴史を可能な限り善くするものであるからである。[17]

アダムズの主張によれば、動機功利主義は行為功利主義（Act Utilitarianism : AU）とは整合しない。行為功利主義によれば、ある行為が正しいのは、その行為が効用を最大化する場合であり、かつその場合に限られる。もちろん、不整合は推移的なものではない。ｘがｙと整合的で、ｙとｚが不整合で、かつｘとｚが整合的であるということは真でありうる。そのため、伝記的功利主義は動機功利主義とも行為功利主義とも整合しうるだろう。しかし、アダムズの主張によれば、動機功利主義と行為功利主義の規範的含意は異なるものであり、その場合には伝記的功利主義は行為功利主義とは規範的に整合しえないだろう。

アダムズによれば、動機功利主義に従うなら、行為功利主義の基準で正しいとされる行為につながる動機づけのパターンを持つよりも、行為功利主義の基準では不正とされるような行為につながる動機づけのパターンを持つことの方がより好ましいことになる可能性もある。彼はこれをジャックの事例において描き出す。[18]ジャックは現在、シャルトル大聖堂、特にその聖歌隊席の仕切りに描かれた彫刻に心を奪われているとしよう。この彫刻は大聖堂のなかで彼がこれまでに見たものほどの学問的な価値をもたず、すぐにここを立ち去った方がジャックの全体としての福利（well-being）は増す（そうでなければ、彼は夕食を取り損ねた上、その他の様々な悲劇に見舞われるだろう）。ある意味では、ジャックは自分が立ち去ったほうがより善いことを知っている。だが、彼は効用を最大化することよりも、大聖堂のなかのあらゆるものを見てまわることの方により強い関心をもっている。彼のとどまるという行為は行為功利主義の基準によれば不正である、とアダムズは論じる。しかし、動機功利主義によれば、そのような動機づけをもつことは、それをもたないよりも、全体として彼にとってより善いことである。というのも、そうでなければ、実際にそうしたように彼がシャルトル訪問を楽しむということもなかったであろうからだ。

　アダムズはここで、行為功利主義に対してよく挙げられる深刻な問題に対して、注意を喚起している。もし、ジャックが聖歌隊席の仕切りを見ていることは不正である、と行為功利主義論者が主張するなら、彼らはジャックが仕切りを見ているべきではなかったとも信じている、と私たちは想定できるように思われる。アダムズが言うように、ジャックは望むなら聖歌隊席の仕切りの前から立ち去ることができた（ここでは、彼がそれを望んだなら、そして彼が立ち去ったなら、このことは彼が立ち去る前にそのような大きな楽しみを得ることに導いた動機づけを持っていたことと不整合をきたすだろう、と仮定しなければならない）[19]。そうすると、私たちはまた、次のようにも想定できるだろう。すなわち、ジャックが聖歌隊席の仕切りをじっくり見る前に大聖堂を去りたいと欲しようとするなら、それはより善いことである、と行為功利主義論者は考えている。ジャックがなす行為のなかで唯一異なっている点は、彼が早々に立ち去ることだけであると私たちが想像する場合に、この想定は特にあてはまるように思われる。しかし、アダムズも示しているように、ひとたび、人間の動機づけの心理上の特定の事実を考慮にいれるなら、行為功利主義論者のこの信念は根拠を欠いたものであるように思われるのだ。というのも、ジャックが〔行為功利主義の規準で〕有益な行為をほとんどしない生活を送る場合の方が、彼の生は全体としてより多くの効用を示す、あるいは生み出すだろうからである。

　行為功利主義論者はしばしば、規則功利主義論者を「規則崇拝」として批判してきた。つまり、規則功利主義ではたとえ規則の信奉がそのような信奉をしないことよりも全体としてより悪いとしても、規則の信奉が要求されるというのである[20]。しかし、私たちは逆に行為功利主義論者を「行為崇拝」と批判できるかもしれない。たとえば、行為功利主義はジャックに大聖堂を去ることなどの特定の行為をなすよう要求するが、この行為をなすことは彼の人生が示す、もしくは生み出す効用が全体としてより少なくなることにつながってしまう。

とはいえ、伝記的功利主義を行為に適用することで、もっと説得的な形の行為功利主義を展開することもできる。そこでは、功利主義によって人がなすよう要求される行為とは、あらゆる時点で人に開かれた最善の可能的未来においてなされるであろうものである。最も説得的な形態の動機功利主義は、実際、これと類比的なものである。動機功利主義にとって効用とは、そのすべてが動機に存するべきものでも、あるいは動機を通じてそのすべてが生み出されるべきものでもない。動機の有益性は動機それ自体を所持した結果の観点のみから評価されるべきではないのだ。というのも、第一に、ある動機を得ることは、効用の観点から見て全体的にコストがかかるものであるかもしれない。第二に、それ自体としてはより有益だが、ある種の信念とは共存できない動機を所持することで生み出される効用よりも、それ自体としてはやや有益さに劣る動機を所持することが、何らかの信念などの別のものと結びつくことで、全体としてより多くの効用を生み出すかもしれないからである。[*21]

アダムズが言うように、「私はよく生きてきたか」という問いには計り知れないほどの道徳的な利益がある。[*22] そして伝記的功利主義に従うなら、よく生きることには、全体としての効用を最大化するような行為をなすこと、そのような動機を持つこと、そのような規則に従うこと、そのような性格や特性を所持することが含まれるだろう。功利主義のさまざまな定式化のなかでも、伝記的功利主義はピーター・レイルトンが価値づけ的功利主義（Valoric utilitarianism）と呼ぶものに最も近いものとなる。

価値づけ的功利主義は、どんな種類の行為、動機、制度にも道徳的な内在的価値は存在しない、道徳的な観点から見てそれがどんな価値を持っているかはその福利への影響を計測することに最終的に依存する、という功利主義的な指針となる考えから出発する。[*23]

しかしながら、レイルトンは功利主義の規準にしたがって直接に正しさの概念を説明することには気が進まないようだ。

行為者が彼に可能な行為のうち、道徳的観点から見てどの行為が最も高く価値づけられるかを知ろうと欲するなら、彼は一つの答えを得る。もし彼がどの行為が正しいか、あるいは不正かを知ろうと欲するなら、彼はまた別の答えを得る。[*24]

このようにレイルトンが考える理由の一部には、彼が次のように信じているということがある。すなわち、義務論的功利主義者は正しさについて語るわりに、彼・彼女がするその正しさの説明は、非難に値すること、責務、理に適った期待などについての普通の考え方とおよそ調和しないのだから、彼らは話をはぐらかしている恐れがある。[*25]レイルトンは、ここで正しさの概念（*concept*）と正しさのとらえ方（*conception*）の区別を見過ごしてしまっている。[*26]確かに、義務論的功利主義と常識的モラリストは正しさについて同じ概念を用い、しかもそのとらえ方は根本的に異なる。しかしながら、義務論的功利主義による正しさのとらえ方が日常的な用法と調和しないからといって、そのとらえ方では結局、話をはぐらかすことになる、ということにはならない。そのため、伝記的功利主義論者は功利主義的な規準にしたがって直接に正しさを説明することをためらわないだろう。

伝記的功利主義は私に自らの生をどのように送るべきかを語る。とはいえ、伝記的功利主義は私に開かれている様々な行為について、どのように実践的に推論すべきかを語ってはくれない。伝記的功利主義が実践的合理性に影響することは明らかだ、と考える人もいるかもしれない。たとえば以下のようにである。

> **主観的伝記的功利主義**（*Subjective Biographical Utilitarianism* : SBU）：ある人が行為する場合は常に、彼または彼女は伝記的功利主義に照らして自分に開かれている様々な行為を意識的に評価し、効用を最大化するような行為を選択すべきである。[*27]

しかし、このことは正しさの基準と意志決定手続きの間の今ではよく知られた区別を無視している。[*28] 伝記的功利主義の最も善い理解とは、それが正しさの基準に関する理論であるとすることである。行為者がどのように決定を下すのかは、それ自体として彼または彼女の人生の一部なのであり、だからこそ、伝記的功利主義の基準によって評価されるべきということになる。意志決定の際に絶えず伝記的功利主義を参照し、しかもそれ以外を参照しないなどということは伝記的功利主義それ自体によっては正当化されない。すでにこのことの一例を、私たちはジャックの事例で見た通りである。教会建築の美的感覚に関する、伝記的功利主義以外の動機づけによって、ジャックが伝記的功利主義を頭の隅に押し込めてしまうならば、彼の生は伝記的功利主義に照らしてよりよく運ぶことだろう。

しかし、この人間の心理についての事実を無視すること以外にも、主観的な伝記的功利主義が自己論駁的であることを示すものがある。[*29] ジェームズ・グリフィンが示した、私たちには「時間、事実、同胞感情[*30]」が足りない、ということについて考えてみよう。

普通、多くの行為は、それ自体が行為であるような構成要素へと分解できる。たとえば、ジャックが彫刻を見ているとき、彼は（1）彫刻Aを見ている、（2）彫刻Bを見ている、（3）頭を上下に動かしている、などである。では、想像しうる限りのあらゆる行為に先だって、ジャックは自分に開かれた選択肢を伝記的功利主義の基準によって評価すべきである、と私たちは結論すべきだろうか。もしそうなら、ジャックがフランスにたどり着くことは決してなかっただろうし、そもそも彼は正気を保ってもいられなかっただろう。伝記的功利主義は少なくとも、何らかの他の技術的な原理によって自分たちの考え方を統制することを認めるのでなければならない。それは、たとえその原理が必ずしも決定の時点で常にはっきりと示されるものではなかったとしてもだ。たとえば、行為の個別化にかかわる原理や、意志決定を始めるときと終えるときにかかわる原理などに、伝記的功利主義は私たちの思考の統制を許すのでなければならない。

伝記的功利主義はまた、伝記的功利主義の基準を直接に参照せずになしうる二次的な意志決定の余地を残しておかねばならない。もしジャックの車が壊れたならば、彼は伝記的功利主義に照らして、それを修理すべきだと決定するだろう。しかし、そうすると彼はラジエーターの穴をふさぐにあたって、卵を詰めるか、テープを貼るか、その両方かという選択肢に直面することになってしまう。このとき彼が顧慮すべきは伝記的功利主義ではなく、むしろ車のエンジンについての知識である。

加えて、特定の状況で自発的に行為する極めて具体的な気質を有することは、伝記的功利主義にのべつ幕なしに相談するよりも善い結果につながることだろう。伝記的功利主義は、私が特徴付けたように、非常に一般的な道徳原理である。伝記的功利主義が実践的な推論のなかで何かを決める際の唯一の道具であるなら、意志決定手続きは実際、大変面倒なものとなるだろう。私が念頭においている例として、たとえば子どもを危険な機械類から遠ざけておく気質があるだろう。伝記的功利主義にいちいち伺いをたてることは、かえって子どもが深刻な怪我を負わないよう親が自然と守ろうとすることの差し障りとなるだろう。

どんな親だって、子どもを抱えているならこの種の気質は不可欠のものだと言うことだろう。似たような気質は無数にあり、そのいくらかは自己に関わるものである。たとえば、車をよく確認せずに自転車で道路に飛び出さない、などだ。[31]ここでは、実践的推論を行う者はそのような気質を完全に欠き、かつ正気であり続けることが可能なのか、という問題が再び持ち上がっている。ただし重要なことは、伝記的功利主義それ自体がそのような気質を好むということである。人生に足りないのは時間だけではない。情報もだ。危険な機械類から子どもを遠ざけておくべきだという考えが、たとえばこの場合には、明示的にではないけれど、安全にかかわる差し止め、禁止、助言のネットワーク全体の一部として、ある世代から次の世代へと受け継がれている。これとまったく同じように、時代を通じて蒸留されてきたその他の多くの知識を、道徳や慎慮の気質を形成する仕方で私たちは学ぶのである。この知識はすでにテストされたものである。未来、ならびに他者にとって最善となるであろうものに関して私たち自身がするような予想はそこまでうまく時間の試練を耐えられないだろう。最善のものを理解する私たちの能力については本稿の最終節で再び論じるつもりである。

　これまでのところ、私は時間と事実の不足について考察してきた。同胞感情について言えば、意志決定手続きを支配するような公平な最大化原理を容認する主観的な伝記的功利主義のような理論への反論はおそらく次のようなものになろう。すなわち、最大化原理の適用は、特に他には何も教わらなかった行為者によってそれが用いられる場合には、結局のところ、彼らの好みか、彼らが不当にひいきする誰かの好みによる「帳簿のごまかし」に帰着するだろう。この場合、ほとんどいつだって、効用は結局、最大化されないだろう。囚人のジレンマの場合には、そのような操作の結果、各人が協調するよう傾向づけられていた場合よりも、関係者たちの状態がより悪いものとなる、ということもありうる。帳簿のごまかしに加えて、個人が他者への公平な関心によって動機づけられることなど滅多になさそうなので、彼または彼女の気質が別様であった場合に、おそらくは私たち自身が持っている気質により近い気質であった場合に、そうした気質が生み出すよりも少ない全体の善しか生み出されることはないだろう。

主観的な伝記的功利主義論者は、主観的な伝記的功利主義に従う行為者が自分自身や自分に近しいものに対するバイアスを示しがちであると認めるかもしれない。しかし、主観的な伝記的功利主義論者はまた、そうだとしても主観的な伝記的功利主義こそがやはり効用を最大化する最善の機会を与えるものだ、と論じるかもしれない。というのも、罪悪感や恥、良心の呵責、咎めのような内的なものであれ、非難、刑罰、不名誉のような外的なものであれ、常識道徳に適用されるサンクションが伝記的功利主義からの逸脱に対しても用いられうるためである。これはもちろん経験的な問題である。とはいえ、ここでの主観的な伝記的功利主義論者の主張は馬鹿げたものとは思われない。

しかしながら、他者に公平に利益を与えようとする人間の動機づけに照らして考えるなら、主観的な伝記的功利主義はやや説得力を失うように見える。もし緊密な個人的関係が妨げられるならば、その妨害の方法と結果はどのようなものか、というさらなる政治的な問いだけでなく、主観的な伝記的功利主義に従う行為者は正気でありえるのかという問題に再度、私たちは直面することになる。さらに忘れてはならないのは、これらの緊密な個人的関係それ自体が人生の価値あるものの大部分を占めているということである（ジャックの建物への熱狂のように）。思うに、たとえ個人的な愛着をもたない主観的な伝記的功利主義に従う正気の行為者が想像できるとしても、その行為者はやはり人間なのであり、それゆえになお極めて広範に自己に関心を持っている。自分にかかわる動機づけの除去、そして可能であるなら、自己利益に基づく動機づけの除去によって生じた間隙が他者利益に基づく動機づけによって埋められるだろうと考えるべき理由などない。[*32] 利他主義ではなく無気力が、主観的な伝記的功利主義に従う行為者の主要な特徴となるだろう。

《3》

前節で私は時間、事実、同胞感情の不足がどのようにして実践的合理性についての主観的な伝記的功利主義の説明を修正するよう迫るかを素描した。この節では、効用や福利それ自体の二つの特徴がいかにしてそのような修正を正当化するかを示していきたい。

第一の特徴は、価値をもつ多くのものにそなわる全体的本性である。ここで私たちが福利をいかに理解し、また私たちの道徳的思考の中でどのようにそれを評価するかについて、グリフィンの研究からとった二つの説明を導入したい[*33]。一つは、合計的なとらえ方（*totting-up conception*）である。それによれば、私たちは福利を、たくさんの短期的な経験、満足などの観点から理解すべきである。

これと対置されるのが全体的な見方（*global view*）であり、そこでは価値はより長期的な仕方で捉えられるべきだと提案される。私の見るところ、グリフィン同様、慎慮の価値の本性を理解しようとするときには、快楽を別にすれば（この場合でも、人生全体の中での快楽の役割は考慮されねばならない）、私たちは合計的な考え方を拒絶すべきである。最も重要な価値は、全体的に理解されねばならない。たとえば、達成の価値をとりあげよう。エミール・ゾラの達成したことを理解しようと願うなら、私たちは彼の人生全体、あるいは少なくとも極めて長い期間を考慮する必要がある。もし私たちが持っているのが、彼についてのやたら詳細な伝記だけだとすれば、たとえば一八六六年の一月一一日の午前中、ゾラは机に向かって『居酒屋』の第二稿を執筆していた、午後にはセザンヌへの手紙を書いてから『マルセイユの秘密』を書き殴った、などのことしか知らないとすれば、私たちには彼の人生の重要さはわからないだろう。

効用の最大化を常に目指す主観的な伝記的功利主義に従って生きようとする試みは、いつでも結局は失敗に終わるだろう。主観的な伝記的功利主義はいつでも、私が検討している各行為を評価してくれる。しかし、その行為の先を思い描いていくことを正当化してはくれない。というのも、私が次に行う一連の行為もいちいち同様の仕方で評価されるだろうからだ。だから、私が自分の最大化しようとしているものとは何であるのかを完全に把握することは決してないだろう。この失敗は、ジャックの例のように、単に人間心理の本性から生じたわけではなく、むしろ価値それ自体の本性から生じたものである。ここに、伝記的功利主義が毎日の意志決定において公平な最大化を要求することはないだろうと考えられるさらなる理由があるのである。

さて、価値についての第二の重要な特徴付けに移ろう。そして主観的な伝記的功利主義によって推奨される実践的推論の様態と結びつけた場合に、福利の本性は私が不幸な結論（*the unhappy conclusion*）と呼ぶものへとつながると示すことをもって、主観的な伝記的功利主義批判の結論としたい。

デレク・パーフィットによって、功利主義が陥ると思われる「いとわしい結論」は脚光を浴びてきた。その一つの形態は以下のものである。

いとわしい結論（*Repugnant Conclusion*）：きわめて高い質の生を送っているたとえば百億人のいかなる人々の存在についても、もし他のことが等しいならば、たとえ成員たちがほとんど生きるに値しない生を送っているとしても、その存在が〔百億人の存在よりも〕より善いことであるような何らかのはるかに多数の人々が想像できるはずである[*34]。

いとわしい結論を避ける一つの方法は、価値には断絶（*discontinuity*）があると論じることである。すなわち、これ以上は量によって置き換えられないような質の点がどこかにあるということである。人口の価値の評価についてのC・I・ルイスの手法を応用するなら、つまり、あらゆる人口の各成員の人生を順番に送ることを想像するなら、私たちは「もっともらしく」次のように主張できるかもしれない。生きる価値がわずかしかない生をどれだけの量で集めたとしても、数に限りがあっても高等な（必ずしも最高でなくてもよい）質をもった人生と釣り合うことはない。[*35]

では仮に、価値の断絶がいとわしい結論を避ける方法を与え、しかもそれは受け入れることができるものであり、もっともなものである、と想定してみよう。主観的な伝記的功利主義論者は、この断絶と期待効用の最大化という考え方が結びついたときに深刻な問題が生じることは避けられないと気づくだろう。この問題は私が不幸な結論と呼ぶ形式で述べることができる。

不幸な結論：私は日曜の午後にはゆっくりドライブなどせず、山奥の人里離れた小屋に行って過ごすべきだ。

この結論は以下の仕方で導き出される。私が主観的な伝記的功利主義者で、日曜の午後にゆっくりドライブをするかどうかを考えていると想像してみよう。私の人生にはいくらかの具体的な時間が残されているが、このような余暇活動から得られる快のいかなる量をもってしても、私の人生の残りの部分よりも、価値があるということはありえない、と私は判断するとしよう。期待効用の合理的かつ直接的な最大化を行う者として、私は自分が交通事故で死んでしまう蓋然性をそれがどれだけ小さいとわかっていても考慮に入れなければならない。もし私が死の可能性を一〇〇万分の一と見積もるなら、私の推論は次のように表される。

$$q \times 0.999999 < r \times 0.000001$$

qがドライブによって私の人生に加えられる価値であり、rが全体としての私の人生に残された価値である。ここで重要なことは、不等号の向きは右辺がゼロになるまで同じであるということである。言い換えれば、たとえ私の死の可能性が一〇〇億分の一だとしても、私はドライブに行くべきではないのである。

では、私は家にいるべきだろうか。私はあまり午後の時間を楽しめないだろうが、少なくともテレビでサッカー観戦をし、死のリスクを減らすことができる。しかし、私はそのリスクを完全に消し去ることはできないだろう。我が家は交通量が非常に多い大通りに面しており、常にリビングにトラックが突っ込んでくる可能性があるからだ。もしここでの死の可能性を一〇〇〇万分の一と見積もるなら、私の推論は次のように表されるだろう。

$$s \times 0.9999999 < r \times 0.0000001$$

sはサッカーを観戦することで私の人生に加えられる価値である。ここでも、私は家にいるべきではないように思われる。

しかし、偶然にも私は道路から何マイルも離れた山奥に小屋を持っている。おそらく、（なんらかの非常に安全な移動手段を用いて）私はそこに行くべきだろう。テレビでサッカーを見るよりは劣るだろうが、私は鳥を眺めて楽しむことができ、それは私の人生に何かを付け足してくれるだろう。また、私の小屋の上に飛行機が落ちてくることもあるかもしれないが、私が死ぬリスクは相当減ることだろう。もし私がここでの死の可能性を一億分の一と見積もるなら、私の推論は以下のように表される。

$$t \times 0.99999999 < r \times 0.00000001$$

tはもちろん、鳥を眺めることによって私の人生に加えられる価値である。

期待効用の最大化に基づいた推論の結論が、私はｒを得る可能性を最大化しなければならないというものになることは今や明らかだろう。そしてこれが意味することは、小屋に行くことこそが私の合理的な選択肢だということである。なぜなら、そこでは私が生き残る見込みが最も大きいからである（$r\times0.99999<r\times0.999999<r\times0.9999999$）。これはもちろん受け入れられるものではない。主観的な伝記的功利主義を絶えず適用することは、私に開かれた最も安全な選択肢をどんなときでも神経症的に選択することにつながるだろう。

不幸な結論を避ける方法は、言うまでもなく、それが基づいている功利主義的な推論形式を拒否することである。私たちは最善の人生の基準としての効用の最大化を維持しつつ、次のように述べることができる。すなわち、一方にいとわしい結論、もう一方に価値の断絶を所与とした不幸な結論、というジレンマを避けようとするなら、あらゆる場面で効用を意識的に最大化しようなどと試みてはならない。

《**4**》

さて、以下では、主観的な伝記的功利主義を拒否する側に立って提案される別の議論を検討したい。この議論は、その内容において明示的には功利主義的でないような道徳的思考のレベルを許容するようなアプローチに棹さすものである。

R・M・ヘアは、二つのレベルによる見方（two-level view）が、功利主義と常識的な直観の調停を可能にすると主張した[*36]。彼の考えでは、この見方は彼自身の功利主義的立場を支持する。それはそうした常識的な直観の内容が何らかのそれ自体として証拠となるような力を有しているからではなく、直観は言語的な仮説を照らしあわせてチェックできるデータとして役立つからである。ヘアは、道徳的概念の性質によって、選好充足は公平に最大化されるべきであるという一階の道徳理論へと私たちは導かれるのだと主張することで、自身の功利主義を道徳の言語の論理に基礎づけた。[37] 功利主義がその内容においてただちに功利主義的ではないような日常の道徳的思考のレベルを正当化する場合、「この説は、道徳の言葉が、特に直観的レベルでは、きわめて安定的な記述的意味を伴って使用されると予測する」[38]。そしてヘアは次のように主張する。

> 功利主義は直観に反する指令を生み出すという反論を退けることで、そういった概観を擁護することも確かに私の二層理論の目的の一つであった。しかし目的はもう一つあって、それは次のことを示すことで、道徳的概念の本性に関する私の理論に対する反論を退けることにあった。すなわち、私が示そうとしたことは、もし道徳的な思考が二つ以上のレベルで行われるのであれば、私と敵対する見解が直観的なレベルについて（あるいは直観的なレベルで）のみ考えている人に対してもつとされる魅力と説得力は、道徳的思考の全体像を得ることで消えてなくなるということであった。[39]

しかし、ヘアの二層理論は、最も一般的な形式での反論、すなわち直観に反する指令に向けられた反論に対処しきれていない。というのも、そのような反論を展開する論者はたいてい、功利主義によって不整合だと言い立てられている直観の内容はそれ自体として重みを持ち、その重みは二層功利主義から得られる一切の支持から独立であると想定するからである。功利主義を支持するヘアの言語による論証はこの想定が誤りであることを示さねばならない。

では、言語に基づく功利主義者は、次のことを根拠として二つのレベルによる見方を採用することができるだろうか。すなわち、二つのレベルによる見方は、道徳的思考の直観レベルにおける記述主義〔的な言語の使用〕を予測するものなのであって、そう考えることでもともとの言語的説明が支持できる、という根拠である。

できるはずがない。というのも、そのような二つのレベルによる見方は、極めてアドホックなものであろうから、

〔言語使用とは〕独立に動機づけられない限り、もともとの言語的説明への支持など得られないからである。むしろ、もっとまっとうな道筋は、実際にヘア自身が別の場所でとっているもので、（a）功利主義を言語的なテーゼに基づいて採用する、（b）私が前節で述べた種類の考察に二つのレベルによる見方を基礎づけて展開する、という線であろう。そうすることで、言語的説明が行う予測を常識のデータに照らしてチェックする、という仕方でもともとの言語的説明を支持するという立場をとることができる。二つのレベルによる見方は、言語的に基礎づけられた功利主義を支持する助けになりうるが、二つのレベルによる見方それ自体を採用する理由にはなりえない。

「反省的均衡（reflective equilibrium）」に依拠すると言われるような功利主義にも同じことが当てはまる。[*40] ここでは、低いレベルでの直観はまずもってそれ自体の観点から重み付けを与えられ、高いレベルの理論が直観と不整合な場合には、その直観は直接的に理論に反論できるものとみなされる。しかし、功利主義者は間接的な説明を、これらの直観と高次の原理の不協和音を減らすために採用できるわけではない。言語に基づく功利主義の場合と同様に、直観はその功利主義理論の助けとなるよう用いられうる、あるいは少なくとも功利主義に反しない形で用いられうるというのなら、そのような用い方をする以前に、間接性を支持するような独立した理由を功利主義は用意しなければならない。私自身はこれまでそのような独立した理由をいくつも提示してきたので、功利主義の助けとなりうるような二つのレベルによる見方を受け入れる用意がある。しかし、そのことはそれ自体としては二つのレベルによる見方を採用する十分な理由であるわけではない。

ヘンリー・シジウィックのような直観主義的な功利主義者は、二つのレベルによる説明から根本的な援助を得ることはできない。[*41] そのような理論は言語的な直観に基づくものではないため、日々の言語的実践は無関係である。そして、低いレベルでの直観の内容に何らかの規範的重み付けをも与えないので、功利主義が彼らの直観と衝突するということは、そのような直観主義的な理論にとっての難点ではない。だが、その場合には、なぜ他でもない功利主義を支持する信念を選択するべきであるのか、という問題が残り続ける。つまり、単に低いレベルでの直観は功利原理によって正当化される必要があるとするだけでは、論点先取となるだろう。

《5》

かくして、《2》節で導入した問題はいまだ残されたままである。すなわち、伝記的功利主義によるならば、私たちは自分の人生をいかに生きるべきなのか、という問いである。私の提案は、正しさの規準についての理論として伝記的功利主義は以下のように生きることを推奨する、というものである。

徳の功利主義（*Utilitarianism of the Virtues* : UV）：伝記的功利主義の規準を参照するのは特定の特別な機会に限定する形で、行為者は有徳に生きるべきである。

功利主義と徳は根本的に相反するものである、と考えられることがしばしばある。[*42] しかし、実際には、功利主義と徳についての特定の理論が対立するに過ぎない。ひとたび正しさの規準と意志決定手続きの区別を明確にしたならば、一見して、伝記的功利主義の規準を最も充たすような生として、伝記的功利主義が徳のある生を推奨するはずはないなどと考える理由はない。[*43] 伝記的功利主義と徳の功利主義は不整合ではない。伝記的功利主義は生き方——行為の仕方、感じ方、気質の有し方等々——を正しい、あるいは不正なものにするものについての客観的理論であり、徳の功利主義は効用を最大化するものについての主観的理論である。徳の功利主義が関わっているのは、意志決定の手続きに存する人生の本質的な部分であり、このとき徳の功利主義は、「意志決定の手続き」というフレーズを広くとって、それに人の道徳的性格を含みこませて用いるのである。言い換えれば、客観的に正しい生き方というものは必ずしも期待効用を最大化するとは限らないし、またそれは、有徳に生きることの本質的部分であるとも限らない。伝記的功利主義は徳の功利主義を、効用の最大化という目的のための最も期待できる手段として推奨するのである。正しい生き方が有徳に生きることだとわかったとして、その生き方が正しいのはそれが効用を最大化する場合のみである。徳の価値は福利の価値から派生するものなのである。

徳の功利主義を支持する考えのなかでも、次のことは疑いようもない。すなわち、私たちの多くにとって、徳についてのとらえ方や徳それ自体はすでに確立されたものである。私たちの実践的推論を根本的に修正しようとすることは、危険であり、また成功もしないだろう。だから、そのような修正は〔功利主義によっても〕要求されないのである。

徳の功利主義が功利主義的な実践的推論の最も善い説明であることには別の理由もある。まず、徳は明らかに、人間の福利と緊密な関係をもっている。徳の功利主義論者は、それぞれの真正の道徳的徳の事例について、それらの徳がもつであろう何らかの価値の源泉に、慎慮にかかわるとある「核」を位置づけることができるはずだ、と論じるだろう。有徳な行為者やその他の人に価値が与えられるときに、この核が見いだされることだろう。

たとえば、慎慮の徳をとりあげるなら、その価値の多くは慎慮ある人の生に対して慎慮がもたらす結果に存しているだろう。とはいえ、この場合でも、行為者だけでなくその周りの人も一定の利益を得られそうである〔慎慮ある人はたとえば支えるべき家族を持つかもしれない〕。しかしながら、気前の良さ（generosity）を考えるなら、話はやや変わってくる。良好で緊密な個人的関係の日常の一幕に見られるような気前のよさは普通、与えるものと受け取るものの双方にとって有益なものである。その関係はそれ自体として当事者双方に利益を与え、受け渡された財は、たとえ当事者らが等しく利益を得たとしても、それが贈り物となったことを通じて追加的な価値を得るだろう。[*44] しかし、公平な善意とでも言われうるような、自分と比較的離れたところにいる人に対する気前のよさは、与える側がコストを払うことによって受け取る側が利益を受け取ることになりがちである。とはいえ、ときには快すら覚えながら、進んで他人にものを与えるような人に、人間は決して育ちえないなどと考える理由はない。またそのような人に育つことがありえないとすれば、目下の種類の理論は「「べし」は「できる」を含意する」の原理を尊重するものであるのだから、そのようなことが要求されることもない。〔もちろん〕慎慮や気前の良さについてのこのような主張は不完全きわまりないものである。ただ、私の目的は徳の功利主義論者が促すだろう方向性の概略を示すことである。正義の功利主義的な捉え方についてはすでに一定の研究がなされてきた。[*45] しかし、徳を構成すると考えられる他の性格と同様に、正義についても依然としてなされるべき研究はまだまだある。そうした性格の分析はその性格が保持するに値する本当の徳として生き残るのか、何らかの修正が必要なのか、などのことをわずかばかりでも理解することへとつながっていくだろう。あるいは、およそ徳と言われるもののほとんどが人間の福利を増進させると言われるとしても、より効果のある実践的選択肢があるかどうかという問題は残っている。

また、前もって解決されるべき重要な論点の一つとして、評価的意味は〔記述的意味よりも〕優位的かそうでないかというものがある。[*46] ある人が徳もしくは有徳な行為を悪いとか不正だと記述しようとする用意をもたないなら、その人はその徳がもっている評価的意味を優位的なものとしているのかもしれない。そうすると、たとえば、ある行為は不適切かつ正しいとか、適切かつ不正である、などのことはありえないことになるだろう。あるいはそうではなく、そのような記述をしようとする用意をもった上で、場面に応じて評価的意味を変える人もいるかもしれない。私はどちらかと言えば、後者をとる傾向にある。[*47] 徳が本当の徳であるかどうかは、その徳が伝記的功利主義の規準を充たすかどうかにかかっており、同じことが個々の有徳な行為の正しさにも言える。

また、私たちが扱いたいのは一般化されたものである。保安官が無実の人に濡れ衣を着せることで破壊的な暴動を防ぐ、という有名な事例が示していることは、正義の徳でさえ、常に客観的に正しい行為につながるわけではない、ということである。[*48] 正義を本当の徳と呼ぶことの要諦は、それが一般的に効用の最大化につながるからであり、またそのためにそれを気質として教え込むことは伝記的功利主義によって推奨されるのである。西部のすべての保安官がやすやすと正義の規約を破りえるように育てられていたらいったいどんな帰結が得られただろうかと考えるならば、そもそもの事例が例外的なものであることがわかる。

同様のことが、徳と見なされないものについても当てはまることは、きわめて明らかである。女性が従順であることが効用の最大化を生み出すような例外的な場合はあるかもしれないが、その結果は一般的にはすべてを考慮した際に有害なものとなるだろう。そのため、女性が従順であることは伝記的功利主義によっては徳と見なされないだろう。

世界を理解することは難しく、未来を予測することは困難である。正義の極限事例や女性が従順であることには、解決が困難な事例もあるだろう。たとえば、私たちの多くは自分の身内の人々への顧慮を有徳とみなすだろうが、それも程度によっては、伝記的功利主義が取り組むことを要請するような、他者の差し迫った要求に対する鈍感さを表すことになってしまうかもしれない。[*49] しかも個人の能力――知的、動機づけ、自己反省の能力など――が異なるという事実によって、問題はより複雑になる。伝記的功利主義によって支持される形式の徳の功利主義では、彼または彼女の文化のパラダイムの背景に照らして、当人の性格を柔軟に評価することが許容されるだろう。いずれによせ、独り善がりは徳ではない。人間の諸能力について曖昧な立場をとったからといって、徳の規準に頼ることはいつでも危険なものであるなどと結論するべきではない。ウィリアム・ゴドウィンは次のように述べている。

> 哲学にせよ、道徳にせよ、政治にせよ、人が自分は本当は何者であるかを知るまでは、いずれもそのものらしい姿で現れることはない。彼は清廉、有徳、慈善の人となりうるのであって、無関係で取るに足らない考慮を通じて一般的効用をもった行為を常に目指す必要などないのだ。[*50]

徳を支持する第二の点は、それが、主観的な伝記的功利主義をいついかなるときにも実践することでもたらされてしまうような被害を抑える役に立ちうるということにある。さまざまな状況にあわせて多様に行為する気質をもった有徳な人物は、計算によって貴重な時間を大量に無駄にするなどということにはならないだろう。彼または彼女の目的は人間の動機づけの事実と衝突もしないだろう。彼または彼女は複数の人たちと親しい個人的な関係を築き、より大きな集団とは少し距離をおいた関係を築くだろう。そしてきっと全体としてはさらに他者に何かを与えようとすることだろう。親しい関係の価値は失われないし、彼または彼女が無気力にされてしまうわけでもない。私が思うに、伝記的功利主義は他の徳についての道徳理論がするよりも、とくに道徳教育のなかで、慈善にやや大きな重みを置くことだろう。とはいえ、理論が自己破壊的になってしまうような点以上にそうした要求がなされることは決してない。普通に育てられた一個人の場合でも、私たちはこの点にきわめて容易に到達しうる。[51] 自分自身の道徳的な心理を以前の状態に戻すことは、いかなる方法によっても無理である。私たちができることと言えば、自分たちの子どもたちを育てる方法を変えることだけである。これは集団で行う方が好ましいだろう。

　そうだとすれば、道徳教育がたどる道筋を反省することは、伝記的功利主義に直接伺いを立てることが有益でありうるような機会の一つである。[52] このことは、一階のレベルでの衝突を解決する助けにもなるだろう。[53] ただし、ここで注意すべき重要なことは、その衝突は有徳な人物の反省によって解決されるということである。バーナード・ウィリアムズが言うように、この上なく公平な観点から世界を見渡すことを目指して、日常的な愛着やコミットメント、気質などを離れて二階のレベルへと飛び立つことは不可能である。[54] そしてまた、功利主義者は自分を愛着やコミットメントから解放することでそのような観点に立とうなどと試みるべきではない。なぜなら、どんな公平な観点も、平素は偏った観点をとっている人物を理解することから、情報を得なければならないものであるからである。とはいえ、以上のことが正しいからといって、功利主義的な規準に訴えることが衝突に関して役に立たないということにはならない。

功利主義者が徳の功利主義を擁護する三つ目の理由はこうである。私たちは、徳を純粋に被害の抑制にのみ関わるものとして理解すべきではない。それでは主観的な伝記的功利主義を支持して、功利主義的な大天使が徳を遠ざけてしまうのと同じである。私は常々、徳の全体的な本性はそのような理解を排除すると提案してきた。むしろ、徳が私たち、そして大天使に示してくれるのは、人間の福利の複雑さとその源泉の多様性に対する感受性である。アリストテレスはフロネーシス、あるいは実践知としての道徳的感受性について語っており、それこそが徳についての近年の様々な著作において重んじられてきた考え方である[*55]。その主張は、有徳な人物は状況のなかの道徳的に顕著な特徴に対する感受性を有しており、この言葉にできない感受性は状況への規則や原理の適用として理解されるべきではない、というものである。規則や原理というものは役に立つものではあるが、具体的な何かを示すには大雑把過ぎて使いにくいのであって、意志決定や道徳的な反省にとっての大まかな案内としかならない。

道徳にかかわる心理についてのこのような説明にはもっと大きな説得力もある。功利主義であれ義務論であれ、規則や原理を当てはめることによってのみ道徳的に考える、考えることができる、考えるべきである、などと主張する道徳理論はあまりにも体系的に過ぎる。自分たちがそのように思考を行っていないことなど、少し考えてみればすぐにわかる。通りにいて私の前で人が倒れたときに、規則に相談してから行為するなどということはない。〔もちろん〕もっと複雑な意志決定をするときには、一見自明な規則や原理が道徳的な思考を手助けするものになるかもしれない。とはいえ、ここではその現象を視覚的に記述することも助けとなる。人は何をすべきか、なぜすべきなのかを、規則の適用を通してではなく、まさにそれ自体としてただちに見て取るのである。

徳の功利主義論者は感受性についてのこうした考え方を引き継いだ上で、さらにそれを、外的な観点からは理解できない福利の諸側面に対する感受性として記述し直すことができる。もちろん、食べ物に対するニーズやひどい苦痛からの解放へのニーズなどの、人間のニーズは理性的な人間に対して一様に現れることがしばしばである。しかし、ひとたび基本的なニーズが充たされたならば、福利の源泉や様々な個人の様々な要請ははるかに複雑なものとなる。特定の文化やいくつかのサブカルチャーのなかで育てられることで、たとえ常に完全に明確なものではないとしても、私たちはどんな生が可能であるか、どんな生がその文化のなかで生きるに値するものであるか、その生のなかで生み出されるどんな価値観がその生を生きるに値するものとするか、についての感覚を身につける。このことを理解するには、その文化のなかで長い時間を、とくに子ども時代を過ごす以外の方法はないのである。

　私たちはこう結論してもよいだろう。すなわち、もっとも説得的な形式の功利主義によるならば、道徳的な生を送るためには、価値ある生、たとえば何かを達成したり、理解したり、深い個人的関係を結んだりするような生を送り続ける人になる必要があり、見当違いで自己破壊的な計算に無駄な時間を費やすような成長のない最大化の追求者になってはならない。功利主義的な道徳的行為者には、生を、生きるに値するものとするような物事を洞察することが要求されるのだが、その洞察は意志決定手続きとしての功利主義と決別することによってのみ得られるものなのだ。道徳的な生とは徳のある生であり、そのような生においては他者への関心というしっかりと定着した気質と、彼らのニーズや欲求に対する感受性とが実践的推論の基礎を提供することになるのである。[*56]

・原理のリスト

全体的な歴史的原理（ＧＨＰ）：ある世界の二つの可能的歴史のうち、効用の全体量がより多い歴史の方が、より善い歴史である

伝記的原理（ＢＰ）：ある個人の生の二つの可能的歴史のうち、効用の全体量がより多くなる仕方で生きられる歴史の

方が、より善い歴史である

伝記的功利主義（ＢＵ）：すべての個人は、世界の歴史における効用の総量が可能な限り最大に近い形でもたらされる仕方で生きるべきである

主観的な伝記的功利主義（ＳＢＵ）：ある人が行為する場合は常に、彼または彼女は伝記的功利主義に照らして自分に開かれた様々な行為を意識的に評価し、効用を最大化するだろう行為を選択すべきである

徳の功利主義（ＵＶ）：伝記的功利主義の規準を参照するのは特定の特別な機会に限定する形で、行為者は有徳に生きるべきである

（訳　佐藤岳詩）

本論文の初出は以下である。Roger Crisp, "Utilitarianism and the Life of Virtue," *The Philosophical Quarterly*, Vol. 42, No. 167(Apr., 1992), pp. 139-60, Wiley.

第七章　注

＊1　たとえば以下のものを見よ。Ｈ・シジウィック *The Methods of Ethics, 7th ed.*（London: Macmillan, 1907）, p. 413, Ｒ・Ｅ・ベイルズ "Act-utilitarianism: Account of Right-Making Characteristics or Decision-Making Procedure?", *American Philosophical Quarterly*, 8（1971）; Ｄ・ブリンク, *Moral Realism and the Foundation of Ethics* (Cambridge: Cambridge University Press, 1989) pp. 252-262 および p. 216. 註４。Ｗ・Ｌ・ランゲンファスは、その区別は規準と動機づけの分離と表した方がよいと提案している

（“Consequentialism in Search of a Conscience”, *American Philosophical Quarterly*, 27（1990）p. 141. 註11）。

＊2　J・ウォルドロン編 *Theories of Rights*（Oxford: Oxford University Press 1984）所収の“Rights as Trumps” p. 154 を見よ。平等に重きを置く功利主義の説明としては、A・セン、B・ウィリアムズ編 *Utilitarianism and Beyond*（Cambridge: Cambridge University Press）再録 J・ハーサニー、“Morality and the Theory of Rational Behavior” *Social Research* 44（1977）を見よ。

＊3　R・A・ウィルモット編 *The Works of George Herbert*（London: George Routledge, 1857）再録，ジョージ・ハーバート *Jacula Prudentum*, (1651) p. 316.

＊4　もちろん、「歴史」ということで私が意味しているのは、世界の完全な物語的歴史の中で現れてくるだろう一連の出来事のことであって、物語それ自体ではない。世界の歴史について功利主義がとらねばならない立場についての興味深い論考としては、マーク・ネルソンの“Utilitarian Eschatology” *American Philosophical Quarterly* がある。参照しやすいように、諸原理は巻末に挙げておいた。

＊5　この点については、このことが目下の世界の歴史なのか、それとも別の世界の歴史なのかということにかかわる問題がある。しかし、ここではそのことは論じない。

＊6　本論文の目的にはかかわらないが、「他者」には人間以外も含まれうる。

＊7　P・ブリッカー“Prudence” *Journal of Philosophy*, 77 (1980) p. 387. ブリッカーは道徳的合理性と対置される慎慮（prudence）について考察している。もちろん、形而上学的可能世界は因果的に関係づけられるものではない以上、枝分かれしえない。ブリッカーが語っているのは、因果的に孤立した世界についてではなく、この世界における経験的な可能性についてである。

＊8　S・シェフラー編 *Consequentialism and its Critics*（Oxford: Oxford University Press 1988）再録、P・フット“Utilitarianism and the Virtues” *Mind*, 94（1985）p. 227.

＊9　「べし」は「できる」を含意するので、諸々の可能性は個人の動機づけの限界に制限される。

＊10　シジウィックの *The Methods of Ethics*, pp. 415-416 参照。

＊11　Ibid.

＊12　D・パーフィット、*Reasons and Persons*（Oxford: Clarendon Press, 1984）p. 420.〔『理由と人格』（勁草書房 1998）569-570 頁〕

＊13　*Ibid.* 第17章。

＊14　一般的な定式化としてはS・シェフラー編 *Consequentialism and its Critics*（Oxford: Oxford University Press 1988）再録、P・レイルトン “Alienation, Consequentialism, and the Demands of Morality”, *Philosophy and Public Affairs*, 13（1984）p. 117を見よ。普遍的定式化としては、B・フッカー “Rule-Consequentialism” *Mind* 99 (1990) p. 67を見よ。

＊15　レイルトンの “Alienation” p. 118およびフッカー “Rule-Consequentialism” p. 73を見よ。

＊16　R・M・アダムズ、“Motive Utilitarianism” *Journal of Philosophy* 73（1976）p. 470.

＊17　P・フレンチ、T・ウェーリング、H・ワットシュタイン編、*Ethical Theory: Character and Virtue*（Midwest Studies in Philosophy 13, 1988）所収、P・レイルトン “How Thinking about Character and Utilitarianism Might Lead to Rethinking the Character of Utilitarianism” pp. 401-402。レイルトンには悪いが、私は動機功利主義が「べし」のような義務論的な概念を組み込むことができると思う。動機功利主義のさらなる解釈については註20以下で論じる。一つできそうな改良としては、「人間」を「彼または彼女」に置き換えればよいかもしれない。

＊18　アダムズ “Motive Utilitarianism” pp. 470-471。当時、アダムズは、ジャックが意識的に効用の最大化を試みることを行為功利主義は要請するかのように論じていた。私は次節以降で、このことは必ずしも必要ではないと論じるつもりである。

＊19　Ibid., p. 473

＊20　J・J・スマート、B・ウィリアムズ *Utilitarianism For and Against*（Cambridge: Cambridge University Press 1973）所収、J・J・スマート “An Outline of a System of Utilitarian Ethics” p. 10.

＊21　レイルトン “Thinking about Character” pp. 401-402, 414, n. 11およびC・ジョンソン “Character Traits and Objectively Right Action” *Social Theory and Practice* 15（1989）p. 69を見よ。“Motive Utilitarianism” でのアダムズとは違い、私は「行為の倫理」と「動機の倫理」の間に何らかの衝突があるとは思わない。動機功利主義の最も説得的な形式は、道徳的な評価の特別な対象への伝記的功利主義の単なる適用であって、それは行為功利主義の最も説得的な形式と同じである。同様に、伝記的功利主義に対応していない以上、「個人主義的な」動機功利主義と「普遍主義的な」動機功利主義（Ibid. p. 480）はどちらも不十分なものである。行為であれ、動機であれ何であれ、その評価の特別な対象に過度な重みを置く功利主義はそのいかなる形態も、伝記的功利

主義との衝突が生じたときに、当該の対象の「崇拝」というそしりを免れない。他方、伝記的功利主義はＧＨＰに依拠しているため、そのような批判を受けない。

＊22　アダムズ“Motive Utilitarianism”p. 474.

＊23　レイルトン“Thinking about Character”p. 409.

＊24　Ibid. p. 412.

＊25　Ibid. p. 408.

＊26　Ｒ・ドゥオーキン *Taking Rights Seriously*（London: Duckworth 1978）p. 134〔『権利論』（木鐸社 二〇〇三）一七四頁〕

＊27　私はこの文脈での「主観的」「客観的」という用語を、レイルトンの“Alienation”論文 pp. 102-103 からとった。

＊28　＊1を見よ。

＊29　自己破壊性についてはパーフィット *Reasons and Persons*〔『理由と人格』〕第一部を見よ。

＊30　Ｊ・グリフィン *Well Being: Its Meaning, Measurement and Moral Importance*（Oxford: Clarendon Press, 1986）p. 196。Ｒ・Ｍ・ヘア *Moral Thinking* 二〜三章、特に pp. 35-39〔『道徳的に考えること』五四-六〇頁〕を見よ。

＊31　ヘアの *Moral Thinking*, pp. 192-193〔『道徳的に考えること』二八七-二八九頁〕参照。ヘアが言うように、いわゆる「道徳」的な徳は、その所持者を直接に利することがある。以下の第五節も見よ。

＊32　Ｂ・ウィリアムズ、*Ethics and the Limits of Philosophy* p. 212〔『生き方について哲学は何が言えるか』三四七頁〕、註7参照。

＊33　グリフィン *Well-Being* pp. 34-35 を見よ。次の議論は、効用の客観説と結びつけるとより強力だと感じられるかもしれない。その場合は、拙稿“Sidgwick and Self-Interest”*Utilitas* 2（1990）を見よ。

＊34　パーフィット *Reasons and Persons* p. 388〔『理由と人格』五二八頁〕.

＊35　Ｃ・Ｉ・ルイス *An Analysis of Knowledge and Valuation* (La Salle, Ill: Open Court), pp. 546-547.「断絶」という語、およびそれを支持する議論はグリフィンの *Well-Being* の pp.85-89 に見られる。Ｈ・ラッシュドールの *The Theory of Good and Evil* (Oxford: Oxford University Press 1907), Vol. II, pp. 38-41、Ｐ・シンガー編 *Practical Ethics* (Oxford: Oxford University Press 1986) 所収のパーフィット“Overpopulation and the Quality of Life”pp. 161-164、シジウィック *The Methods of Ethics* pp. 123-124 n. 1 等

を見よ。

*36 ヘア *Moral Thinking*, pp. 130-142 [『道徳的に考えること』一九五‐二一三頁]。

*37 A・セン、B・ウィリアムズ編 *Utilitarianism and Beyond* (Cambridge: Cambridge University Press 1982) 所収、ヘア "Ethical Theory and Utilitarianism" pp. 25-26 などを参照。

*38 ヘア *Moral Thinking*, pp. 81-82 [『道徳的に考えること』一二一頁]。

*39 D・シーナー、N・フォション編 *Hare and Critics* (Oxford: Clarendon Press 1988) 所収、ヘア "Comments on Williams" p. 288。強調は筆者による。

*40 たとえばブリンク *Moral Realism* p. 213 参照。

*41 シジウィック *The Methods of Ethics* p. 382.

*42 P・フット "Utilitarianism and the Virtues" ならびにR・ハーストハウス *Beginning Lives* (Oxford: Basil Blackwell 1987) 第七章などを参照

*43 伝記的功利主義と動機功利主義は同じ意志決定手続きを推奨する。とはいえ、伝記的功利主義を動機に適用する結果に還元されないような動機功利主義解釈にのっとるなら、なぜ両者が異なる理論であるのかについては、これまで述べてきたことから十分に明らかだと思う。

*44 アラン・ライアン、*Property and Political Theory* (Oxford: Basil Blackwell 1984) p. 93.

*45 P・フレンチ、T・ウェーリング、H・ワットシュタイン編、Ethical Theory: Character and Virtue (Midwest Studies in Philosophy 13, 1988) 所収のM・スロート "Utilitarian Virtue" を見よ。

*46 スロートの "Utilitarian Virtue", p. 396, n. 9 参照。もちろん用語法自体はヘアのものである。その点についてはR・M・ヘア *The Language of Morals* [『道徳の言語』] 第七章を見よ。

*47 このような傾向性はG・E・M・アンスコムの "Modern Moral Philosophy" において批判されている。

*48 H・J・マクロスキー "A Note on Utilitarian Punishment", *Mind* 72, (1963).

*49 「ニューヨークのそれなりに高級なレストランでの二人分の勘定はバングラデシュの一人あたりの年収分に相当する。必要か

らではなく、ただそうしたいという理由で外食するたびに使われる金は、飢餓の救済に寄付されたほうが明らかに多くの善をなすことができる。衣類やワイン、映画のチケット、休暇や贈り物、書籍、レコード、家具、ワイングラスなど、多くの購入についても同じことがいえるだろう。これらは積もりつもる。積もりつもって、一つの生活形式とかなりの額になるのだ」（T・ネーゲル、*The View from Nowhere*, p. 190〔『どこでもないところからの眺め』三一一頁〕）

＊50 W・ゴドウィン *Enquiry Concerning Political Justice* (1793) I・クラムニック編 (Harmondsworth: Penguin 1976) 版、四巻、十章、p. 387〔『政治的正義』（一九三〇）〕.

＊51 これと異なる立場としてはS・ケイガン *The Limits of Morality* (Oxford: Clarendon Press, 1989) を参照。

＊52 ヘア *Moral Thinking*, pp.172-173〔『道徳的に考えること』二五七–二五九頁〕参照。

＊53 Ibid., 第二章。

＊54 ウィリアムズ *Ethics and the Limits of Philosophy* p. 110〔『生き方について哲学は何が言えるか』一八二–一八三頁〕。

＊55 アリストテレス『ニコマコス倫理学』VI. 8, 1142a23-30 およびJ・マクダウェル "Virtue and Reason", *The Monist* 62 (1979) ジョン・マクダウェル『徳と理性——マクダウェル倫理学論文集』大庭健・萩原理監訳、勁草書房、二〇一五年参照。

＊56 ポスドク研究員として本論文を執筆するにあたって、ブリティッシュアカデミーに多くの支援をいただいたことを感謝したい。また、草稿に対して有益なコメントをくださったジェームズ・グリフィン、ブラッド・フッカー、R・M・ヘア、マーク・ネルソン、イングマー・ピアソン、エリック・ラコウスキー、ピーター・サンドウ、ニック・ザングウィルおよび編集委員会の皆様に合わせて感謝申し上げる。

第八章　徳倫理学と情動

ロザリンド・ハーストハウス

徳倫理学は、義務論や功利主義以上に、情動というものがもつ道徳上の重要性についてよりよい説明を与えるだろうか。与えるとしてそれは単に、義務論や功利主義の支持者たちがその問題に注意を向けさえすれば、徳倫理学の優位性が崩れてしまうような歴史的な偶然に過ぎないのか。それとも、その点については徳倫理学の方が優れていて、義務論と功利主義はその説明に必ず失敗するということが、どういうわけか三つの異なるアプローチにとって本質的なことなのか。私はこれまでずっと、徳倫理学の方が他の二つのアプローチよりもよりよい説明を与えるものだと考えてきた。たしかに当初はそのことが、私を徳倫理学に惹き付ける理由の一つであった。しかし私はもはや以前ほど、このことが歴史的な偶然以上のものだとは思えなくなっている。

手始めに後悔という情動について考えてみよう。この情動は、通常ならば道徳的に好ましくないと考えられるような種類のことを、何らかの事情のためにせざるをえないことに対する適切な反応として描かれることが多い。ところで、間違いのないことではあるけれど、標準的な功利主義および義務論は、徳倫理学のような「行為者中心的」な理論というよりもむしろ「行為中心的」な理論であるがゆえに、自身の支持者に、行為者の情動について考えさせるようなことはしない。それゆえ、板挟みの問題について考えるときに、功利主義・義務論の支持者がもっぱら「xかyのうち、どちらがこの事例では正しい決定・行為なのか」という問いにしか注意を向けないとしても何も驚くことはない。そして、人が後悔を感じようと決意することなどできはしないのだから、言い換えると、後悔を感じることは求められているところの意味での行為ではないのだから、そのために功利主義・義務論の支持者は、その種の情動的な反応を引き起こすことに関して考えるのをやめ、単に「x」（場合によっては「y」）と答えるだけなのである。これとは対照的に、徳倫理学の支持者は、「有徳な行為者ならば、こうした事情のもとでは何をするだろうか」という、先ほどとは異なる問いに注意を向ける。徳倫理学の支持者が行為者に注意を向ける点、および「する」ということをより広義に捉えている点を考慮に入れると、徳倫理学の支持者は、（たとえば）「相当なためらいを抱きながら可能な選択肢を検討したあげくに、深い後悔を感じながらxをせよ」と答えることになるのである。*1

しかし、徳倫理学のような答え方もありだということにひとたび気がついたなら、功利主義者と義務論者は、自身が「行為中心的」であるからといって、行為者についても語ることを禁じられたり、彼らの先ほどの答えに対し、後悔についての所見を矛盾なく付け加えることを禁じられたりすることはないように思える。これまでのところ、功利主義者と義務論者にはそうする傾向がなかったということの方が偶然であったとしか思えないのだ。

情動というものがもつ道徳上の重要性について徳倫理学の方が優れた説明を与えると人々が考えるとき、彼らの念頭にある中心的な論点は「道徳的な動機づけ」に関するものであると思われる。その際に議論となるのは、カントの『道徳形而上学の基礎づけ』第一節の有名な段落、とりわけ、当該の段落で述べられていることとアリストテレス倫理学の中心テーゼとの間に見られる明白な衝突についてである。これこそが人々の念頭にある中心的な論点だとする私の考えが正しいのであれば、われわれはここで少し立ち止まって、その論点に関する二、三の風変わりな点について指摘しておくべきである。一、その論点によって、徳倫理学の方が義務論および功利主義の双方よりも情動に関して優位であることを示そうとしても、それは望み薄である。というのも、功利主義は道徳的な動機づけというものに、そもそもコミットしていないからである。二、その論点では、カント主義を採らない義務論と戦うことができない。

とはいえ、義務論者であれば間違いなく、たとえカント自身の要素をいくつか否定するとしても、ある程度はカント主義的であるのだろうけれども。三、その論点によっては、情動なるものが有する道徳上の重要性に関する一般的な主張が、十分に根拠づけられるようには思われない。たとえその論点によって、同情、哀れみ、そして愛が道徳的に重要だということは示されるとしても、恐れ、怒り、楽しみ、悲しみ、希望、誇り、恥、絶望、感嘆、感謝の念、狼狽などについてはどうなのか。このような次第であるとはいえ、当該の論点はある程度詳しく考察するに値する。というのもその考察を通じて、新アリストテレス主義的な徳倫理学の理解が深まるだけでなく、新アリストテレス主義的な徳倫理学が『基礎づけ』におけるカントと、どの程度対立しているのかが分かるようになるからである。

『ニコマコス倫理学』第一巻の終わりでアリストテレスは、次の区別を導入する。[★1] すなわち、「自制的な」・「自己統御する」タイプの人間（この人には抑制（エンクラテイア）がある）と、完全なる徳（完全な徳（アレテー））をもつ人との間の区別である。端的に言うと、自制的な人物とは、典型的に、自分がなすべきことを知っていて、それを自身の欲求に逆らって行う人である。完全に有徳な人物とは、典型的に、自分がなすべきことを知っていて、それをしたいと思いながら行う人である。完全に有徳な人の欲求は、その人の理性と「完璧に調和」している。このことから、完全に有徳な人が自分のなすべきことをするとき、その人は自分のしたいことをするのだから、欲求が満たされるという報酬を得る。以上から、「有徳な振る舞いは、徳を愛する者に喜びをもたらす」[★2][*2]。つまり、完全に有徳な人たちは、自分たちが（特徴的なやり方で）することを喜んでするのである。

　このようにアリストテレスは、人々を二種類に――「自制的な」・自己抑制する人々と、「完全に有徳な」人々とに――区別した上で、次のように、その区別の片方の側に重み付けをする。すなわち、完全に有徳な行為者は、単に自己抑制的な行為者よりも道徳的に優れている、と。

　さて、『基礎づけ』の先ほど挙げた段落についての標準的な解釈によると、カントもアリストテレスと同じ区別をしていることが分かる。しかしカントは、アリストテレスとは反対の側の方に重み付けをする。すなわち、自己抑制的な行為者の方が、アリストテレスの言う完全なる徳を身につけているような行為者よりも道徳的に優れていると言うのである。なぜなら、後者は自分のすることをしたいと思っているためである。「周りの人たちに幸せを振りまくことに内なる喜びを見いだし、自身の任務として他人を満足させることに喜びを覚えることができるほど深い同情に満ちた気質をもつ」[★3]人たちの善行を、カントは「本当の道徳的価値を持たない」ものとして描く。さらにカントは、この善行が、別の二人の人物による善行に比べて劣るものだとする。その二人の人物による行為とは、いかなる同情の気持ちによっても心動かされず「一切の傾向性を持たないまま、ただ義務のためだけに」行為するような人によって遂行されるものであり、そのような行為にこそ「本当の道徳的価値」があるというのだ。この主張はカントにとって、まずい事態を招くものであるように見える。というのもそれは、友人のお見舞いに「その人が自分の友人であるがゆえに」訪れる人の方が、「義務感から」訪れる人よりも道徳的に劣っているとするような、まったくもって信じ難い主張をすることに等しいと思える（し、それに等しいと言われてきた）からである。[*3]

私はこれまで、『基礎づけ』のその段落を以上のように解釈していたわけだが、今ではアリストテレスとカントが、通常想定されている以上に、より接近していると思うようになりつつある。[*4]

『美徳と悪徳』におけるフィリッパ・フット

私の考えを変えるよう最初に導いてくれたもの、それはフィリッパ・フットが著書『美徳と悪徳』のなかで行った、カントの当該の段落についての洞察力に富む議論であった。[*5] フットは、道徳に関する日常的な思考のうちに見られる明白な矛盾を指摘しながら議論を始める。彼女曰く、「有徳に行為するのは難しいと、ある人が思っていればいるほど、その人がよく行為するなら、その人はますます徳を示していることになる、そうわれわれは考えたい気持ちになる一方で、それとは逆のことを考えたい気持ちにもなる。というのも、一方では、有徳に行為するのが格別に困難な場合にこそ、偉大な徳が必要となるのに対し、他方では、有徳に行為することが困難であるというのは、その行為者が徳という点で不完全だということを示しているとも言われるからだ。アリストテレスに従うなら、有徳な行為をするときに喜びを覚えることこそがまことの徳の印なのであって、徳が困難だと思う人の自制など次善のものに過ぎない。さてこの衝突は、どのように解決されるべきだろうか。」[*6]

フット自身は考察していないものの、この困難に対しては次のように、若干控えめに応答することができるかもしれない。すなわち、「常識」道徳がまさに抱える矛盾とは、異なるアプローチ（カント主義的アプローチ、アリストテレス主義的アプローチ）が異なる側面について話をしているということ以外にはなく、だから道徳哲学者がなすべき唯一のことは、どちらかのアプローチを選んだ上で、常識道徳を棄て去るか、あるいは常識道徳を作りなおすことだけである、そう応答できるかもしれない。それゆえ、カント主義的アプローチが述べているのは、勇気ある行為についての常識的な見解なのであり、その見解によると、この上なく勇気を示す人は「逃げ出したいと思っていながらも逃げない人物」ということになる。そしてアリストテレス主義的アプローチが述べているのは、善意の・慈善の行為についての常識的な見解なのであり、その見解によると、この上ない善意や慈善心を示す人は「簡単に、他人の善を自分の目的にしてしまえる人物」ということになる。しかもこうしたことはナマの事実に他ならない（前掲書）。正しい道徳理論によって啓蒙されることを通じて、われわれは勇気や慈善心についての自分たちの前-理論的な考えを改定せねばならない。そしてそうすることでわれわれは、少なくとも自分たちがなんとかして矛盾を取り除こうとしてきたのだと考えることで、自身を慰めるしかない、そう言うことができるかもしれない。

しかしフットの方が、よりマシな応答を与える。フットはカントのうちに、アリストテレス主義者も同意する可能性のある、そして実際に同意するはずのいくつかのポイントを見つけだす。彼女の議論によってわれわれは、次のことに気づかされることになる。すなわち抑制／完全な徳の区別は、いくぶん慎重に用いられねばならないこと、および「有徳な振る舞いは、徳を愛する者に喜びをもたらす」という主張には、注意深い但し書きが必要だということに、われわれは気づかされるのである。さらに、以下で論じるように、カントとアリストテレス主義者が同意するポイントは、フットが述べるもの以外にも存在する。

　そうすると、先ほどの衝突、すなわち「ある人にとって有徳に行為するのが困難であればあるほど、その人がよく行為するなら、ますますその人は徳を示していることになる」と「それが困難であればあるほど、ますますその人は徳を示していないことになる」との間の衝突はどのようにして解消されるのか。フットの答えは、それぞれがさまざまなケースごとに真となりうる、つまりそれはよく行為することが「困難になる」ということの意味次第だ、というものである。ある事柄のために、ある人にとってよく行為するのが「困難になる」ことがある。そしてその場合には、「（その人の）徳が不完全である」[*7]ことが、すなわち完全なる徳にまで至っていないことが示されるのである。なぜなら、その「困難にする」ものがその人の性格と関連するものだからである。このような場合には、「それが彼にとって困難であればあるほど、その人はますますその徳を示していないことになる」が真となり、この場合にこそ抑制／完全な徳の区別――異なる性格間の区別――が用いられることになる。しかし、別の事柄のために、ある人にとってよく行為することが「困難になる」としても、その別の事柄が性格と関連していないことがある。むしろその別の事柄とは、有徳な性格が「厳しくテストされる」ときの事情なのであり、有徳な人物がそれを乗り切るところの事情なのである。このような場合には、「それが彼にとって困難であればあるほど、その人はますますその徳を示していることになる」が真となり、しかも抑制／完全な徳の区別がここで用いられることはない。

　勇気について考えてみよう。勇気は昔から、抑制／完全な徳の区別が若干当てはまりにくいように思われてきた徳である。そして重要なことだが、アリストテレス自身、すべての徳はそれが発揮される際に、それぞれの徳に応じた喜びをもたらすという自らの主張を制限しなければならないと考えている。[*8] 確かに、当該段落での彼の主張はさまざまに解釈することが可能である。[*9] しかし、少なくとも議論の余地などなさそうなのは、危険を冒して恐ろしい苦痛や死に耐えたいと願い、そしてそれを嬉々として実行する人は、勇気があるのではなくただのマゾヒストか向こう見ずな狂人に過ぎないということだ。勇気ある人が、逃げ出したい気持ちや、身の安全を保ちたい気持ちに逆らって行為していないとしても、そのとき彼らは、普通の意味での「自分たちのしたいことをしている」わけではないのだから、欲求が満たされる際の喜びを、それによって得ているわけではない。

それにもかかわらず、やはりその区別が当てはまる（戦場以外の場所での）新アリストテレス主義的な事例があるように思われる。自分の子どもを助けるためには自身の恐怖に打ち克たねばならないような親は、自身の身の安全などは微塵も気にせず子どもを助けに飛んでゆく親と比べて遜色ないわけがない。ヒュームの友人たちは、死に臨む際の彼の態度に驚嘆した。それはボズウェルの報告にある通り「ヒュームを訪問した際に、死というものが陰鬱であるようには見えなかった」し、ましてや恐ろしいものであるようにも見えなかった。これらの事例においては、恐れに打ち克つというよりも恐れを知らないということこそが、これ以上ない尊重に値する。というのも、それは行為者の価値を、それゆえに性格を反映しているからである。しかし打ち克つべき恐れが、その人の価値とは結びついておらず、いわゆる病気によるものであるのなら、まったく別の判断が下されることになる。フットが指摘するように、「もしも閉所恐怖症や高所恐怖症を患っているのなら、その人が勇気をもって行うべきことは、他人の勇気ある行為と同じものではないだろう」[*10]。何らかの恐怖症の影響下にある状態とは、勇気が必要となる事情の下にいるのと同じなのである。それゆえその恐怖症を乗り越えるなら、その人は尊重に値することになるのだ。[*11]

正直さについて考えてみよう。他人が落とした大金入りの財布を返すことは、それをネコババしたい強い誘惑に私がかられていて、その誘惑に打ち克たねばならないがゆえに「私にとって難しい」のであるのなら、私が申し分なく正直であるとは言えないし、自分のものではないものを手放したくないなどと微塵も思わずに財布を急いで返す人に比べると、私は道徳的に劣っているとさえ言える。しかしこのような、大金入りの財布を急いで返す行為者というものについては二つの異なる事例が考えられる。一つ目は、自分自身もあり余るほどの大金が入っている財布を持っている行為者の場合であり、二つ目は、貧乏な行為者の場合である。前者は後者同様、申し分なく正直だと言えるだろう（これは、自分の客と正直に取引する店主について論じる際のカントが見過ごしていると思われる点である）が、前者が正直であるとして、しかしこの場合、この人物の正直さが厳しくテストされているわけではない。なぜならその人にとって財布を返すなど造作もないことだからだ。大金入りの財布などその人にとって何だというのか。他方で、貧乏な行為者にとって財布を返すのは「困難である」。その人が厳しい状況におかれている限り、それは困難なことなのだ。そのため、その人が貧乏であればあるほど――その人にとって財布を返すのが困難であればあるほど――、その人が何の躊躇いもなく即座に財布を返すのならば、ますますその人は正直さを示していることになる。ここでもまた、「有徳な活動は、徳を愛する者に喜びをもたらす」という言明には但し書きが付されねばならないことに注意しよう。貧乏な行為者が大金入りの財布を、どう見ても「浪費癖のある放蕩者」に返す場合、次のヒュームの発言は、まったくもって正しい。すなわちその場合の返却には、何らかの普通の動機が関係しているはずはなく、単に他人の物をその他人に返すという動機だけが関係しているのである。だから、申し分なく正直な人たちならば、そのような放蕩者に財布を返さねばならなかったことは誠に遺憾だなどと思いはしない、そうアリストテレス主義者が考えてはいけない理由が私にはまったく分からない。申し分なく正直な行為者がこの場合に抱く「喜び」は希薄なものなのであって、特徴的なものではないのである。

　さて、（アリストテレス主義的ではない）慈善や善意の徳について考察しよう。この徳が（うまく）働くならば、その徳を本当に身につけている者には必ず、ストレートに喜びがもたらされるはずだと思われるかもしれない。というのは、他人の善に対して本当の愛着をもてば、他人の楽しみや喜びが自分のものになることが間違いなく保証されるからである。ただ、ごく一般的に言うならば、他人を助けるのが困難だと思う人は誰もが劣った種類の「抑制的な」徳しか持っていないということになってしまわないだろうか。そんなことはない。なぜならこのときわれわれは、カントの描く、自分の悲しみのために気持ちが陰鬱になっている慈善家のことを思いつくからである。慈善家が、苦労をして何の喜びも感じることなく慈善的なことをするときに、彼に関して、それだから彼は同じことを喜んでする他の人に比べてよく行為してはいないとか、慈善の徳に関して不完全であることを示しているなどと言うのは間違いだろう。というのは、この場合に彼がよく行為するのを「困難にする」ものは、彼の徳が不完全であることを示しはしないからである。

　悲しみに暮れる慈善家の行為に関してことさらに賞賛すべきものがあるという点で、アリストテレス主義者がカントと一致しないはずはない。というのもこの場合、彼の有徳な行為の「妨げとなる困難」はむしろ、偉大なる徳に「チャンスを与える」[*12]ようなものだからである。彼の悲しみによって、他人のニーズに気づいたり関心を寄せたりすることは格段に難しくなるのだから、フットが正しく述べている通り、もし彼がそれでも慈善心から行為するならば、このこと「以上に徳を示すものはない」のである。なぜならこれこそ、人がよく行為する場合に必要とされる徳を増幅させるような事情に他ならないからだ[*13]。悲しみのために心が陰鬱なときに、何か偉大なことをするのは難しいし何をするにしても楽しいわけがない。行為するのは難しいし楽しくもないとこの人が思うとき、その難しさ、あるいは楽しさの欠如は、悲しみの本性から生じているのであってその人の性格から生じているのではない。困難が当人の性格から生じているということだけが、その徳は不完全だということを示すのである。そうすると、もし「他人の善を自分の目的にすることをこの人が困難だと思っているのはなぜか」に対する答えが「その人の心が悲しみで陰鬱になっているからだ」であるのなら、その人が困難だと思っていることそれ自体は、その人の徳を反映したものではないことになる。やはりその人は、ただ単に「自制的である」というよりむしろ、完全に有徳と見なされうるのだ。

それゆえ、フットに従うと次のような結論となるだろう。悲しみに暮れる慈善家に対するカントの評価は、アリストテレスによる抑制／完全な徳の区別の重みづけを単純に否定するものとして読まれるべきではない。そうではなく、その区別、およびそれに伴う「有徳な振る舞いは、徳を愛する者に喜びをもたらす」というアリストテレス主義の主張は、カントの例を不当に取り扱うことがないよう、但し書きが加えられ、個別に考えられた上で理解されねばならない。

しかし、カントの他の事例についてはどうだろうか。「周りの人たちに幸せを振りまくことに内なる喜びを見いだす」幸せな慈善家に対してカントが否定的な物言いをしていることに間違いはない。実際のところ、カントがその慈善家たちの慈善的な行為に「本当の道徳的価値」はないと言うとき、カントは単純に慈善の徳に関して間違いを犯している、そのようなことをフットは仄めかしている。彼女曰く、「というのも慈善心とは、行為を生むだけでなく愛着をも抱かせる徳であり、そして慈善心からの行為を造作なくさせる同情とは、その徳の一部を形成するものだからである。」カントが慈善の徳について間違いを犯していると診断している点でフットは正しい。しかし私はまた、カントが念頭に置いている幸せな慈善家のイメージ次第では、彼らの行為を「道徳的価値を欠くものとして」カントが却下していることは正当化されるのではないかとも思うのだ。そこでここからはフットの議論から離れて、フットが特定したもの以外の、カントとアリストテレス主義的アプローチの間のさらなる一致点を示すことにしよう。

「傾向性から」行為すること

カントの描く幸せな慈善家とはどのような人なのか。「義務からではなく傾向性から」行為するような行為者とはどういうものであるのか。本節の終わりで私は、これらの問いに答えることが、当初思っていたよりもはるかに困難であることを示唆するつもりである。しかし差し当たり、次のように考えてみよう。

まずは特定の情動について、たとえば同情、哀れみ、そして愛といった、よい情動・倫理的に美しい情動について考えてみよう。そもそも情動とはいかなるものなのか、あるいは情動を感じるとは一体どのようなことなのかというようなこまごまとした特定の事柄についてはっきりさせなくてもよいのなら、次のように言って差し支えないだろう。すなわち、それぞれの情動はその特徴として、他人を助けたいとか苦しんでいる他人を楽にしてあげたいとか他人が求め必要としているものを提供したいというような欲求を伴っている。つまりそれらの欲求によって人はそのように行為するよう動機づけられることになる。さらにまた、それらの情動はその特徴として、情動的な反応を伴ってもいる。すなわち他人の苦痛や嘆きを目にして苦痛や悲しみを感じたり、あるいは他人の喜びや楽しみを目にして喜びや楽しみを感じたりする。

さてここで、人々の間には重要な違いがあるということに触れておこう。こうした情動をたいへん感じやすい傾向をもつ人もいれば、それをほとんど、いやまったく感じない人もいる。（もちろん、その中間の人もいるだろうが、いまは議論から外しておこう。）これは性格上の違いであるように思える。前者は慈善的である（あるいは最近の言葉遣いで言うなら善意的である）のに対し、後者は軽薄で利己的である。そうすると、慈善（あるいは善意）の徳を身につけているというのは、ふさわしいときにこうした情動を感じやすいということだと考えられるかもしれない。では、人々の間にそれ以上の違いがあるとまで言うことができるだろうか。つまり、こうした情動をたいへん感じやすいけれど、だからといってその情動によって頻繁に行為するよう促されることはない人がいる一方で、こうした情動をたいへん感じやすく、しかもその情動によって頻繁に行為するよう促されもする人がいる、そのように言うことはできるだろうか？　問題の情動はその特徴として行為への欲求を伴っている。先ほどそう述べたことに鑑みれば、上で述べたこと以上の違いがあるとは言えそうにない。しかし念のため、次のようにはっきり言っておくことはできるだろう。つまり、慈善の徳をもつというのはただ単に、同情、哀れみ、そして愛という情動をたいへん感じやすいというだけでなく、それらの情動から、それらの情動に伴う欲求に促されて、たいへん行為しやすいということをも意味するものなのだ、と。

さてこれは、慈善や善意という徳を適切に捉えた表現だろうか。たしかにこの捉え方は次の二つのテストをパスする。まず、その捉え方によって間違いなく、抑制／完全な徳の区別が基礎付けられることになる。他人を助け、周りに幸せを振りまく傾向はあるけれど、他人の楽しみに楽しみを感じないとか、自分が助け損なったときに悲しみを感じない人には、当該の徳が欠けていることになる。もちろん、他人を助けようとする傾向すらない人よりは当該の徳に明らかに近づいているのではあるのだけれど。また、この捉え方に従うと慈善の徳とは、フットが求めるところの「愛着を抱かせる徳」であるように、すなわち人間本性に共通する「動機づけの欠如」を修正してくれるものであるように思わせてくれる。そしてこの捉え方は馴染みのないものではないと思う[14]。それがヒューム自身の捉え方ではないのだとしても[15]、それは少なくともある程度はヒューム主義的な捉え方なのであり、この段落でのカントの標的がヒュームだと考えることは妥当である。

ヒュームこそ、「もしある人が、冷たい無感覚のために、あるいは心の狭い自己中心的な気性のために、人間の幸不幸を思い浮かべても心を動かされないのであるなら、その人はまた、徳や悪徳を想い浮かべることについても無関心であるに違いない[16]」と言った張本人に他ならない。そしてこの発言が意味しているのは、傾向性や「情念」によって彼は動かされることがないだろうから、彼が慈悲深いことをすることはないだろうし、軽薄なことや残酷なことを差し控えることもないだろうということである。これに対してカントは、ヒュームの言葉をそのまま繰り返しながら、次のように応答しているように思われる。仮にある人が、「冷たい気性の持ち主で、他の人たちの苦しみに対して無関心である」としてみよう。それでもきっと彼は自分のうちに、自分が慈悲深いことを行うことを可能にする源泉を見いだすことだろう。すなわち彼は傾向性からではなく義務から、慈悲深いことをすることになるだろう、と。そうすると、おそらくカントの言う幸せな慈善家とは、このようなヒューム流の善意を身につけた人のことを言うのだろう。

なるほど、幸せな慈善家に関して言うと、カントが描く通り、彼らは「たいへん同情に満ちた気性の持ち主なのだから、そのために虚栄心や自己利益の感覚といった他の動機がなくとも、周りに幸せを振りまくことに内なる喜びを見いだし、自身の任務として他人を満足させることに喜びを覚えることができるというのは確かだろう。」それこそがまさに、ただちに彼らを非常に魅力的な存在にするのであるし、人はそのような人物にこそ、自分のお見舞いに来てもらいたいと思うものである。そして行為にあたって彼ら慈善家たちが「有益で正しいこと」を思いつくとき、彼らの行為は賞賛や奨励を受けるに値するものとなる、そうカントは言う。しかし、それが問題なのだ。というのもカントが説明している通り、彼らはさまざまな方向に道を誤りがちだからである。どのようにしてか。

カント的に言うと、そのような慈善家たちが道を誤りがちなのは、その情動が、よく行為するための源泉としてあてにならないからである。しかしこのことは、アリストテレス主義者が同意してはならないことではない。アリストテレス的に言えば、われわれが同じ結論に達するのだとしても、もっと時間を費やし、そしてさまざまな根拠に依拠するのである。

同情、哀れみ、そして愛によって人は、他人の「善」に愛着を持つようになるだけでなく、他人に利益をもたらしたい、他人に危害を加えたくないという欲求をも持つようになると言えるだろう。しかしもう少し注意深く言うとしたら、そうした情動によって人は、他人の「見かけ上の善」に（そして同様に「見かけ上の利益」、「見かけ上の危害」に）、その情動を感じている人が〔勝手に〕想像するものとしての彼らの「善」に、愛着を持つようになるということになる。そして他人にとっての「善」なるものについて、そして他人に利益を与えるものや危害を及ぼすものについて勘違いしてしまうと、人は当該の情動によって悪く行為することになってしまうのだ。〔例えば「善」を勘違いしたために間違った方向に導かれた同情によって、人は相手の知る必要のある痛ましい真実を告げず、むしろ嘘をつくよう促されることになる。〕さらに、正しい認識に導かれるときでさえ、その情動によって人は他の考慮すべき事柄からするとよろしくない行為をするよう促されてしまうかもしれない。もしかすると対象となる人は、同情や慈善の行為に値しない人なのであって、むしろ他の人こそが、気づかれてはいないのだけれど、同情や慈善の行為に値するのかもしれない。もしかすると、少し立ち止まって考えなかったがために、よいことを行うどころか結局は危害を加えてしまうことになるかもしれない。もしかすると他の人たちの方が、〔自分よりも〕はるかにうまくやってのけるかもしれない〔人助けをする人になりたいという欲求のうちには時折ある種の貪欲や虚栄心が含まれていることがある〕。もしかすると、人助けをすることができない理由は、それが物理的に不可能だからではなく、そのために特定の約束を破ってしまうとか、他の権利や他人の権利を侵害してしまうことになるという意味で、道徳的に不可能だからかもしれない。そして最後に、他の情動が——憎しみ、狼狽、自己憐憫、実際には個人的な悲しみが——邪魔をすると、人はその情動を感じることができないだろうし〔だからその情動によって行為へ促されることにもならないだろう〕、そしてそのために、なすべき行為ができないことだろう。まとめると、同情、哀れみ、そして愛という情動を単純な心理的現象と見なすなら、それらによって正しい行為が、あるいはよく行為することが、保証されるわけではないのである。自然な傾向性としてのそれらの情動に関して、それらの情動が「理性と完璧に調和」して生じるということは一切保証されない。言い換えると、アリストテレス流の徳が求めるように、それらの情動を引き起こす事情のもとにある人たちに対して、一貫して、理にかなった根拠に基づいて、そして適切な程度、それらの情動が生じるべきときかつそのときに限りそれらの情動が生じることなど、まったく保証されないのである。加えて、事実上不可能な手段によって、それらの情動が理性の働きなしに「理性と完璧に調和」するほど正しく調整されるとしても、それらの情動によって人が〔行為へと）促されるためにはなお、プロネーシス、すなわち実践知によって統御されねばならないだろう。それらの情動は人をよい目的へと促すことだろう。しかしその行為者はさらに、そのよい目的を（理にかなった仕方で）自信をもって達成するための慎重な熟慮に長けていなければならない。つまり他者の善とは、それ自体はよい目的であるのだけれど、それがよく行為するときに追求されるべき唯一のよい目的であるわけではないのである。

それゆえ、カントの描く「義務からではなく傾向性から」行為する幸せな慈善家が前述した通りの人物であるのなら、彼らが、慈善や善意といったそもそもアリストテレスにはない徳のアリストテレスバージョンを身につけていると考えることはできない。カント主義者とアリストテレス主義者は、「よく行為するにあたって、この種の行為者をあてにすることができない」という点で一致するのである。ではさらに次のように問うてみよう。彼らの行為が「有益で正しいこと」に的中するときでさえ、「それが義務からではなく傾向性からなされているという理由で」、その行為には「本当の道徳的価値が欠けている」ということにもアリストテレス主義者はカントに同意できるのかだろうか。当然のことながら、それらの用語に関しては同意するはずがない。というのも「義務」および「道徳的価値」というのはカントにおける専門用語であるし、その用語に直に対応するものをアリストテレスのうちに見いだすことも、それを新アリストテレス主義において再構成することさえもできないからである。しかし別のところでは、重要な合意点が見つかる。

重要なことだが、カントとアリストテレスは、動機づけ（あるいは広い意味での「行為」）の原理ないし源泉に関する反ヒューム主義的な前提を共有しているということを忘れてはならない。ヒュームによると行為の原理はわれわれが動物と共有しているもの、すなわち情念ないし欲求しかない。他方でアリストテレスとカントは両方ともが、行為の原理は二つあって、一つはわれわれが他の動物と共有するものであり、もう一つは合理的であるがゆえにわれわれのみがもっているものである、そう考えている。当然のことながら、理想上のカント流の行為者が傾向性からではなく義務感から行為することは誰もが知っている。しかし「傾向性」というものが、われわれが他の動物と共有する運動の原理であるのならば、アリストテレスにおける有徳な行為者も傾向性から行為するのではなく、むしろ「選択（プロアイレシス）」の形式をとる理性（ロゴス）から行為するのである。

『エウデモス倫理学』においてアリストテレスは次のように述べている。「人間以外の動物に関して、衝動に基づく行為は（無生物とまったく同じで）単純なものである。というのも人間以外の動物には、対立しあうものとしての傾向性と理性（ロゴス）が備わっておらず、ただ傾向性に従って生きているだけだからである。しかし一定の年齢に達した人間には両方が備わっており、われわれはまたそのような人間に、行為する力があるとする。なぜならわれわれは、子どもが行為するとか獣が行為するとは言わず、ただ理性を働かせながら物事を行うおとなの人間のみが行為すると言うからである」[*17]。そうすると、アリストテレス的には、前述の「ヒューム流の」善意を身につけていると考えられている幸せな慈善家は、厳密な意味で行為しているのではないと言うことができるだろう。彼らは動物や子どものように、情念に従って（カタパトス）生きているにすぎない。すなわち彼らの「おこない」は、情念ないし情動（パトス）に由来するのであって、「選択（プロアイレシス）」に由来するものではないのである。そしてこれこそアリストテレス主義者が、カント主義的な次の主張、すなわち「（広い意味での）彼らの「行為」は、彼らが義務からではなく傾向性から行為しているがゆえに、本当の道徳的価値を欠いている」という主張に付け加えることのできる意味なのだ。理性に由来する厳密な意味での行為こそが、有徳だと（悪徳だと）評価されるべきものなのであって、幸せな慈善家の「おこない」など行為の名にすら値しないし、それゆえ彼の「おこない」が有徳な行為であると言われたり有徳な行為と見なされたりすることなどあるはずがないのである。

こうして、『基礎づけ』の当該段落の標準的な解釈とは大きく異なり、私は次のように主張する。すなわちカントが悲しみに暮れる慈善家を誉め称えていることと、幸せな慈善家を（比較的）貶していることはどちらも、アリストテレスの抑制／完全な徳の区別に相当するものと考えられるべきではないし、アリストテレスがそれに与える重みづけをカントが逆転させているという理解は受け入れ難い。褒め称えられるところの悲しみに暮れる慈善家が、（フットの指摘を理由に）単に抑制的なだけであると考える必要はないし、貶されるところの幸せな慈善家を、（彼らは「理性から」行為していないのだから）完全な徳をもつものだと見なすべきでもないのである。

しかしながら先ほどの『基礎づけ』の段落のなかに、カントの深刻な間違いがないかと探し続け、その間違いを「カントは情動がもつ道徳的な重要性について適切な説明を与えることができていない」と述べてまとめあげたいと考え、徳倫理学の方がよりよい説明をすると、どうにかして考えてきた人たちが道を大きく誤ってきたわけではない。この段落において鍵となる例は、第三の慈善家である。そのような人物が自然界にこれまで存在したことなどあるわけはないのだけれど、その人物の性格をカントは「道徳的価値を、すなわち一切の比較を絶した最高の価値」（強調は引用者）をもつものとして描く。しかしアリストテレスの区別からすると、明らかに第三の慈善家には、完全な徳があるというよりもむしろ抑制があるというのがせいぜいのところである。そして彼の性格に最高の道徳的価値を割り当てているとき、カントがこの段落の中で示しているのは、抑制／完全な徳の区別についてのアリストテレスの重みづけを逆転させているということではなく、その区別の存在にまったく気づいていないということなのである。さらに言うと、カントがその区別の存在に気付き損なっていることは、情動についてのカント自身のイメージのなかに見てとることができる。つまりカントは、情動によってこそその区別が生み出されるということを理解していないのだ。そのときの論点は、「道徳的な動機づけ」をめぐるものでも、公平性対友情・愛というカント主義的な問題をめぐるものでもない。むしろ完全なる徳の本性、およびその徳が発揮されるときに情動が担う役割をめぐるものに他ならない。

実際のところ、アリストテレス的な意味での完全なる慈善の徳を身につけた行為者が、カントの当該の段落に登場することはない。先ほど私は、悲しみに暮れる慈善家についてフットに従ったときに、そのような行為者が登場するかのように述べた。そしてそれは、完全なる徳を備えた行為者であっても、ときによく行為することが困難になる場合があるという点を、アリストテレス主義者が考慮に入れることは可能だということを示すためであった。しかしテキストに忠実であるならば、悲しみに暮れる慈善家とは、ヒューム流の善意を身につけ、さまざまな形で道を誤りがちな、これまでのところ傾向性からしか行為したことがなく、そして今「初めて」「義務のためだけに」行為するような人なのであって、幸せな慈善家と比較するために登場させた新たな種類の慈善家ではない。そしてアリストテレス的に言うと、この幸せな慈善家など、とてもではないが整合的なものとは言えないのである。

もう一度次のように問うてみよう。「義務感」、あるいは理性、あるいは何でもよいが、それらからは行為せず「傾向性からしか」行為しないような行為者とはいったいどのような行為者なのか。言い換えると、特別な場合だけではなくて一般的な暮らし方として「傾向性からしか」行為しない人とは、どのような行為者なのか。先ほど述べた通り、アリストテレス的な意味だと、それは動物や子どものように情念に従って——子どもや動物の暮らし方で——生きる行為者に他ならない。しかしごく普通のおとなが、動物や子どものように生きるというのは一体どういうことなのか。

アリストテレス主義者にとって、その問いに対する答えは、「自然のままの徳を身につけたおとなである」というものだと考えられるかもしれない。しかし『ニコマコス倫理学』[18]の第六巻の終わり近くに見られる（1144b1-17）アリストテレスの僅かで簡潔な所見は、この答えを明確に裏付けるものではない。アリストテレスは、自然のままの気質（例えば節制や勇気の萌芽）が（いくらかの）子どもや動物のなかに見いだせると述べ、「知性」[19]（ヌース）がないとその自然のままの気質は有害になりがちだと記し、自然のままの気質をもつ主体が「知性」を獲得するならば、その人の気質は自然のままのそれに依然として似ているとはいえ、今や完全な意味での徳となるだろうと述べる。しかしアリストテレスは、自然のままの徳をおとなにも見いだすことができると、あからさまに言っているわけではない。[20]そして第四巻において放蕩について述べられていることに目を向けると、そのようにアリストテレスがあからさまに言わないのは、実はよく考えてのことであることが分かるだろう。放蕩な人はきっぷがよくて物惜しみをせず、了見の狭いケチな人よりもはるかに気前のよさの徳を身につけていることに近いと言われている。仮に放蕩な人が訓練を受けるか、さもなくば心変わりをする（ことで、「正しい程度、正しいやり方で」ものの授受をするようになる）のなら、その人は徳を身につけたことになるだろう。しかし、その人が気前のよさという「自然のままの徳」を身につけているという示唆は、どこを探してもないのである。逆に、放蕩は悪徳だと言われているのだ。

「きっぷがよくて物惜しみをしない」子どもには確かに、気前のよさという自然のままの徳があるのだろう。つまり、その子どもはまだ「物心がつく歳」に達していないので、ものを授受するときのその子の間違いは咎められるべき無知を表わしてはいない。しかしひとたびおとなになれば、そのような間違いこそが咎められるべき無知をそれこそ表わすことになり、だから非難に値するのである。大のおとなが「自分の子どもらしい無知を失わないようにしよう」などと自分に言い聞かせるはずはなく、そう言うことによって本当にそうなるはずもない。反対にこれは、咎められるべき、軽率で、無責任で、そして身勝手なことだと見なされるだろうし、それは「傾向性から」ではなく、むしろ選択（プロアイレシス）から行為していると見なされることだろう。なぜなら傾向性に従って行為することこそが、一般的に言ってよく行為することなのであると（何らかの理由で）〔その人は〕決めたのだからである。[*21] ひとたびおとなになって理性を獲得した暁に、理性からではなく「傾向性のみから」行為するような行為者だと唯一明確に見なされるのは、性格が無抑制的な、すなわち「意志の弱い」行為者だけなのである。[*22]

　そうすると、おとなしか身につけることのできない完全なる徳とは、実践知が付け加わっただけの理性を伴う、子どもの自然のままの徳などであるはずがない。[*23] 子どもや獣のおこない（そしてもしかするとおとながたまにする衝動的なおこない）に関してのみ、（広い意味で）「傾向性から」行為すると言うことは意味をなすのである。[*24]

それでは「その人が友人であるから」お見舞いに訪れる人と、「義務感から」お見舞いに訪れる人との間での単純な対比については何が言えるだろうか。今になってみれば「道徳的な動機づけ」に関するカントへの批判としてその対比は、単純なものではまったくなかったことが浮き彫りとなる。それを、傾向性、すなわち愛（友情であれ同情であれどれであっても構わないが）の情動によって動かされる子どもと、（完全な徳を身につけているのであれ抑制的なのであれ）理性によって動かされるおとなとの対比として捉えるなら、前者の方が後者より道徳的に劣っていると言うことは、まったくもってもっともらしい。しかしそれを、アリストテレス流の抑制と完全な徳との対比を具体化するものとして捉えようとするなら、それは間違ったやり方での対比だと言える。「動機づけ」に関するアリストテレスの見解について語ることに意味があるのなら、自己抑制的な人と完全に有徳な人の「動機づけ」は同じものであることになる。すなわち彼らはそれぞれ「選択」（プロアイレシス）から行為するのである。二人の間に違いがあるとしたら、それはその「動機づけ」や行為の理由ではなく彼らの心の状態にある。つまり完全に有徳な人は、自己抑制的な人に比べて、自分の情動に関してよりよい気質をもっているのである。

アリストテレス流の徳、および情動

ここからは、完全なる徳のうちで情動が果たす役割に目を転じよう。まずは議論など不要な前提として、「情動が道徳的に重要である」と言うときに、アリストテレス主義者ならば最低限意味すべきものと思われるものについて述べることからはじめよう。それは基本的に次の三つの主張から成り立っている。

1　徳（および悪徳）は道徳的に重要である。

2　徳（および悪徳）とは、行為する気質だけでなく情動を感じる気質を含めたすべての気質のことである。言い換えると、行為への衝動だけでなく、その行為に対する反応をも含んでいる。（アリストテレスは繰り返し、徳は行為だけでなく感情にも関わっていると述べている。）

3　徳を身につけた人はこうした情動を、正しい機会に、正しい人や物に対して、正しい理由で感じることになる。この場合の「正しい」の意味は、「「ニュージーランドの首都は？」に対する正しい答えは「ウェリントン」」というときの「正しい」である。

このとき注意すべきことがいくつかある。まず第二の主張は「情動なるものが道徳的に重要である」という一般的な主張を支えてくれる論理的に適切な根拠のようなものを真に与えるものである。そのために第二の主張は、よくても「二、三の情動（愛や同情ないし後悔や誇り）が道徳的に重要である」ということしか考察しない部分的なアプローチを通じてその一般的な主張を支えようとする、どちらかというと弱腰の研究とは好対照をなす。

次に注意すべきことは、これらの主張を組み合わせると、特定の機会に特定の情動を感じることには単なる道具的価値や何か別の内在的価値ではなく、道徳に関わる内在的価値があるという見解が現金化されることになるという点である。この情動をしかるべきときに感じることには、それが徳の表れである限り「道徳に関わる内在的価値」があると言われることだろう。そしてここにおいて、（はじめのうちは一見些末に思える）後悔に関する論点が重要なものとして立ち現れてくるように思われる。悲惨な悲劇的ディレンマを後悔しながらも切り抜ける事例とは、「情動がもつ道徳的な重要性」との関連でいうと、「ここでの感じるべきやり方は／このことについて人が感じるべきものは／ちゃんとした人ならばこれについて感じるであろうことは……だ」と言いたくなるような数多くの状況のいくつかに他ならないものと考えることができるのだ。まったく同じことを別の表現で言い換えるならば、情動的な反応が正しい内容を、つまり正確で合理的な内容を有しているようなら、情動を感じることには道徳に関わる内在的価値があるということになるだろう。

最後の、そして最も重要な注意点は、第三の主張によって、情動を正しく・正確に感じるという認知に関わる極めて重要な考え方が導入されるということである。ヒューム流の善意を身につけている行為者、および自然のままの徳を身につけている子どもが、正確に感じることにとりわけ失敗するという話を思い出せば、次のことが分かるようになる。すなわち、徳とはただ単に、よく行為する傾向に加えて、「倫理的に美しく」同情に満ちた（おそらく同感的な）反応を感じる傾向を足し合わせれば完成するようなものではない。アウグスティヌスの有名な教訓、すなわち「愛しなさい、そして汝が望むことを行いなさい」という教訓は、「自分の心情に従うこと」を許すだけのものなのではなく、本当に愛と見なされるものに関する実に容赦のない指図を具体的に表現したものなのだ。そしてこれとまったく同じで、完全なる徳には情動を正確に感じることが伴うという主張は、理性の影響がなければ（一般的に言って）完全なる徳というものが不可能であろうということを言い表しているのである。

ところで、情動についてどのような説明をすればこの主張は真となるのか。それを認めないものとして、情動などわれわれの合理的な本性とは無関係だとする説明がある。そして実際、カントは多くの箇所でそのことについて述べている。とはいえカントは、われわれに備わる動機づけの原理が、たった一つではなく二つであるという点でアリストテレスと共通しており、しかもその他の点で彼の哲学的心理学はヒューム主義的ですらある。カントがコミットしている見解は、われわれの情動、すなわち傾向性は、われわれの合理性と何の関わりあいもないというものであるように思われる。情動、すなわち傾向性とはわれわれの本性のうちでも合理的ではないもの、動物側に由来するものなのである。もしも情動によって偶然にも、なすべきことに関する理性の判断に従う行為へと促されることがあるのだとしたら、それは幸運なことである。もし情動が、理性の判断に反するよう促すのなら、生きるというのは難しいものだということが分かる。しかし情動がわれわれを正しい方向へ促すことそれ自体は、情動が合理的であることの印でも、そのことを示すものでもない。情動はどうやっても合理的なものではない。

〔カント流の説明とは対照的に〕ストア派にまで遡る伝統をもつ別の説明によれば、実は情動とは、われわれの合理的な本性の一部だとされる。というのも情動は判断によって、少なくとも評価に関わるいくつかの判断によって、部分的にではあれ構成されているからである。一見したところこの説明は、情動とは正しく正確に持つことができるものだという主張とうまく織り合うものである。つまり、ある情動は、それを（部分的に）構成している判断（あるいは判断の集合）が真である（あるいは利用可能な証拠に照らして理にかなっている）場合に、正確に抱かれていると、大雑把ではあるが、そう言えるわけである。しかし、このトピックに関する膨大な研究が明らかにしてきたように、この「認知的説明」は数多くの困難に直面する。とはいえ目下の目的にとっては、二つの困難に触れておけば十分である。一つ目の困難は、自分の情動が何らかの意味で不合理であることにはっきり気づいているのだけれど、それにもかかわらずその情動に支配されている人に帰すべきふさわしい判断（あるいは判断の集合）を見つけるときのものである。その虫が無害であることを私は大変よく分かっているのだけれど、それでも私はその虫を怖がってしまう。その缶切りが私に逆らおうとしているのではないし、過去にわざと私の指を切りつけたわけではないことを私は大変よく分かっているのだけれど、それでも私はその缶切りに腹を立ててしまう。自分のパートナーがろくでもないヒドいヤツだということを私は大変よく分かっているのだけれど、それでも私は彼を愛してしまう。これはもう神さまに助けてもらわないなら大変なことになる。二つ目として、何かしらの信念を抱くことが幼児や高等動物にさえ認められるとしても、それらが判断を、とりわけ評価に関する判断を下すという主張には実のところひどく違和感を覚えるというものである。しかし、それらが判断を下さないとするなら、認知的説明に従う限り、それらは情動すら持たないことになる。以上の二つの反論は、より一般的な反論として次のようにまとめることができるかもしれない。すなわち、認知的説明に従うと、情動はあまりにも合理的なものとなりすぎるのだ。言い換えると、理論理性の判断にあまりに酷似してしまうのである。

必要だと思われるのは、動物的なもの、すなわち合理的でないものと、理論的なもの、すなわち完全に合理的なものという両極端を避ける説明である。ヒュームやカントが描く人間本性像には、その両極端の間に論理的な余地が存在しない。しかし、魂の諸部分を合理的なものと合理的でないものとに分けるアリストテレスの区分は、そこまで厳格なものではない。アリストテレスによると、魂のなかでも願望に関わる部分は、栄養に関わる部分とともに合理的でないものに分類される。しかしそのとき、魂の合理的でない部分をさらに二つに区分した上で、願望に関わる部分を特徴付けるときには、栄養に関わる部分と違ってそれは理性に関与していると言わねばならない。あるいはまた、願望に関わる部分は、魂の理論的な部分とともに合理的なものとして分類される。しかしそのとき、魂の合理的な部分を二つに区分した上で、願望に関わる部分は理論に関わる部分に耳を傾ける、あるいはそれに従うと言わねばならないのである。

以上のように、アリストテレス流の人間本性像では、——魂の願望に関わる部分と呼ばれるところに——情動の入り込む余地がもうけられている。そしてこのことによって情動は、いわばヤヌスの顔を持つものだということが、すなわち一つ目として動物の／合理的でない顔をもち、二つ目として合理的な顔を持つものだということが認められることになる。以上から人間とは、合理的でない動物もまたそれに従うところの情動に従うだけでなく、合理的でない動物に明確に欠けている情動（例えば誇り、恥や後悔）に従うものでもあることが分かるだろう。さらにこうしたことよりもはるかに重要なこととして、人間が動物と間違いなく共有している恐れのような情動が、理性によっていかにして劇的に変えられてしまうのかということについても分かるようになる、いや間違いなく分かるはずである。人間が動物とどれほど異なっているのかということは、人間が正義や真実のために激しい苦痛に耐え、自らの生命を危険に晒すときに、あるいは大学の試験の結果におびえているときに明らかとなる。そしてまた人間が栄光のために死ぬ覚悟はあるにもかかわらず屈辱の見通しに震えてしまうようなときにも、その違いが明らかとなる。他の動物において情動は、身体に関わる自己保存や種の保存と本質的に結びついているわけだが、人間の場合に情動は、われわれ自身やわれわれの種にとって最善であるものを保存することと、すなわち保存するに最も値するものを保存することと結びつくようなものへと変わりうるのである。そしてそれに関するわれわれの見解の正確さ（あるいは不正確さ）にわれわれの合理性の一面が表れるのだ。

　そうすると、情動を適切に説明するとしたらどのようなものとなるのか。ここでこまごまとしたことを語る必要はなく、次の大まかな主張をすれば十分だろう。すなわち情動とは、善悪についての考えや像（あるいは思考や知覚）を伴うものである。言い換えると、情動には最も一般的で総称的な意味での「善」「悪」を、追求および回避の形式上の対象として捉えることが伴うのである。（この文脈において「善」「悪」という言葉遣いに違和感を覚える読者は、「価値」「無価値」という言葉遣いを代わりに用いればよい。）

　多くの哲学者は、われわれの情動が善悪についての考えや思考を伴うということに気がついていた。哲学者のなかには、「快苦」というフレーズを「善悪」と（想定上）交換可能なものとして使うものがいる一方で、それらを区別するものもいる。ある論者は、（ほとんどの）情動はその一部が、何かをしたいという欲求によって構成されているという点に、あるいは少なくともそのような欲求を生み出すという点に光を当てる。そして彼らはこれらの欲求が善悪（快苦）についての考えや思考を伴うものだと解釈する。そのことから次のように言われる。恐れとはある程度、何かから逃げたいという欲求そのもの、あるいはそのような欲求を生むものであり、この欲求それ自体にはそのまま動かないでいることは悪ないし苦痛だという考えが含まれている。愛とはある程度、愛する人と一緒にいたいという欲求そのもの、あるいはそのような欲求を生むものであり、この欲求それ自体には愛する人と一緒にいることが善ないし快だという考えが含まれている。別の論者は、情動の原因や対象がどのようにして思考され、知覚され、理解されるのか、あるいはどのようにしてそれがなされるべきかということに焦点を当てる。われわれが恐れ嫌うものは、何らかの意味で悪（苦痛）であると考えられたり、知覚されたりしなければならない。われわれが望み愛するものは、善（快）であると考えられねばならない。また他の論者は、情動（のいくつか）に特徴的な欲求には、対象（や原因）が実際に含まれていると述べた上で、さらに複雑な要素を導入する。つまり嫌悪には、悪だと思われている誰かのもとに悪がやってくることそれ自体が善である（であろう）という考えが含まれていると言われる。怒りには、悪を引き起こす人のもとに悪がやってくることそれ自体が善である（であろう）という考えが含まれていると言われる、などである。

まとめると、多様性や不一致は数多くあるものの、共通する基盤を一つ認めることができる。すなわちわれわれの情動は「善悪」についての考えや思考や知覚を伴う、言い換えると最も一般的で総称的な意味で「善」「悪」を捉えることを伴う、そう漠然と言うことができるだろう。[*25]

「道徳と情動」は、この瑕疵さえなければ見事な論考なのだが、そのなかでウィリアムズは前述の点を見過ごしているようである。一九六五年に、英国における「最近の」道徳哲学が情動を無視してきた理由について説明しようとしたウィリアムズは、その答えの一部が「道徳の言語、あるいは評価に関わる言語の最も一般的な特徴」に先行研究のほとんどが拘泥してしまったこと、そしてその結果として「善」、「正」そして「べし」といった一般的な用語に研究が集中したことにあると突き止めた。ウィリアムズ曰く、こうした研究上の偏りのために「人間本性像から情動が追い出されることになった」のである。というのも「情動と道徳の言語とが極めて一般的に結びついているということなど、仮にあるとしてもほんの僅かしかないのだから、道徳の言語の最も一般的な特徴およびその結びつきについて述べようとするなら、情動についてほとんど何も言わなくてよいことがわかるだろう」からである。[*26]

しかしウィリアムズは、先行研究および同時代の研究に対してあまりに寛容でありすぎた。情動と、「善」および「悪い／悪」というごく一般的な用語とが極めて一般的に結びついていることは、少なくともプラトン、アリストテレス、ストア派、アクィナス、デカルト、ロックそしてヒュームの説明に明示されているように、誰の目にも明らかだった。先行研究が情動を人間本性像に含めなかったのは、情動と、彼らが取り憑かれていた道徳の用語との間に一般的な結びつきがまったくなかったからではなく、彼らがもっぱら片方側にしか目を向けなかったからなのだ。

ここで、一般的な結びつきについて述べた先ほどの漠然とした所見が、情動とは評価に関わる判断を伴うものである、あるいはそのような判断そのものであるというはるかに明快な主張ほどのことを述べているわけではないことに注意しよう。火傷を負った子どもは、それが評価に関わるものであれそうでないのであれ判断を下せるようになると言われる歳よりはるか前から火を怖がるし、母親に怒られて悲しみもする。実際「情動は善悪についての思考を伴う」という主張でさえ、幼子に適用される場合にはいくらか注意して理解されねばならない。その主張が意味しているのは、子どもたちの示す情動に応答するとき、われわれは総称的な善悪の観点から子どもたちに語りかけるのが適切だということなのであって、子どもたちに何かの見解を帰属させることが適切だということではない。

しかしながらその漠然とした所見が、より明快な所見と関連しているのは明らかである。確かにそれは漠然としている。だが、われわれの抱く情動はいかなるものも、一つたりとて他の動物と同じものはないという主張を基礎付けるためには、その漠然とした所見で十分なのである。というのも理性のおかげでわれわれは、言語を使用する者となるからである。われわれは他の動物とは異なり、自分たちにはそのように見えるものと実際にそうであるものとを区別することができる。他の動物とは異なり、われわれは総称的な善悪についての考えや思考や知覚を文章で表現することができる。そしてこれら総称的な善悪についての考え・思考・知覚は、われわれの言語のなかで、真／偽、正／誤、理にかなっている／理にかなっていないなどの評価をする際の信念を表明する役割を担うのである。

情動の教育

ウィリアムズの先達および同時代の研究者らのもう一つの過ちは、「評価に関わる言語……の最も一般的な特徴」に注目していたにもかかわらず、そのような言語は教えられなければならないということを考えておらず、そのために、道徳的な教育や躾について考えそこなっていたことである。われわれは幼少の頃から「善」「悪」という語（「善」「悪」と同じ意味の語）およびその属や種が含まれた文の使い方を教わると同時に、振る舞い方についても教わる。そしてこうした教えの中心にあるものこそが情動の訓練なのである。

情動が訓練されるときのやり方、およびそれによって価値が植え付けられるときのやり方が計り知れないほど複雑であることに関しては、悪しき訓練の典型である人種差別の植え付けを考察するとよく分かることだろう。[27]

第一に、過激な人種差別がどのようにして情動に表れるのかを思い起こしてみよう。人種差別は、嫌悪や軽蔑だけを生み出すのではない。それは、排斥された人種に属する人と自分の子孫が結婚しようとすることに対する恐れ、怒り、よそよそしさ、疑念、悲しみをも生みだす。彼らに悪が降り掛かるときには楽しみを、彼らに劣るような自分たちの人種に属する人に対しては憐れみを、彼らを破滅させることに成功するときには誇りを、彼らが辱められれば愉悦を、彼らのうちのひとりが優れた人間性の証を示していることに対しては驚きを、そのような人に同胞感情を感じてしまうことに対しては恐怖と自己卑下を生み出す。このように、人種差別の邪悪さからの影響を受けない情動を一つたりとて考えつくことは困難である。[28] しかも、その影響は欲にまで及ぶ。というのも、排斥された人種の食べ物や飲み物は汚らわしいものだと思われるし、排斥された人種との性交渉は邪であるからこそむしろそそると思われるからだ。

第二に、人種差別の影響が比較的弱い人は、こうした情動的な反応のいずれもが、どんな意味であっても自然なものだとは考えないということを思い起こそう。つまり、こうした情動的な反応は幼少の頃から植え付けられていないならば身につかないものだと考えられている。子どもたちは、とりわけ自分たちとは異なる人種のおとなを恐れるよう教えられ、その人種の子どもたちを嫌い、信用せず、そして軽蔑するよう教えられ、その人種が苦しんでいるときには面白がるよう、さもなければ喜ぶよう、その人種が友好的なときには怒りや疑念を抱くよう教えられなければならない。その人種が破滅したことを聞いたときにはお祝いに参加するよう、その人種の破綻を引き起こした人たちを賞賛するよう、その人種が幸せに暮らすことを不快に思い、それを阻止するよう教えられなければ、そうした情動的な反応など身につかないのだ。

そして第三に、どのようにして人種差別が植え付けられ、しかもそれを消し去るのがどれほど難しいのかということについて、われわれはようやく理解し始めたばかりであることを思い起こそう。過去三十年ほどにわたってわれわれは徐々に気がついていったわけだが、人種に関する固定観念を表現したものに、つまりわれわれの神話や隠喩あるいはイメージやモチーフの多くに暗示される人種差別を表現したものにわれわれは影響を受けている。それとともにわれわれは次のことにも気がついてきた。すなわち無辜で、もっともで、理にかなったものだとして——自分たちにはどうにもならないものだとして——今もなお自分たちが擁護する情動的な反応のうちに表れる人種差別に、自分たちが気がつくだけでなく、それを根絶するまでは、慈善はもちろん正義にさえも向けられるこの上なく熱心で誠実な関心は、歪んでしまったり誤った方へ向けられられたりすることが多いのだ。

こうした、人種差別の植え付けに関する現実の事例を念頭に置くと、次のことがはっきりと分かるようになる。すなわち、ある人の総称的な善悪についての思考が情動の訓練によって形作られるときの「その」やり方を、合理的なものと合理的でないものとにきっちり分けることはできないのだ。一方で、人種差別を植え付けられた子どもたちが、「善」と「悪」の総称的な用語の使い方を教えられている限り、そのやり方は合理的なものと言える（これこれの人たちは危険で、無知で、邪だ、彼があなたを自分の家に連れ込もうとしたなんて！　あなたにご飯を食べさせようとしたの？　なんて図々しい、なんて汚らわしい。彼女は彼との関係をすべて断ち切ったの？　それは何よりも正しい、なんて勇敢なんだ、なんて賢いんだ——これらはみな、自分たちを育ててくれた人たちからわれわれが学んだ言葉の使い方である）。そしてさらに、事実と言われているものを説明し正当化することがその訓練に組み込まれているのなら、そして証拠と言われているものがそのような主張に与えられているのなら、そのやり方も合理的と言える——例えば、これこれの人たちは危険なんだ。なぜなら彼らは自分の情念を統御できないから。なぜなら彼らはわれわれのことを嫌っているから。なぜなら彼らはずる賢くて心が歪んでいるから。これこれの人たちは勇敢ではない。なぜなら彼らは私たちと同じやり方で苦痛を感じないから。彼らは憐れむに値しない。なぜなら彼らはいつもつまらないことで騒いでいるだけだから。以上の二つの方法は、合理的な動物にとくにふさわしい訓練である。

　他方、その訓練が無意識的な模倣、ヒューム流の同情、そして条件づけによって行われていると言われる限り、それは合理的なものではない。子どもたちはただ単に、自分たちを育ててくれている人たちと同じやり方で情動的な反応をするようになるだけであり、それは人間以外の動物の子どもが情動的な反応をするようになるときのやり方と同種のものでしかない。

　最後に、善悪の用語の使用、その用語の説明および正当化と言われているものの全体系が虚偽や不整合によって構成されているならば、その意味でそれは合理的でない、いや不合理だと言われて然るべきである。しかし、自分たちの経験から分かるように、このことについてどれだけ理解していても、それは訓練を無かったことにするためには十分でない。自分の情動的な反応のいくつかがまったく馬鹿げたものであるのみならず邪悪でさえあったということに気がつくようになるからといって、その人がその反応を抱き続けなくなることは保証されないのである。

　そのような、馬鹿げていて邪悪なものである情動的な反応を根絶やしにし、子ども時代に受けた人種差別の訓練を無かったことにし、そして人種差別に関する情動的な反応を再訓練することで理性との「完璧な調和」に至ることは、つまり慈善と正義に対するひたむきな関心を示すようになることは可能なのか？　これに対する答えは、われわれにはまだ分からないというものに留めざるを得ないように思われる。

　理性は、ある程度のことをそれだけで成し遂げることができるということをわれわれは知っている。人は自分が情動的な反応をしていることに気がつくことができて、それに関連する善悪についての馬鹿げた思考を意識上に引っ張りだし、そしてその思考を合理的な信念を用いてたたき壊すことができる——私にはこの人から脅かされるものなどまったくない。彼女は私を侮辱したことも贔屓にしたこともなく、ただ理にかなった質問をしただけだ。私には、この人を信頼するためのありとあらゆる理由があり、逆に信頼しない理由は一つもない。彼女が数学者であることに何も驚かない。そしてまたわれわれは、いつもの知りあいであるとか親密な関係であるという意味での親しさは（再度、ひたむきな関心を前提にするならば）、決して軽蔑を生むものではなくむしろ同胞感情を生むものだということを知っているし、自分たちの恐れ、嫌悪、疑念、そして見当違いの驚きを投げ捨てることによって、多くのものを成し遂げることが可能となることも分かっている。

　しかし、それにもかかわらず全面的な再訓練は不可能だろう。アリストテレスはプラトンへの謝辞のなかで、「幼少の頃から、何らかの仕方で、正しい物事に対する楽しみや悲しみを感じるための訓練がなされることの重要性」（下線は引用者）[*29]を強調している。情動の合理的でない側面を考えると、理性によって幼少期の悪しき訓練を完全に無きものとすることはできないだろうし、おとなになってから愛と信頼の関係を形成するとしても、人種差別主義者の情動的な反応のうちに依然として示される、ある種の無意識的な悪の兆しを完全に無くすこともできないだろう。

　悲しいかな、もしもその通りであるのならどういうことになるのか？　確実に言えることだが、そのような情動的な反応の影響を受けやすい人がその反応を受け流し、そして「おおそうか、それは私にはどうにもできない。私はただそのようにしか反応せざるをえないんだ」と発言しても、それで許されるわけがない。というのもわれわれは、ある程度の再訓練ならば可能であることを知っており、そしてその再訓練が効果的ではなくなってしまうことが、もしかしたらあるのかもしれないけれども、しかしその時期がいつなのかについては分からないのだから、まともな人ならば誰もが、こうした反応をコントロールする方法をなんとかして探そうとせねばならないし、その希望を捨ててはならないからである。しかしそのことから必然的に帰結すると思われるのは、われわれのうちで、幼少期に人種差別を植え付けられた人たちは不運だということだ。われわれ自身の落ち度ではまったくなく、自分たちが最大限の努力をしているにもかかわらず、われわれの方が依然として、子ども時代に受けた善き訓練および合理的な原理のおかげで情動と理性の間に完璧な調和を達成しそれによって完全なる徳を獲得する人たちよりも、道徳的に劣っているだろうからである。

　このようなことが必然的には帰結しないとするならばどのようになるだろうか？　次のように言わねばならなくなるだろう。すなわち、われわれは人種差別的である情動的な反応の影響を受けているにもかかわらず、行為をしたり差し控えたりする際にその反応を示さないようにしている限り（そしておそらくは、その反応を根絶しようとし続ける限り）、いかなる人間とも同じほどに、慈善と正義において完璧であるのだ、と。なるほどそのように言ってきかない人がいるかもしれない。しかし、それは思いのほか傲慢であるように聞こえるし、そう言うことで排斥された人種の人たちが納得するとも思えない。[*30] そしておそらく、このような人種差別の事例を引き合いに出せば、ウィリアムズが「構成的な道徳的運」と命名したものに対して多くの人たちが感じる嫌気を退けることができるようになるだろう。

　カントの第三の慈善家が、人種差別主義の躾を受けてきたために、抑圧されている特定の人種の「苦しみに無関心であるような人」だとしてみよう（それは——他人の苦しみに——あるいは他のあらゆる人間のあらゆる苦しみにも？——本当に無関心であるような人を想像しようとするより、はるかに簡単である）。その場合、自分の躾についてはどうしようもできないという紛うことなき事実にもかかわらず、彼は「義務から」その抑圧された人種に属する人に利益をもたらす行為をしているわけだけれど、だからといってわれわれは、間違いなく彼のことを道徳的なお手本とは考えない。もし彼がこれまでに自分の躾の影響を無かったことにしようと努力をしたことがなく、それは自分の落ち度ではなく自分の情動は自分ではどうしようもないとしか主張しないのなら、彼は堕落しているのである。もし彼が努力を試みるもまったく成功していないのなら、彼は頑張りが十分でなかったのであり（というのもある程度の再訓練が可能だということが分かっているから）、少なくとも彼が本気で頑張っているかどうかは疑わしい。彼がまだかなり幼くて、ようやく最近努力し始めたのだから十分には成功していないとするならどうだろう。その場合には当然ながら、同じ悪しき躾を受けたけれど、より長い間それを無かったことにしようとしてきた人以上に、そのかなり幼い人が慈善的なことや正義にかなうことをするのは難しいと思うだろう。しかし、幼い人がそれを難しいと思うからといって、まったくその反対に、昔に比べると今はそれをするのが容易だと思う人よりも道徳的に優れていることにはならない。

　われわれのうち人種差別を植え付けられた人たちは、なぜその躾の影響を無かったことにしようと努力し続けなければならないと考えるのか。それは、その努力の継続によって、慈善的なことや正義にかなうことをするのが自分たちにとって容易になるだろうとわれわれが考えるからではない（実際には容易になるだろうけれど）。そうではなく、その努力の継続によって、われわれがいま現在以上によりよい人間に、より慈善的で正義にかなう存在になるだろうと考えるからである。なぜわれわれは、自分たちの子どもを自分たち〔が受けた悪しきやり方〕とは別のやり方で躾けようとするのか。それは、そうすることで子どもたちの道徳的な生を、これまでの自分たちの生以上に、努力せねばならないものとしたくないからではない（人種差別については、努力すべきものではあるけれど）。そうではなく、それによって子どもたちがわれわれよりも、結果的にうまくいってほしいと、より慈善的で正義にかなう存在になってほしいと思うからなのだ。よい躾など、子どもたちの生がうまくいくかどうかに何の影響も及ぼさないと考えられているのだとしたら、自分たちは子どもたちによい躾を施すべきだとか、われわれは子どもたちによい躾を施す義務があるなどとどのようにして考えただろう。とはいえ、われわれ自身がよい躾を施されてきたかどうかについては、ただの運の問題でしかないのだけれど。[*31]

結論

情動がもつ道徳的な重要性に関して、アリストテレス、及びそれに伴いアリストテレス主義者の方がカント（そして実際のところヒューム）よりも優れている。そしてそのことを示すポイントを、人間の合理性に関するアリストテレスの説明のなかに見てとることができるということに間違いはないと思う。その説明によれば、情動は理性に関与することが認められ、そのために情動は完全なる徳について詳しく説明するときに固有の役割を担うことが認められることになる。現代の道徳哲学の多く、すなわち義務論的道徳哲学と功利主義的道徳哲学は、人間の合理性に関してアリストテレスよりもむしろ、カントやヒュームに従ってきた。そしてそのために、アンスコムが一九五八年に注意を引き戻したところの欠陥に――それらが「適切な心理についての哲学」を欠いているということに――それら二つの規範理論は苦しみ続けている。[*32] しかし、このことによってアリストテレス主義者がカントより優れていることがありうるとしても、このことによってアリストテレス主義者がカント的義務論よりも本質的に優れていることを示すさらなる理由が即座に分かるとは思われない。近年『徳の教義』に対して再び関心が寄せられていることからも分かるように、事実、カントの後年の著作[*33]のなかには、彼が実際には何らかの合理的な情動なるものを認めていたことを仄めかしている箇所がある。しかし、たとえそのようなものがないのだとしても、義務論的道徳哲学者は依然として、（定言命法からスタートする限り）ある程度カント主義者であるように私には思われるのであり、彼らは情動に関するアリストテレス流の説明を付け足すことであろう。それはちょうど徳倫理学者が、アリストテレスにはない慈善のような徳を付け加えたり、アリストテレスの性差別主義から距離を置いたりするとしても、（徳についてアリストテレス流の説明からスタートする限り）依然としてある程度はアリストテレス主義者であるのと同じことである。そしてまた私は、功利主義者が情動に関するアリストテレス流の説明を付け加えるとしても、即座にそれが不整合だとは思わない。万人が正しい情動を、正しい機会に、正しい程度、正しい人々や物事に対して持つよう躾をされたり自らを訓練したりすることが、どれほど最善なものを生むのかということにひとたび功利主義者が気づいたのなら、彼らがその考えを歓迎しないわけがないのである。

　つまるところ、情動に関する古めかしい説明を「付け加える」という徹底的に練り上げられた試みは、事実上、義務論と功利主義を徳倫理学へと変えるものであるのかもしれない。そうである場合には確かに、徳倫理学がこの点で本質的に優位であるとわれわれは主張することができるかもしれない。しかし、そのような試みが一体どのようなものであるのかということについて分かるまでは、それは開かれた問いのままにしておくべきである。もしかすると、この領域における徳倫理学の目下の優位性は歴史的な偶然に過ぎないということが、将来白日の下に晒されることになるかもしれないのだから。

（訳　林誓雄）

本論文の初出は以下である。Rosalind Hursthouse, "Virtue Ethics and the Emotions," in *Virtue Ethics*, ed. Daniel Statman, Edinburgh University Press, 1997, pp. 99-117.

第八章　注

＊　フィリッパ・フットおよびクリスティン・スワントンには、本論文の初期草稿に対して詳細な批判をいただいた。ここに記して感謝申し上げる。

＊1　功利主義、義務論、そして徳倫理学がディレンマ問題に対してどのように応答できるのかという論点については、拙稿「誤謬と道徳のディレンマ」（*Argumentation*, 9, 1995, 1-16）のなかで論じられている。

＊2　アリストテレス『ニコマコス倫理学』（1099a12）

＊3　この例はいまや、このように省略された仕方で用いられるのが普通であるが、元の論文においてその例は、とても詳しく説明されていた。重要なことだが、その詳しい説明によってこそ、行為者の性格が明確なものとなるのであった。詳しくは、マイケル・ストッカー「現代倫理理論の統合失調症」（*Journal of Philosophy*, LXXIII(1976), 453-66）を参照。〔本書の第二章を参照〕

＊4　ロバート・ラウデンが「カントの徳倫理学」（*Philosophy*, Cambridge University Press, Vol. 61, No. 238(Oct. 1986), pp. 473-89）のなかで、そしてクリスティーン・コースガードが「義務からということと高潔さのためにということ」（Stephen Engstrom and Jennifer Whiting (eds), *Rethinking Happiness and Duty*, New York, Cambridge University Press (1995)）のなかで、標準的な解釈によって認められている以上の一致点がアリストテレスとカントとの間にあるということを見いだしている。

＊5　フィリッパ・フット『美徳と悪徳』（Oxford: Basil Blackwell (1978), 1-18）

＊6　フット、前掲書、p. 10

＊7　フット、前掲書、p. 11

＊8　『ニコマコス倫理学』（1117b10）

＊9　たとえば、ジョン・マクダウェルは次のように主張する。有徳な人たちが「利得、利益、危害、損失など」を理解するときの考え方は、徳が求める「犠牲」などまったく損失ではないというものである。（「アリストテレスの倫理学におけるエウダイモニアの役割」reprinted in *Essays on Aristotle's Ethics*, Amelie Rorty (ed.), California: University of California Press (1980), 369-70.）マクダウェルが引用するD・Z・フィリップス（「善き人であることは割に合うのか」*Proc. Arist. Soc.* n.s. 65 (1964-5)）は、徳が私に自分の人生を投げ出すよう求めるとき、有徳な人たちは「死を一つの善として考えている」と主張する。

＊10　フット、前掲書、p. 12

＊11　これこそ「新」アリストテレス主義的なポイントの一つである。アリストテレスが閉所恐怖症のことを知っていたのであれば、彼はそれを、勇気の徳を実行不可能にする欠陥であると考えたことだろう。

＊12　フット、前掲書、p. 11

＊13　フット、前掲書、p. 13

＊14　これは、ローレンス・ブラムの捉え方だと思われる。『友情、利他主義、そして道徳』（London: Routledge & Kegan Paul (1980)）の終わり付近で、彼は次のように述べている。「本書の議論の大部分を性格と徳の言葉でもって理解することができる。というのも私はこれまで、哀れみ、同情、そして関心（ないし気遣い）というものを、同じ言葉で意味される情動と関係がある、有徳な性格特性として考えてきたからである。」彼の考えでは、もし私が哀れみ深い性格の持ち主であるなら、私には哀れみの徳があることになる。言い換えると、端的に私が、ふさわしいときに哀れみの情動を感じ、その情動から行為する傾向をもつのなら、私は哀れみ深い性格の持ち主だということになる。そしてまた、この捉え方によってフランケナは、「特性（徳）なき原理は不能であり、原理なき特性は盲目である」という言葉を作ったのではないかと思われる。（『倫理学』第二版 New Jersey: Prentice-Hall (1973), 65）

＊15　私はそれが、ヒューム自身の捉え方であると言っているのではない。奇妙なことに、ヒュームは、徳を所持することの本質だと彼が考えているものについて明確には述べない。そのため、ヒューム流の情念が、適切に「穏やかな」ものとなったときに、どのようにして徳に関わるのかということは重要な論点といえる。アネット・バイアー『感情の成長』（Cambridge, Massachusetts: Harvard University Press (1991)）を参照。

＊16　デイヴィッド・ヒューム『人間知性の探求／道徳原理の探求』（*Enquiries Concerning Human Understanding and Concerning the Principles of Morals*. ed. L. A. Selby-Bigge. revised by P. Nidditch. Oxford: Clarendon Press (1975)）

＊17　アリストテレス、『エウデモス倫理学』（1224a25-30）

＊18　『ニコマコス倫理学』（1144b1-17）

＊19　アリストテレスがここでヌースを、――われわれが用いているような――何ということのない普通の意味で用いているのか、

それとも彼がそれ以前に論じていた専門的な意味で用いているのかは明らかではない。しかしどちらにせよ、それは子どもや獣が身につけていないものである。

＊20　この箇所におけるアリストテレスが、おとなにも自然のままの徳を身につけることはありうると暗に考えているという解釈が不可能だと言っているのではない。そうではなく、これが最も妥当な解釈だということを否定しているのである。

＊21　もしかすると、彼らがある種の高潔な野蛮人になろうとしていると考えれば、納得する（ような少し愚かな）人がいるかもしれない。

＊22　意志の弱さおよび性格の弱さに関する素晴らしい議論については、クリスティン・スワントン『自由——整合的な一理論』(Indianapolis: Hackett Publishing Company (1992)）を参照せよ。

＊23　もしかすると、ラウデンが考えようとしていることと同じかもしれない。（前掲、「カントの徳倫理学」）

＊24　マルシア・バロンが提示する第一の「多様性」（「徳の倫理学における多様性」*American Philosophical Quarterly*, No. 22, 47-53）にローレンス・ブラムは近づくだろうと考えられている。しかし、バロンの第一の「多様性」は反面教師となる話である。というのもそれは、「傾向性から」しか行為しないようなおとなが存在するとはどのようなことであるのかを理解し損なっているからだ。その行為者は、「他者を助けたいと思っている」が、「理論上、道徳の概念を、善さの概念を一切」持っていないのだ。子どもが傾向性から他人を助けようとして、そして早とちりをして、たとえば「彼女は包帯を外して欲しかったんだ」と言うとしよう。このときわれわれは、その子どもが、善さについて間違った捉え方をしているとは考えない。そうではなく、その子はあまりに幼すぎるために、善さの概念を持つことができていないと考えるのである。しかしおとなが同じようにする場合、「私は助けようとしたんだ。だけど、自分の行為がその人の利益になったのかそれとも害になったのか、どちらなのかがよく分からないんだ。人間にとって、何が善で何が悪なのかが分からないんだ」と発言するとしたら、それが許されるはずはないのである。

＊25　その「漠然とした所見」を、もっともらしい啓発的なテーゼに仕立て上げる際立った説明としては、やはりアクィナスが最良のソースとなる。「情念」について論じた『神学大全』（Ia2ae, QQ. 22-30）だけでなく、希望、恐れ、失望、慈善、楽しみ、嫌悪、無感動、妬み、怒り、好奇心などについて論じた箇所すべて（IIa2ae, QQ. 1-189）を参照せよ。デカルトも『情念論』において、若干骨抜きになっている感はあるが、それでもためになるものを打ち出している。

＊26　B・ウィリアムズ『自己の問題』（Cambridge: Cambridge University Press (1973), 208.）

＊27　「人種差別」ということで、異なる人種の排斥が意味されているのか、それとももっと個別的に、抑圧の文脈における排斥が意味されているのか、どちらなのかは微妙な問題である。ある人種差別主義者の躾がわれわれの情動に影響するそのやり方について述べた前のふたつの所見は、このことにはほとんど関係していないように思われる。黒人と白人、非ユダヤ人とユダヤ人は、同じようにして情動の影響を受けるだろう。しかし、第三の所見は、抑圧を必ず引き起こすような人種差別の概念へ向かう傾向がある。神話やメタファーを押しつけようとする、抑圧する側の人種の慈善や正義は、その押しつけによって歪んでいることが多いのだ。

＊28　私が議論をするなかで、ある人が楽観的に、愛なるものを提案してくれた。しかし、愛が人種差別の偏見に打ち克つという心温まる事例が存在しはするものの、その愛される人が「汚れた」血の持ち主であることが暴露されると愛が負けてしまうという事例も存在する。

＊29　『ニコマコス倫理学』（110b11-12）

＊30　正義とは、徳倫理学者によってさえも、情動を含まないものだと言われる。しかし人種差別の事例は、これが間違いであることを示しているように思える。

＊31　紙幅の都合で、その人の「もともとの気性」のせいで完全なる徳を身につけることができなくなるのかどうかという問いを考察することができない。しかし、おとなも自然のままの徳を身につけるということに対する先ほどの非難が、「自然のままの悪徳」にまで拡張されることは明白である。おとなであるにもかかわらず、完全に冷たい心をもつ人は誰もが、自身の欠陥からそうなっているのである。グレゴリー・トリアノスキー「自然的情感と性格に対する責任：徳についてのカント的見解に対する批判」『同一性、性格、そして道徳』所収（Owen Flanagan and Amélie Oksenberg-Roty (eds), Cambridge, Massachusetts: M.I.T. (1990)）を参照。この論考から私は多くのことを教わった。

＊32　G・E・M・アンスコム「近代道徳哲学」『倫理、宗教、そして政治』所収（Minneapolis: University of Minnesota Press (1981)）

＊33　前掲のラウデン「カントの徳倫理学」を参照。さらに、「同情に満ちた感情は一般に義務である」（『徳の教義』pp. 456-7）〔と

いう表現に」に注目せよ。そこでカントは「他者の感情を共有する能力および意志」を「理性を付与された動物として…の人間」にとってふさわしい感情であると賞賛する。

★1　訳語は以下の通り。自制的な：continent、自己抑制する：self-controlled、抑制：*enkrateia*、完全な徳：*arete*、完全なる徳：full virtue。

★2　朴一功訳『ニコマコス倫理学』（京都大学学術出版会、二〇〇二年）では「徳を愛する者には、徳に即した事柄が快い」

★3　二人の人物とは、後に出てくる「悲しみに暮れる慈善家」と「幸せな慈善家」のことである。

第九章　徳と正しさ*

ロバート・ジョンソン

道徳的に正しい行為とは、有徳な人であれば行うような行為のことなのか。そう考える人は多いだろうし、それは興味を引かない自明なことだとさえ思われるかもしれない。重要なのはむしろ、正しい行為や徳の理論化に着手するために道徳哲学が全力を尽くすかどうかだけのように思われる。だが、正しい行為とは有徳な人の行為であるという主張は、自明であるどころか、まったく誤っているのだ。少なくとも、私はそう信じている。私の考えでは、その主張はとりわけ、われわれはより善い人間になるべきだという常識的な見方に反している。もし私の見方が正しければ、徳と正しい行為にかんするその主張はたんに誤っているだけではない。その主張に基づいて正しい行為の徳志向的な学説を構築する理論はどれも、自己改善を目指す人には適切である行為についてわれわれが一般に認めている道徳的区別を説明できなくなるのだ。

以下では、ハーストハウスとマクダウェルが支持する見方についての検討から始める。[*1] 私は、正しい行為とは有徳な人に特有の行為であるという考え方を基礎とする彼らの見方を概説する。そして、有徳な人にはまったく特有でない正しい行為の事例を三つほど挙げ、それによって彼らの説明は却下されるべきだと論じる。つぎに、その説明の改訂版を検討するが、それらもまた却下されなければならないと主張する。そして最後に、正しい行為についてスワントンとスロートが提起した説明について検討する。[*2] どちらの説明も、正しい行為とは有徳な人に特有の行為であるという見方には依拠していない。にもかかわらず、いずれの説明も、われわれは自分自身を道徳的に改善すべきであるという事実を考慮していないと私は論じる。

私は、正しい行為について彼らが現在提示している徳志向的な説明では不十分だと論じるのだが、徳志向的な説明はどれもうまく機能しないと主張するつもりはない。スワントンが指摘するように、「現行の徳倫理学はまだ揺籃期にある」[3]。したがって、私が論じる問題のゆえに徳倫理学全体の構想は頓挫すると結論づけるのは、時期尚早である。私のねらいはじっさい、そうした主張よりもっとおおまかなものだ。すなわち倫理学の理論は、徳の説明と正しい行為の説明とをどのように結びつけるにせよ、ある正真正銘の道徳的義務のために場所を空けなければならないのである。その義務とは、自分自身の性格を改善する義務、つまり、いまの自分よりも善い人間になれるかもしれないというそれだけの理由で適切であるような、それまでとは違った仕方で行為する義務にほかならない。

《**1**》

まず、なぜ徳概念から正しい行為の理論を構築しようとするのか。それは結局のところ、倫理への徳志向的なアプローチに賛同してきた人たちのなかには、種々の徳概念を墨守していれば道徳哲学はうまくやっていけるという理由で、その理論構築を拒否してきた人たちがいたからだ。彼らの考えでは、徳の諸概念はあまりにも「濃い」(thick)ので、また、有徳な行為はあまりにも「コード化不可能」(uncodifiable)なので、そのような理論構築を有益なものにすることはないのである[4]。しかし、たとえそうだとしても、徳倫理学支持者のなかには、標準的な義務論や帰結主義の理論にたいして真の代替案となる正しい行為の説明を展開することに強い関心をもつ人たちも多くいる[5]。ある徳志向的な代替案によれば、マクダウェルが述べたように、「正しい行動の概念はいわば内から外へ向けて把握される」[6]。むろんマクダウェル自身の考えでは、いったん把握されてしまえば、正しい行為の概念が何らかの決定手続きをもたらすことはない。しかしおそらく、徳概念ならば、正しい行為の概念を生みだすだろうから、「私は何をなすべきか」という問いへの解答を提示するであろう。したがって、マクダウェルの見解に鼓舞されて、われわれは正しい行為を有徳な人に特有の行為として理解するのである。ただし、そうした説明を最大限に展開したのは、ハーストハウスの見解だ。要約すれば、それは以下のものである。

V：行為Aが状況Cにおいて行為者Sにとって正しいのは、完璧に有徳な行為者であればその性格特性に即してCにおいてAを行うとき、かつ、そのときにかぎる。[*7]

Vについての注記をいくつか述べておく。(1)まずVは、正しい行為とは完璧に有徳な行為者に特有の行為であると述べる。これによって、たとえば、ある勇敢な人がその他の徳を欠いているときにその勇敢さのゆえに不正な行為をするとか、正義の人がその正義のゆえに不親切な行為をする、といった可能性が排除される。徳倫理学支持者はしばしば、「徳の一性」（unity of the virtues）[*8]があると論じる。主張Vはこの論点を明確にしているわけだが、しかしそれは、以下のような見解を簡潔に形式化することによってである。すなわち、真に正しい行為は有徳な性格特性を表出する（あるいはその特性によってもたらされる）が、しかし同時に、その行為はいかなる悪徳も表出しない（いかなる悪徳によってももたらされない）のであり、したがって、真に正しい行為はすべての徳を完璧に有する行為者に特有の行為なのである。[*9]

(2)当然のことながら、「完璧に有徳な人」をどのように捉えるかは一通りではない。それはたとえば、われわれが徳の候補としてどのようなリストを挙げるか、また、人間が達成しうる完璧さについてわれわれがどれほど楽観的であるかなどに左右される。[*10] たしかに、完璧に有徳な行為者という捉え方は、現実にはありえない神的な理想というよりは、あくまでも人間レベルでの理想でなければならない。にもかかわらず、Vにおける完璧な徳という捉え方はやはり一つの理想化になる。その理由は、たぶん完璧な徳はどの徳理論であれ極めてまれなものになるからだ。別の理由としては、たとえある現実の人間によってすべての徳が完璧に具現されたとしても、正しい（あるいは悪い）行為について考慮すべき現実的および可能的な状況の領域は、現実のどの人が直面する状況の範囲をはるかに越えているからだ。[*11] したがって、そのような範囲外で正しい行為について語ろうとすれば、その状況における現実のどの人の性格よりも（たぶん相当に）すぐれた性格をもつ人に特有な行為について語らざるをえないのである。

(3) Vは、ある有徳な人の「特有な」行為に言及することによって、なんらかの理由で有徳な人にふさわしくなくなるような行為を除外している。これは、有徳な人に特有ではないようにみえる行為をなすべき状況はないということではない。われわれはときとして、〔将来の〕もっと過酷な事態を考慮して〔目前の〕過酷なことをせざるをえないような状況に直面する。しかし、これによってVに特別な問題は生じない。こうした条件のもとで有徳な人が行うようなことは、ほかの条件のもとであれば有徳な人に特有なことではない。このようなジレンマ的な状況における有徳な人の行為について、それを「正しい」と語ったり、ましてや、有徳な人がその行為を行っているその仕方ではなく、その〔表面上の〕行為だけに焦点を合わせたりすれば、それは誤解のもとになる。しかしVは少なくとも、そのような状況において完璧に有徳な人に特有な行為とはどのようなものかという問いにたいして、行為への指針的解答（群）を提示するのである。[*12]

(4) Vについての私の理解は、完璧な徳であれば引き起こすような行為はまさに完璧な徳のゆえに正しいというものである。このことはしかし、正しい行為はある完璧に有徳な性格によって、あるいは、ある単一の徳によって現に実行されなければならないということを意味しない。むしろ正しい行為とは、もし人がある完璧に有徳な性格を所有したとするならば、そのときに実行される行為である。[*13] このように規定すれば、行為の正しさをその行為者のじっさいの性格から切り離すことができるし、したがってまた単刀直入に、悪しき理由で正しい行為をするということさえ許容できることになる。こうして人は、完璧に有徳な人がその性格特性に即してなすことをなしうるし、また、たとえ完璧に有徳な人がもつ性格を欠いていたとしても、正しい行為をなしうるのである。私がＶをこのように理解する理由は、人は自分の道徳的義務を遂行するときに道徳的に価値ある動機から行為しないことがあると語ることを、正しい行為の理論は認めなければならないからだ。もちろん、このように言いながら、他方で、道徳的義務の遂行が道徳的に正しくあるためには、それは徳によってじっさいにもたらされなければならないと主張できるかもしれない。[*14] しかしＶは、このような可能な代替案にたいして、少なくとも以下の点で明らかに優位である。すなわち、ある人が道徳的義務を遂行するときに、たとえそれが最善の動機からではないとしても、Ｖによってわれわれは、その人は道徳的に正しいことも行っていると言えるのである。

⑸いったんわれわれが完璧な徳の説明を手に入れたならば、Ｖは、どの行為が正しくて、どの行為が悪いのかをわれわれに指示するということになっている。しかしＶは、どの行為が正しい（あるいは悪い）のかをいかにして発見するか（すべきか）については、少なくとも明瞭に指示するとはされていない。つまりＶは、完璧に有徳な人の行動を観察することによって、われわれはなすべき正しい行為が何であるかを知るようになるとは称していない。換言すれば、Ｖは、正しさへの特定の認識論的ルートについて明示的には関与していないのである。したがって、たとえば、徳の初心者であれば、善い性格を欠いているから、誰が善い性格の人なのかを、それゆえまた、正しいことをいかにして発見するのかを知らないだろう、といったように、Ｖがあからさまに批判されることはない。[*15] おそらくわれわれは、種々の権威、書物、伝承的知識、親などから正しいことや悪いことを学ぶ。Ｖがわれわれに教示するのは、われわれがそうした源泉から学んでいるものが何であるかに尽きる。すなわち、われわれが学んでいるのは有徳な人に特有の行動にほかならないのだ。

これに関連して生じる疑念は、「有徳な人」という概念そのものが不明確であり、それゆえまた、ある状況においてどのような行為が有徳な人に特有なのかが不明確なのだから、Ｖは何をなすべきかという問いにたいして明確な解答を提示できない、というものである。しかし、有徳な人の概念がそれ自体として不明確であるのはその通りだとしても、個々の徳や悪徳の説明が提示されれば、この反論は効力を失う。[*16] したがって、有徳な人がある状況において何をなすのかは不明確だが、親切な人〔勇敢な人、正しい人など〕が何をなすのかは不明確ではないのだ。

(6) Ｖの条件節は、少なくとも二通りの仕方で解釈できる。一つの解釈によれば、行為者Ｓにとって正しい行為とは、現実のＳからは独立に確定される有徳な行為者に特有の行動である。もう一つの解釈では、現実の行為者Ｓについて、完璧な徳が引き起こすかもしれないＳのどんな心理的変化にも合わせながら、現にあるがままのＳに完璧な徳を付与することになる。二つの解釈のどちらを採るかは重要になるだろう。なぜなら、〔前者の場合〕完璧に有徳な行為者Ｓであれば、Ｓについてのその他の委細が特定されるまでその性格特性に即して行為するということは、おそらくほとんどないからだ。しかし、他方の選択肢〔後者の場合〕では、その委細も明確に規定されるように思われる。なぜなら、いったん詳しい記述が追加されれば、その人に特有であるような個々の行為の結果をわれわれは予測するだろうが、十全な〔完璧な〕徳がすでに付与された人については必ずしもそうではないからだ。たとえば、内向的な人も外向的な人も、等しく慈悲深いということはあるかもしれない。しかし、〔生活困窮者向けの〕無料食堂で黙々と皿洗いをすることは内向的な人に特有であるのにたいして、慈善活動のためにパーティを開催することはそうではないだろう。[*17] 行為者Ｓの記述の仕方にはこのような二つの方向があるとはいえ、ここでそれを詳しく検討する必要はない。私の目的にとっては、つぎのような想定で十分である。すなわち、Ｓにとって正しい行為とは、もしＳ自身でなければ、少なくともＳに十分似かよった誰かが、もし完璧に有徳であるならば、その特性に即して実行するような行為である。言い換えれば、Ｓにとって正しい行為とは、Ｓに十分似かよった人が、十全な諸徳を付与され、また、悪徳その他は除去されているような最も近接した可能世界において実行する行為なのだ。

最後のコメント。義務論者や功利主義者は、望めばVを受け入れることができる。とはいえ、原理的にみて、彼らは徳倫理学支持者による条件文Vの前件〔徳〕から後件〔正しさ〕への読み方には反対するだろう。徳倫理学支持者は、義務論者や功利主義者とはちがって、善き生やその徳について理論化する場合、正しい行為についての種々の見解にはできるだけ頼らないようにしなければならない。そうしたときにのみ、徳倫理学支持者は、有徳な性格の把握だけで付与される素材から正しさの理論を構築したと主張できる。しかしながら、以下のことも同等に成り立つ。すなわち、Vを受け入れる義務論者や功利主義者は、もし正しい行為の説明で付与される素材から徳の理論を構築したと主張するのであれば、貴重な性格特性にはできるだけ頼らないようにしなければならないのである。

さて、Vの利点をいくつか述べよう。条件文の前件あるいは後件のどちらかを基本にできるという意味でVが中立的であることは、Vの利点である。Vと正しい行為の完全かつ独立した説明とによって理論武装すれば、徳の概念は正しい行為をもたらす特性として構築できる。しかし同様に、善き生とその徳についての完全かつ独立した説明が与えられれば、正しい行為を有徳な人に特有のものとするような理論をつくるためにVを利用できる。こうしてVは、党派的闘争をするには及ばない——徳の理論と正しさの理論とのあいだの——安全な架け橋となる。

徳倫理学の背後にある基本動機の一つは、倫理学の照準を「行為」や「結果」に合わせるのと少なくとも同程度に「性格」にも合わせたい、という欲求にある。これは、日常の倫理的関心が行為や結果にその照準を合わせているのと少なくとも同程度に性格にも合わせているようにしばしば思われるという見方を反映したものである。しかし留意すべき点がある。Vによって倫理学者はたしかに〔徳の〕性格特性に照準を合わせることができるが、しかし同時に、倫理学の主題——お望みならば倫理的事実——は「本質的に組み込まれた」実践的結果〔行為〕にあることをVは表明しているのだ。種々の徳とは、（排他的でも全面的でもまたおそらく根本的にでもなく）ある状況のもとである仕方で行為する傾向性である。したがって、われわれが道徳について語るときに話題とするのは、まさに行為への傾向性にほかならないのだ。

これによってVのさらなる利点が引き出される。すなわち、もし性格特性が人間のもつ自然な心理的特徴だとすれば、Vは最終的には、功利主義にたいする自然主義からの代替案を展開できるような枠組みを提供する[*18]。この代替案に基づく倫理学の主題は、人間のある種の心理的状態つまり自然的条件になるだろう。こうした状態についてのわれわれの理論は、生物学あるいは心理学の理論に完全には還元されないかもしれない。しかし、少なくとも徳倫理学は、Vからの支援によって、正・不正といった道徳的特性をわれわれの日々の活動のうちに位置づけることができるのである。

Vの利点がこのほかにもあることに疑問の余地はないし、また、もっと詳しく記述しなければならないこともはっきりしている。しかし、以上の議論でもって、その理論の背景にある基本的な着想およびその最も望ましい特徴のいくつかは整ったとしよう。Vがわれわれに提示するのは、正しい行為の理論を徳の概念から構成するための手段であり、したがってまた、標準的な功利主義や義務論の理論にたいする一つの望ましい代替案なのだ。〔まとめれば〕われわれはまず、徳の説明を正しい行為の概念からは独立に展開する。つぎにわれわれは、正しい行為を第一義的で最も有徳な行為、すなわち、徳を具備する行為者に特有の行為とみなす。さらにわれわれは、実質的には（全面的あるいは根本的にではないにせよ）行為への傾向性によって構成されるという点で、道徳的事実を必然的に実践的なものとして語る。そして最後に、それらの道徳的事実そのものは、通常の自然的事実たとえば人間の心理的状態によって構成される。さてそれでは、完璧には有徳でない人が置かれている窮状に向かうことにしよう。

以下のような人物を考えてみよう。その人には虚言癖があって、これまでに観た映画や読んだ本といったさして重要ではないことについてさえ嘘をつく。彼の嘘はほとんど実害がないし、害を加えようとする意図もない。また、たんに自分を苦境から救い出そうとして嘘をつくこともない。つまり、嘘をつくことは、彼が悪意や臆病といったほかの悪徳を表すための手段なのではない。むしろそれは、ほかの悪徳から多かれ少なかれ独立した一つの習慣であって、彼が誠実さという価値を十分に理解していないことに起因している。じっさい彼はときおり、自分にとって嘘とは周囲の人びとを幸せにする「社会的な潤滑油」であるとか、たぶん「事を済ます」ための一つの方法なのだとか、理屈をこねたりもする。しかし、たとえそうだとしても、ほとんど自分では気づくことなく、彼の口からはしばしば嘘が出てくるのである。

さて、友人のひとりが彼を呼びつけて虚言について叱責したところ、自分は変わらなければならないと彼が心に決めたとしよう。彼は、自分が変わらなければならないのは、これからはほかの人を困惑させないためでもなければ、そうするのが「最善の策」だからでもなく、これまでの自分のふるまい方が結局のところ不快だからだ、と考える。彼が取り組む課題は単純ではない。嘘をつくことは彼の習慣となっており、「善くなろうという決意」だけで彼が変わることはありえないほど彼の行動に深く染み込んでしまっている。それでは、彼はどのような段階を踏むことになるだろうか。

アリストテレスも含めた徳倫理学者には、性格を変えることの可能性に悲観的な人がいる。[*19] しかし、ここでは議論のために彼の性格は変更可能な範囲にあると仮定しておこう。十分な努力と忍耐をもってすれば、彼は変われるかもしれないわけだ。こうしたうえで、彼がすることは山ほどあるが、ふたたび議論のために彼は以下のことをすると仮定しよう。彼はまず真実を語ると心に決め、そうなるように自分の意志を傾注する。しかし、嘘をつくことはあまりに簡単で「自然な」ことだとすれば、彼はほどなくして誘惑に屈する。そこで彼は、セラピストの診察を受けたあと、どんなに些細なことであれ、自分の嘘は今後書き留めておくことを決意し、よりいっそう自分の習慣を注視し、改善の経過を記録するようにする。さらに、虚言の誘惑に気づいたときはいつでも、もし真実を語ったならばどうなるかについて具体的に考えをめぐらすようにする。自分の嘘で守られるのはいったい誰か。〔嘘をつくことで〕自分が彼女を守りたいのはなぜか。もし自分の嘘が発覚したならば、落胆するのはいったい誰か。彼はまた、不愉快な真実を告げる人間にたいして人びとは不当な対応をいつもするわけではないことを思い起こすようにする。最後に、自分の虚言癖は低い自尊心に関係しているかもしれないと考えて、彼は自尊心を高める活動に取り組むのである。

　以上が素描しているのは、より善い人間になることへの進展を「自己監視」して、その記録をつけること、また、状況と行為の結果について自分の考えを変えようとすること、そして、自尊心を高めることなど、種々の行為である。常識的に考えれば、これらの行為は、少なくとも彼の性格を改善するかぎりにおいて、こうした状況のもとでは道徳的になすべきことであろう。ところが、これらはどれも、完璧に有徳な行為者に特有なものではまったくないのだ。[*20]これらのこまごまとした個別的な事柄がこの一個人のなすべきことなのかという問題は、完全に無関係である点に十分注意しよう。おそらく彼自身を改善するもっといい方法があるかもしれない。しかし、たしかに彼は、たんに「これからは真実を語ると決意する」以上のそうしたことをしなければならない。これは本来、完璧に有徳な人であればその性格特性に即して関与することのない行動である。〔虚言癖の〕彼がこうしたことを行うべきだということは、〔道徳的に〕正しい行動とは有徳な人に特有の行動であるという主張に真っ向から反するのである。

　あるいは、その主張の通りなのかもしれない。というのも、アリストテレスは一つの即答を用意していると考える人がいるからだ。アリストテレスの議論によれば、われわれが種々の徳を自分自身のうちで陶冶し、それゆえ、自分自身をより善くしていくのは、有徳な人がその性格特性に即して行うのとまさしく同じ行為を行うことによる。要約すれば、その議論はつぎのようになる。

1　徳とは「自然によってでも自然に反してでもなく」初心者に生起する性格の状態〔ヘクシス〕である。[*21]

2　「状態は類似した活動から結果する」。[*22]

したがって、

3　「われわれは正しい行為を行うことによって正しい人になり、節度ある行為を行うことによって節度ある人になり、勇敢な行為を行うことによって勇敢な人になる」。[*23]

最初の前提によって、徳とは時間をかけて（理想的には子どものときから）人間のうちで陶冶されうるし、また陶冶されなければならないような種類の状態〔ヘクシス〕であることが確保される。第二の前提は、その状態がどのようにして形成されるかについての一般的な主張である。この主張を状態としての徳に適用すれば、徳は同じような行為を行うことによって生じることになる。それゆえ、われわれが有徳な行為者のもつ状態を形成するのは、有徳な行為者と同じように行為することによってである。そして、ここから帰結するようにみえるのは、徳を形成するのは、有徳な人自身と同じように行為する以外には何もなく、したがって、有徳な人に特有でない正しい行為というものはないということである。

だが、これは帰結しない。この議論が含意するのは、有徳な行為者と同じように行為することが徳を生み出す、ということだけである。しかし、これが妥当だとしても、もし道徳的にみて行わなければならないような徳を生み出す行為があり、かつ、それらの行為は有徳な人に特有な行動の部分ではないというだけで、Vは弱体化する。そして、常識は数多くのそうした行為を認めると私は考える。

むろん、それらの行為は例外にすぎないと主張されるかもしれない。「たしかに、コンセントに指を差し込んで、臆病者からヒーローへと永遠に変身してしまうことはあるかもしれない。だがそれは、徳および道徳的発達の一般理論には無関係だ。重要なのは、一般に人は有徳な人と同じように行為することによって有徳な人になる、という点である」と。しかし、一般則として、われわれが有徳な人になるのは有徳な人に特有の行為を行うことによってであるということに、いったいどれほどの説得力があるだろうか。少なくとも、道徳的発達の諸段階にとって、また、自分を改善しようと努力している人にとって、それはさしたる説得力をもたない。そして、自分を変えようとしている嘘つきについていえば、それが説得力をもたないのは間違いない。前述の虚言癖の人が取り組む類の戦略は、正直な人に特有なこと〔それがたんに真実を語るだけではなく何であるにせよ〕をただたんに行うことよりもはるかに現実的なのだ。したがって、もし上掲の議論が一般則として、人は有徳な人と同じように行為することによって有徳な人になる〔それゆえまた一般則として、正しい行為とはすべて有徳な人に特有な行為である〕ということを含意するならば、それは健全な議論ではない。

　まだ完璧には有徳でない人についてアリストテレス自身が現に語っている事柄は、私が挙げる類の行為を考慮に入れている、という指摘は有益である。[*24] アリストテレスは、以下のように論じている。――〔両極端を避けて〕中間〔中庸〕を射ることはむずかしい、なぜなら「異なる人ごとに異なる目的に向けて異なる自然的傾向があり」、「われわれはすでに〔快楽の〕傾向に偏している」からである。[*25] したがって〔まだ有徳ではない〕われわれは、「より対立する極端を避けて、……より少ない悪をとり」、われわれの自然的傾向とは反対の方向にむけて「自分自身を引き離し」、そして「わけても快いものと快楽に注意を払う」ようにしなければならない。[*26] ――以上の議論は、一つのパズルとなる。その議論によれば、アリストテレスが行うべきだと語ることを行う人は、より少ない悪をとり、自分の自然的傾向に反して行為し、快楽を避ける特性を身に付けようとしている。だが、少なくともアリストテレスにとって、より少ない悪をとり、自然的傾向に反して行為し、快楽を避ける特性を所有するということは、徳の本質ではない。有徳な人は、いわば第二の自然であるかのごとくしっかりと確立された傾向性に基づいて、最善のことを行うことによろこびを覚えるのである。さて、これらの戦略は、徳とは調和しない傾向性を生み出すというよりはむしろ徳を促進するのに役立つとアリストテレスが考えていたとするならば、彼自身はまた、ただたんに有徳な人と同じように行為することは、必ずしも徳を獲得するための唯一のあるいは最善の方法ですらないと考えていたことになる。[*27] この点でアリストテレスは正しいと私は考える。とはいえ、このことがこれまでの議論とうまく調和しうるかどうかは、ここでは重要ではない。[*28] 私の眼目はただつぎの点にある。すなわち、もし徳の発達にかんするアリストテレスの議論によって含意される結論が彼自身によるアドバイスと両立しないように読まれるならば、その含意は誤っているのだ。

いずれにせよ、Vには私が議論したい第二の問題がある。たとえ自分自身を道徳的に改善するという義務はまったくないとしても、考慮すべきことが少なくとも一つある。それは、われわれが行為するときの欠陥である。具体的に言えば、徳の初心者は抑制的に行為しなければならないのである。だが、こうした行為はまたもや有徳な人に特有ではない。有徳な人は、〔徳の初心者とは対照的に〕節度ある人である。実践的理由にかんするマクダウェルの見解を批判するさいにバーナード・ウィリアムズが注記していることだが、「もし私が自分には節度が欠けていて、ある面での抑制には自信がないことを知っているならば、節度ある人であれば適切かつ安全に行うことを行わない十分な理由が私にはある」。[*29] じっさい、以下で見るように、私には、節度ある人ならば行わないようなことを行う十分な理由もまたあることになるのだ。私の挙げるつぎの事例がその諸論点を展開する。

《2–B》

道徳的なしつけは不十分だったけれども、長年いろいろと辛い経験をした末に、どうにか自分の人生を道徳的に保持している人を想像してみよう。その人は、簡単に言えば、自分のなすべきことをなそうと奮闘している人である。

彼を知る多くの人は、彼の性格が品位を欠いていることに同意する。彼のふだんの生活は、悪意のある小心的な欲望と闘う人に特有の行動パタンを示しているのだ。そのせいで人は彼のことをあまりよく思わないかもしれない。しかし、彼の行動そのものを非難するのがむずかしいこともわれわれにはわかる。彼は意図的に他者に危害を加えることはないし、自分に危険が及ぶからという理由で大切な仕事や目的を避けることもないのである。

彼が好ましくない欲望を克服できるのは、切迫した義務的要請があったときに彼が奮い起こせる特別な気持ちの高揚によってではない。彼は、その場の偶然的な高揚に委ねてしまえば自分がしくじることを知っているので、欲望との闘争が起こりそうだと予見したときにはあらかじめ計画を立てる。彼は、誘惑が襲ってくると思ったときにはひどい行動をしないような方策を考えるのだ。たとえば、彼がほかの人に告げなければならないやっかいな真実について言い方を換えてみる。さらには、適切に行動するために社会的支援を得ようとする。たとえば、週末に彼の年老いた母親が〔買い物で〕市内を移動するのを手伝うと決めたとき、彼はたんに心のなかで「手伝うと決心する」だけで済まそうとしない。彼はあらかじめ友人に、彼がその手伝いをしようとしていること、自分は手伝うべきだと考えていること、その手伝いをせずに友人と外出することはけっしてないことなどを告げるのである。

彼はまた、義務を果たすための行動とは何かをきちんと知るために、まさに自分は何をなすべきなのかについて具体的であるように努力する。彼は、「困っている人を助けなさい」といった子どもっぽい格言について思いをめぐらしてみてから、何を、いつ、どこで行うのかの決断を衝動に委ねてしまうことはしない。彼が行うのは、まさにどこで、どのようにして、何にたいして貢献できるのかについて、あれやこれや徹底的に考えてみることである。じっさい、このようにすることで彼は、自分の性格の弱点に大きく依存する計画をある程度まで回避する。もちろん、そのせいで彼は、知人には自分の性格を露呈するような行動パタンを引き起こしてしまう。彼はむろん、もっと「自然に」していたいのであり、そのような人を称賛する。そして彼は、しばしば自分の弱点になんとか対処しなければならないのだが、その弱点に迎合することがないように懸命に努力する。こうして彼は、少なくともある状況のもとでは自分が最善の状態にいないことを理解できるほどまでに、自分自身をよく知るようになるのである。

有徳でない人は、正しい〔勇敢な、親切な、あるいはその他の有徳な〕行為を行うためにいろいろな方法で自己を抑制せざるをえない。じっさい、もし抑制の必要がなかったとすれば、その人は有徳な行為を第二の自然とするような心理的機制をすでに身に付けていることになる。換言すれば、その人は〔徳の〕初心者ではまったくないのだ。とりわけ留意すべきは、初心者の有徳的な行為は一般に自己を抑制する種々の行為の網目に埋め込まれているということである。これによって、その網目の内部でみれば、有徳な行為そのものの重要度は減じる。対照的に、節度ある人はこうした自己抑制的な行為をいっさいしない。有徳な人にとっての有徳な行為は、そうした網目には埋め込まれていないのだ。[*30] ふたたびここでも、人はいかに行動すべきかという問いは、有徳な人に特有なものではまったくない。

さて、有徳な人であれば、その性格特性に即してほかにもじつにいろいろな仕方で行為するだろうが、〔有徳ではない〕われわれの多くがそうすべきだと思われるものと調和しないような仕方で行為するわけでもない。たとえば、以下の最後の事例を考えてみよう。

《2–C》

ある点で道徳的感覚を欠如している人を想像しよう。ここでの問題は、その人が対処できないほど数多くのジレンマに直面するということではない。また、彼にはほかの人の利益や権利そして感情をよろこんで踏みにじって物事を進めるほど悪意があるといったことでもない。彼が直面する道徳的状況はむしろ、ほかの人とほとんど同じ類のものであり、しかも彼は善かれと思ってしている。だが、おそらくは育ちや教養のせいで、彼にはなんらかの道徳的盲点があるのだ。[*31] ただしここでは、彼はそれを知るだけの自己認識をもっていると仮定しておこう。したがって彼は、自分の道徳的感覚に疑念をもつしかるべき理由があるとき、当該の観点において彼よりも有徳でその視野が当該の観点について妨害されていない友人に指導を請うことになる。その友人は、彼とは対照的に、そこでの状況が要求するものを正確に見てとることができる。しかしながら、私が想像することをお願いした人物は最初、自分自身の判断に頼ろうとして、友人の道徳的感覚にはお世話にならないと心に決める。じっさいのところ、十分な時間があれば、彼は問題の大半を自分でやりとげるかもしれない。だが、多くの状況では即座に対処しなくてはならない。こうした状況では、彼はたしかに指導を請わざるをえないのである。

有徳な人とは、自分の置かれた状況——危害を受けてきたのは誰か、それはどのようにしてか、対応で求められているのは何かなど——を十全に把握する人であるとされる。じじつ、道徳教育とはほとんど感覚の改善の問題であるとみなす人さえいる。[*32] いずれにせよ、〔道徳的〕感度の低い人は、自分の道徳的感覚の改善に努めなければならず、そしてなかんずく、感度の高い人に指導を請うようにしなければならない。それゆえまたもや、道徳的になすべきこと——指導を請うこと、自分の感覚能力の改善に努めること——は、完璧に有徳な人にとって特有のことではまったくないのだ。ここで、自分の道徳的感覚を改善するためにできることといえば、それは徳を高めることだけだと返答するならば、それは説得力を欠くだろう。自分の道徳的感覚が不完全である場合、人が行うことができ、また行うべきことは、たんに徳を高めること以外にもたくさんある。一つは、助言を求めることだ。[*33] このことは、いつでもそうしたならば、よりすぐれたビジョンを身に付けるよりもむしろほかの人に依存するようになってしまうことを否定しない。しかし、助言を求めることによって人の道徳的感覚が鋭敏になることは十分にあるし、あるいは、そうすることによって少なくとも困難な状況にいる人はなすべき正しいことを発見できるのである。

以下で重要となるので、つぎの点を指摘しておこう。指導を請うさいには、指導できる位置にいる人だけに、つまり、指導を受ける人よりもなんらかの仕方で適切な位置にいる人だけに、あるいは、当該分野の熟練した専門家（エキスパート）である人だけに指導を請うのが賢明である。そして有徳な人はしばしば、あれこれの状況において何がなされるべきかについて指導するすぐれた拠り所となる。しかしその熟練的知識（こう呼ぶとする）は、ある言語の母語話者（ネイティブ・スピーカー）のそれとかなり類似したものになる。[*34] 母語話者は、何が文法的に適格かどうかを聞き分けることができる。それと同様に有徳な人は、少なくとも自分自身の行為にかんしては、道徳的に何が適切かどうかを判別できる。したがって、もしある言語でこれこれのことをどう言うのかについて指導がほしいのであれば、その母語話者に尋ねることは理にかなっている。一般に、判断に迷うような状況で話すべき正しいことが何かは、質問すべきである。[*35] しかし母語話者にはおそらく、文法規則の明示的な知識が欠けており、さらに重要なことには、自分の言語を習得する最良の方法についての考えもほとんどない。母語を教えようとした経験のある人であれば誰でも、その教授がどれほどむずかしいことか、つまり、たんに母語に熟達しているだけではどうにもならないことを知っている。むしろ母語話者が知っているのは、何が適格に聞こえるか、何を言うべきか、それをいつ、どのように言うべきか、といったことなのである。

　これと同様に有徳な人の場合もまた、（もしあるとして）道徳法則について、いわんや道徳心理学や道徳教育について、自分がその明示的な知識をもつことはいっさい要求されない。有徳な人がどんな人かといえば、たんにその徳のおかげでもって、どのように対応すべきか、何を感じるべきか、何を探すべきか、何をなすべきか、またそれはなぜか、を知っている人である。この限定された範囲において有徳な人は、与えるべき、適切でおそらくは原則に基づいてさえいる一般的な助言をもっているかもしれない。しかし、従うに値する助言を有徳な人はもっているとか、あるいは、解答を出すうえでほかの人よりも適切な位置に有徳な人はいるとか、われわれが考える理由がいっさいないような状況は、広範囲に及ぶ。というのも、有徳な人はある状況において行動すべき仕方を知っているという事実から、有徳な人はあまり有徳でない人に行動の仕方を教える位置にいるということは導かれないからだ。理由の一つとしては、そうした位置にいるかどうかは、自分自身の行動のすぐれた予言者でもあるかどうかに左右されるだろうが、そのためには完璧に有徳である必要はないからだ。他方また、有徳な人が有徳になる方法について価値ある指導を行うと考えるべき理由がないのは、ある言語の母語話者がその言語の習得にかんして価値ある指導を行うと考えるべき理由がないのと同じだからである。もちろん母語話者が、ある人は文法を改善すべきだということを聞き分けることができるのと同様に、有徳な人であれば、ある人は性格を改善すべきだということはきちんとわかる。しかし、母語話者も有徳な人も、なすべきことについてそれ以上のことを語るほど大きな権限をもっていると考えるべき理由は何もないのである。

私が挙げた事例では、指導を請うのは賢明なことであり、賞賛に値することでさえある。道徳的盲点をもつ人は、自分が見逃しているかもしれないことを指摘してくれるように盲点のない人に頼んでいるのであり、それが要求されていることである。しかしながら、その人は自分の道徳的感覚をどのように改善すべきかを請うことはしていない。彼が求めているのは、もし自分よりも適切な位置にいる人なら見逃さないような事実があるとすれば、自分が見逃しているのは何かを知ることである。しばしばそうであるように、道徳的感覚を欠いている人が行うべきことは、結果的にみて、有徳な人ならばその特性に即して行うようなことである。[*36] しかし、それに加えて、そのような人が行うべきことは、有徳な人にとってはまったく特有でないこと、すなわち、指導を請うことなのだ。

上述の点は、ある面で事柄を過度に単純化しているように思われる。というのも、自分の道徳的盲点を（もしあれば）補うことが完璧な徳と両立することは多くあるからだ。そもそも、もしある人が自分には社会的あるいは文化的な偏見があることを認識し、自分よりも適切な場所に位置していて自分には見るのが困難な事柄を見ることのできる人の洞察を信頼するならば、そのような人にわれわれはいっそう敬意を払う。[*37] そして、ある種の状況では完璧に有徳な人であっても、的確な道徳的感覚に求められる情緒面での応答を欠くことがある。たとえば、最近自分の家族に起こった死、危うく死にそうになるぞっとするような経験、あるいは子どもの誕生といったことは、どれほど有徳な人にも深く影響を与えうるし、また与えるはずだ。結果として、その情緒的な状態のゆえに、そうでなければ完璧に適応するような道徳的事実にたいして応答しないということが起こる。それゆえ、有徳な人であれば、こうした場合には誰かに指導を請うであろう。だが、道徳的視覚におけるほかの多くの盲点が徳と両立することはない。道徳的盲点のごく一般的な原因は、文化的な偏見でも、情緒的な昂揚でもない。もしアリストテレスを信頼すべきならば、それはまさに徳そのものの欠如にほかならないのだ。個々の性格的欠点はいずれも、道徳的視覚の機能停止をもたらす。たとえば、臆病な人には勇敢な人が無鉄砲に見えるし、けちな人には気前のいい人が俗物や浪費家に映り、悪意のある人にとって慈悲深い人は弱虫に見える、といったことだ。したがって、たとえ文化的な差異や情緒的な昂揚によって引き起こされる盲点が徳と両立可能だとしても、そうではないようなじつに多くの機能停止があるといえる。そして、そのような個々の場合においては、そうなった人はより適切な位置にいる人に指導を請うべきだということは正しいのである。

《3》

上述の諸事例にたいする可能な一つの応答は、つぎのような議論になるだろう。ここで問題となっている「正しさ」にはじつは二通りの意味、すなわち、「十分に適切である」（fully adequate）という意味と「道徳的にすぐれている」（morally excellent）という意味がある、と応答することである。[*38] そして（と議論は続く）主張Ｖは、後者の意味での「正しさ」を説明しているだけあって、前者は、後者に依存しつつ、ある種の「次善」の選択肢の説明を要求する。これを認めるならば、われわれには次善の意味での正しさの理論が必要になる。だが（と応答は続く）このことによって、「道徳的にすぐれている」という意味での正しさの理論を基礎づけるものとしてＶが弱体化することはない。

くわえて、もしVが次善の意味での正しさの理論であるならば、それは、「次善」を査定するために「最善」の理論をすでにきちんと前提していることになる。したがって、Vに依存する次善の理論を追加すれば、それによって「正しい行為」を十分に徳志向的な視点から説明することが依然としてわれわれに託されるのである。

おそらく、正しい行為を徳志向的に説明する論拠全体と矛盾しないような次善の理論を展開することは可能かもしれない。だがそれは、十分に説得的な追加にはならないように思われる。というのも、そうした理論を展開しようとすれば、われわれは、これまで述べてきた行為のどの事例も「道徳的にすぐれている」という意味で正しい行為の事例ではないとみなし、代わりに、たんに容認可能もしくは次善という仕方での行為の事例とみなす必要があるからだ。しかし、自分を改善しようと行動することは、道徳的にみても自然なあり方としても、たんに受容可能というだけではないと思われる。嘘つきを矯正することには道徳的にみて真にすぐれた点がある（少なくともありうる）。ある完成主義者たちが述べてきたように[39]、自己改善は道徳性にとって根本的あるいは中核的でさえなければならない、と私は考えない。私が論じてきたような行為は、ある一つの意味で、すなわち、有徳な人に特有な行為ではないという意味で「道徳的にすぐれた」ものではないということを（これが私の議論の前提であるから）私は進んで認める。しかし、この論拠以外には、自己改善的な行為やそれに類する行為が有徳な人に特有な行為とまったく同程度に道徳的にすぐれているわけではないと主張するための論拠はないのだ。

もっといい選択肢は、上述のような道徳的行動の領域を説明できるように、Vそのものを修正しようとすることかもしれない。この計略はしかし、提案済みの見解にたいして興味深い代替案を繰り返し提出するような修正を見つけ出すことになるだろう。こうした計略は〔以下に見るように〕うまくいかないように私には思われる。

Vの擁護者であれば、おそらく、以下のような考え方で別の理想化による標準的な手法を利用するかもしれない[40]。その考え方によれば、有徳でない人にとって正しい行為とは、有徳な人自身に特有な行為のことではなく、むしろ、有徳でない人に生じうる限界や性格的欠点を考慮しながら、有徳な人が、現実の状況において有徳でない人が行うことを望むような行為とすべきなのだ。マイケル・スミスの言い方をパラフレーズすれば、有徳でない人にとって完璧に有徳な人とは、有徳でない人のなすべき行為にかんする手本なのではなく助言の拠り所でなければならない。[*41] したがって、有徳な人であれば、先述の初心者が行動すべき仕方では有徳者の性格特性に即して行動することはないけれども、おそらく有徳者の性格特性に即して初心者にそのように行動するように助言するであろう。

さてVは、もともとの解釈では——正しい行為とは完璧に有徳な人であれば行うような行為であるという解釈では——正しい行為についてのある概念を提示した。それによれば、性格の状態が倫理の対象の核心になるのであった。しかしじつを言えば、その理論を構成する基盤は、種々の徳が、全面的あるいは第一義的にではないにしても、行為への傾向性であることをその部分としている。それゆえ、道徳的判断の対象——つまり完璧に有徳な人の性格——は、その性格にきちんと組み込まれた具体的な実践的結果〔行為〕を含んでいる。そして、行為という結果は逆に、われわれにとって性格がもついかなる権威にもなる。なぜなら、その性格がわれわれに行うように命じている行為は有徳な人が行うように傾向づけられている行為にほかならないからだ。しかしながら、いったん前段で述べた方法を採用するならば、倫理の対象は基本的にはもはや性格特性ではなく、むしろ有徳な人の助言の内容だということになる。だが、助言は完璧に有徳な人から引き出されるという事実がその助言自体に権威を付与するのは、いったいどうしてなのか。もしVの擁護者が自説の助言版を採用しようとするのならば、この疑問にたいして回答し、なぜ完璧に有徳な人の助言は受け容れるに値するのかを説明しなければならない。

私が先に論じたように、〔行為するときに〕われわれが見落としているかもしれない関連する事実があるのかどうかといった点については、われわれよりも有徳な人に助言を求めるのが理にかなっている。しかしわれわれは、有徳な人はある仕方で行為もしくは応答するように傾向づけられていると主張できるとしても、有徳な人から受けとるのが理にかなっている指針については、有徳な人が自分自身の見ているものその他について語りうる以上のことを主張できるわけではない。つまり、われわれが完璧に有徳な人を、一方では、その置かれた状況において適切に応答する人とみなすことと、他方では、有徳でない人の欠点に関連する状況の特性に応答するとみなしたうえで、どのように有徳な人が行動するのかを正確に予見することとは、まったく別の事柄なのだ。〔徳の〕初心者がなすべきことは、有徳な人がその性格特性に即して有徳者自身のためになすべきだと感覚するものでは必ずしもない。それゆえわれわれは、完璧に有徳な人は、自分がなすべきことの決定をはるかに越え出て、いろいろな仕方で行動が阻害されているほかの人がなすべきことにも及ぶような感覚能力をもつ、と要請しなくてはならない。こうした要請はしかし、どうしようもなく説得力を欠くというわけではないが、まったくもってその場かぎりのものになる。というのも、なぜそのような能力は、たんに〔有徳者の〕徳であるというそれだけの理由で徳に帰属させられるのだろうか。有徳な人であれば、役に立たない月並みな文言以外に、有徳でない人の欠点への対処について有益な助言をしてくれると想定する理由は何もない。善人がセラピストや指導的教師であるとはかぎらないのだ。

　主張Vの実践的結論は、有徳な人に特有な行為のセットである。これにたいして、その修正版の実践的結論は、有徳な人がある状況での有徳でない人に行うように助言する行為のセットである。しかし、なぜこの助言が権威をもつのかははっきりしない。そればかりか、その助言がそもそもどのようなものなのかもはっきりしない。有徳な人は、われわれに「正しいことをなせ」と助言することはできない。なぜなら、それがまさにわれわれの案件そのものだからである。そして、「節度があって勇敢な人がするように行為せよ」といったような規則に従うことは、私がこれまで論じてきたように、しばしば誤った行為であることはあきらかである。当然のことだが、有徳でない人の行為を有徳な人の基準から理解することは、標準的な規範理論の一つに従うように有徳でない人に指示することになるかもしれない。しかし、そうなれば、〔Vのように〕有徳な人を基準とする徳理論の考え方は無用なものとなるだろう。

有徳な助言の内容は、個別主義者が説明するように、「全体論〔総体〕的に」解釈されるべきかもしれない。[42] したがって、有徳でない人の行為を有徳な人を基準にして理解したとすれば、提示すべきは、一般的な処方箋ではなく、たとえば、「この週末にジェーンの年老いた父親が引っ越すのを手助けしなさい」とか「映画『グリード』の現存フィルムはすべて観たとジェーンには自慢しないように」といったような、当座の状況でなすべきことについての個別的な判断となる。それは、「人間を目的それ自体として尊敬せよ」とか「全体の幸福を最適化せよ」といった一般的なものではない。しかし、個別主義的なプログラムを事細かに検討しなくても、Vの修正版にそのプログラムを追加することは、有用であるどころか、事態を悪化させるだけだということは見てとれる。というのも、有徳な人とは自分が置かれた状況の個別的特性に適切に応答する人であるとみなすことがどれほど説得的であるとしても、有徳な人を――たんにその有徳な傾向性を理由にして――〔有徳ではない〕ほかの人の欠陥がかかわる状況の個別的特性に応答する人とみなすことは、まったく説得力を欠くからだ。

ここで留意すべき別の論点は、ほかの理想化論と同様に、徳倫理学志向者は手本モデルではなく助言モデルに移行できるけれども、そうした多くの理想化論の構成要件になっている完全情報というものを自在に使えるわけではない、という点である。というのも、完全情報は完璧な徳を説得的に理解するうえでの要件ではないからだ。アリストテレス自身が見てとったように、情報がたんに欠落しているというだけではいかなる悪徳でもない（もちろん、その欠落に責任がない場合の話だが）。[43] むろん、完全情報を完璧な徳に付加してもかまわない。だが、そうなると、その立場は理想的観察者論の一つのバージョンになってしまう。そのバージョンでは、徳という契機は、普遍的慈愛として理想的観察者論のうちにすでにある一般的な善意志を提示するというレベルを越えた説明としてはもはや機能しなくなるのだ。じっさい、もしアリストテレスが正しくて、有徳でない人が持ちあわせない事実への知覚的接近が徳によって可能になるとすれば、理想的観察者論の支持者自身が逆に、完璧な徳をその立場の説明に付加して完全情報を保証するということも考えられる。だが、そのような理想的観察者の立場には明確に徳志向的なものは何もない。つまり、すでに提案されている理論にたいして真に新たな代替案となるものは何もないのである。完全情報をもつ完璧に有徳な人の助言であれば、おそらく傾聴するに値するだろう。しかしその理由は、その助言者が完全情報をもつ慈悲深い人だからであって、完璧に有徳な人だからではないのだ。

そうすると、上述の仕方でＶを修正することによって、われわれはその正しさの理論——標準的な規範理論には依拠することなく、しかも、価値のある指導を提供する完璧に有徳な人の能力について法外なあるいはその場しのぎの仮定を立てることなく提示可能な正しさの理論——に満足することはない。とはいえ、すぐれた指導の一つの特徴はそれがときに指導者自身の経験を頼りにするという点には留意すべきである。そして、おそらく、完璧に有徳などの人の来歴にもその人がどのように徳を発達させてきたのかについての物語——ここでは理想的な物語を想定しておく——が含まれている。そこで、Ｖの事例モデルに戻って、条件文Ｖの前件には、徳でもって完了し、勇敢さや誠実さなどの発達にかんする物語をすべて備えた行為者Ｓの生活史全体を含めるものとしよう。そうすると主張Ｖは、正しい行為とは行為者Ｓがその性格発達の類似した段階において関与するような行為であるという意味で、徳を発達させる方法も含めた種々の戦略を徳の初心者に提示する。ある有徳な人の全生活史を現実的な目線で捉えたならば、強い気まぐれな感情を誘発する状況を避けること、また、より有徳な人から指導を受けること、そして、性格上の欠点を克服することは、行為者Ｓであれば完璧な徳への道程で行ってきた行為だったかもしれないのだ。

しかし、この戦術には問題が二つある。まず、ここでの争点は、正しい行為についての何らかの理論を徳の先行的理解から作りだせるか、という単純な問いではなかった。この方法が正しさの理論の展開をまったく放棄する戦略（これは徳志向的な倫理学の立場をとってきたある人々が好む戦略だった）よりも望ましいかどうかが争点なのである。放棄する戦略は、「全生活史」による代替案と比較するととても魅力的にみえる。というのも、理想的に想定された道徳的発達であっても、たとえば、個々の文化的あるいは心理的な差異のゆえに、その異同はあまりに大きいので、完璧に有徳な人の生活史の差異は数的に不確定であるという以上のことを期待するのは現実的でないからだ。どれが正しい行為のモデルとなるべきなのか。倫理的判断にはよろこんで寛大な役割を与える人でさえ、そうした異同が正しさの理論に持ち込む曖昧さには尻込みするだろう。そこで、それらの異同を有徳な行為者の説明に組み込もうとする人がいるかもしれない。すなわち、ある人にとって正しい行為とは、通常であれば、その人とほとんど同じ文化的特性や心理的構成の文脈において徳を実現した一つの完結した人生の部分であるような行為である、と。しかし、たとえそうできたとしても、それは結局のところ、正しさの理論が不要であることを擁護する議論になるように私には思われる[*44]。

第二の難点は、典型的な道徳的発達が少なくともある一つの意味において「理想的」ではありえないというものである。なぜなら、道徳的に誤った行為は、道徳的発達において平均的でかつ（私の考えでは）重要な役割を担うからだ。もしそうだとすれば、有徳な人の来歴において〔道徳的な〕正と悪とはどのように区別されるのだろうか。ここで再度、正しい行為とは行為者が完璧に有徳であるときに行うように傾向づけられている行為であるとも、また、行為者の徳に帰着する行為は正しいとみなされるべきであるとも、語ることはできない。道徳的発達はしばしば道徳的失敗を通じてなされるからだ。たとえば、改善が必要かもしれない性格のある側面が行為者自身に露わになり、完全に理解されるのは、悪意や不親切あるいは不注意による行為をしてしまったときだけかもしれないのである。

もちろん私は、有徳になるためにはまず犯罪者にならなければならないと言おうとしているのではない。じっさい、いくつかの過ちは、人生をより善くするというよりは、破滅させるかもしれない。さらには、たとえ自分自身を改善するという義務があるとしても、性格を改善する行為がすべて道徳的に容認可能なわけではない。私が念頭に置いているのは、倫理学は若者のためのものではないというアリストテレスのよく知られた主張のねじれかもしれない。若者とは、「われわれの議論の主題であり前提である」[45]ような行為の経験を欠いている者のことである。そして倫理学は、ある行為は醜悪だが、ある行為は高貴であるという経験を介して獲得されるある共通の感覚を端緒としている。それらの行為が共通の参照枠を提供する。私が思うに、このことがとりわけ真となるような意味が少なくとも一つある。それは、自分では取り消せない、あるいは何らかの仕方で償えないと思うような何かをしてしまったということが若者にはほとんどない、という意味である。そして、ある種の道徳的成熟が到来するのは、これがそうではないということをじかに経験するときなのだ。自責の念に駆られるようなことや、事実上その埋め合わせができなかったり、その損害を取り消せなかったりするようなことをしてしまうほど、世界についての経験を積んではじめて、人は本当の意味で倫理（学）について真剣に考えるようになる。信頼を裏切ったとき、恥ずべき虚偽が露見したとき、友情を台なしにしたとき、われわれは、物語や理論では学べないような仕方で、自分自身の行為の重要さと正しい生き方を見出すことの大切さとを学ぶのである。

《4》

私の考えでは、Vが表明する見方は、正しい行為の理論を徳の先行的理解に基礎づけるもっとも自然な方法である。しかし、その方法にはほかにも二つ、すなわち、スロートの「行為者基底的」（agent-based）な見方とスワントンの「標的中心的」（target-centered）な見方とがあるので、それについても議論しておこう。ただ残念ながら、これらの見方についての私の説明は、焦眉の問題である正しい行為についての主張にかなり狭く限定される。そのため、その他の関心はほとんど割愛せざるをえない。私のねらいは、それら二つの見方は正しい行為の説明を完璧に有徳な人という理想に基礎づけてはいないけれども、Vにたいする私の反論はそれらにも同様にあてはまる、という点にある。

まず、スロートを検討する。彼の見方では、ある行為の正あるいは悪の評価は、その行為を引き起こしたあるいは引き起こそうとする行為者の内的状態——動機、傾向性、特性など——の評価に全面的に依存する。[*46] したがって、賞賛に値する動機（あるいは傾向性や特性）による行為は正しく、嘆かわしい動機（あるいは傾向性や特性）による行為は悪い。この見方がVと異なっているのは、行為の正しさが行為によって表出される内的状態の評価から切り離せない、という点にある。それゆえ、悪いあるいは道徳的にみてどっちつかずの動機は正しい行為をもたらさないことになるが、これはVでははっきりと容認されている。行為を正しいものにする動機とは、普遍的な慈愛あるいはケアといったものになるのかもしれない。しかしながら、スロートの見方が訴える動機が正確にはどんなものなのかは、重要ではない。重要なのは、Vとはちがって、行為の評価が行為者の評価から切り離せないこと、スロートの言い方では、行為の評価がたんに行為者に照準を置いただけであってはならないことである。それでは、どんな動機、どんな傾向性、どんな特性が「行為を正しいものにする」とみなされるのかは不問にしたままで、行為を正しいものにする動機・傾向性・特性などによって行為が引き起こされるとき、その行為は行為者基底説では正しい、と語ることにしよう。

　スロートの見方は、前述の諸事例についてどのように語ることになるだろうか。私の最初の事例は、道徳的な自己改善であった。スロートの見方では、事例での道徳的な自己改善が正しいのは、それが行為を正しいものにする動機によって引き起こされる（であろう）とき、かつそのときにかぎられる。しかし、少なくともほとんどの場合、道徳的な自己改善はそうしたまさに行為を正しいものにする動機そのものの発達もしくは獲得から成るのは、間違いない。したがって、私の問題は依然として残る。というのも、スロートの見方では、行為を正しいものにする動機を欠く人にとって、その動機を獲得することが道徳的に正しいのはいかにして可能なのだろうか。人間のもつどの動機についても、その動機をもとうとする傾向性を人間は欠いているとしよう。そのとき、もし人が行為を正しいものにする動機を欠いているならば、それを獲得しようとすることは行為を正しいものにする動機には由来しないことになる。そして、もし行為を正しいものにする動機を獲得しようとする行為がそうした動機に由来しないとすれば、その行為は正しくない。したがって、もし道徳的改善は正しいという見解を保持すべきだとすれば、われわれは正しい行為を正しいものにするのが何であるかについてのスロートの見方を受け入れることはできないのである。

　スロートの見方を弱めたバージョンであれば、より望ましいかもしれない。それは、行為を悪いものにする動機・傾向性・特性（憎しみ、敵意、臆病など）による行為は悪いが、正しい行為は、単純化していえば、そうした悪いものにする動機などに起因しない、というバージョンである。道徳的改善は、結果として、行為を悪いものにする動機などを取り除くことになる。そしてそのような改善は、悪をもたらすわけではない多くの動機（たとえば利己心）からなされうる。これは、「正しい」を「義務的」というよりは「容認可能」とみなす考え方に適合する。だがそうなるとわれわれは、もし「義務的」と「容認可能」とのあいだでなければ、「容認可能」とより強いもの（たとえば「最善」）とのあいだにさらなる区別を立てなければならなくなる。私がこう語るのは、道徳的改善の追求とは、ほかの多くの行為と同様に、ただたんに道徳的に容認可能というだけのものではないからだ。つまり道徳的改善とは、もし義務的でないとすれば、行うのが最善のものである。しかしスロートの見方では、たんなる容認可能と最善あるいは義務的とは、行為者の内的状態――動機、傾向性、特性――という領域内で区別されなければならない。もしそうだとすれば、私が提起した問題はなお残る。というのも、道徳的改善が「行為を最善にする」あるいは「行為を義務にする」動機の獲得であるとき、それはせいぜいのところたんなる容認可能にすぎないものとなるからだ。最善にする動機を欠く行為者は、自己改善をたんに容認可能にする動機に依拠しなければならないのである。

　上述の点は、自己抑制やその他の重要な行為にもあてはまる。これらの行為は、行為を正しいもの（あるいは最善）にする動機――それが何であるにせよ――を欠いているという観点からみて、人がなすべき行為である。これらの行為もまた、スロートの見方では正しいとはみなされない。たとえば慈悲やケアを欠いている人は、他人を助けるさいには自己抑制を働かせることや慈悲やケアを必要とする状況に事前に備えることが道徳的に求められる。しかし、スロートの見方は、それがなぜなのかを説明しない。さらには、もし行為を正しいものにする動機が慈悲あるいはケアであるとすれば、慈悲を欠いていたり、他人の福祉をまったくケアしたりしない人は、ある種の感覚もまた欠いていることになる。そのような人は、誰が痛みを受けてきたのか、どのように痛みを受けてきたのか、その痛みへの対応には何が求められるのか、をいつでも感覚するわけではない。そうすると、道徳的に最善なのは、慈悲やケア（あるいは正しさをもたらす動機）をもつ誰かからそうしたことについて助言を受けることであろう。こうして、Vにあてはまる欠陥がスロートの見方にあてはまるのである。

　ではつぎに、スワントンの「標的中心的」な理論を見ることにしよう。スワントンの議論では、有徳な行為とはその徳に特有の標的に命中する行為である。[*47] 正しい行為はしかしながら、たんにある一つの徳の観点からみて有徳な行為なのではなく、全体〔総体〕として有徳な行為である。[*48] スワントンは、その他の徳も全体論的な仕方で考慮に入れながら、そのような行為をその状況において可能な最善の行為とみなす。ある行為は、ハーストハウスの見方と同じく、しかしスロートの見方とはちがって、賞賛に値する動機や傾向性あるいは性格によってもたらされなくても有徳的でありうる。なぜなら、行為は、徳によってもたらされなくても、その徳に特有の標的に命中することがあるからだ。じっさい、ある徳によって特有な仕方でもたらされた行為が、その徳の標的に特有の仕方で命中しないこともある。したがって、正義の行為とは、たとえ正義の徳に動機づけられていなくても、正義の標的に命中する行為のことである。また、「環境にやさしい」（environmental friendliness）といった特性のように、それ自体の標的に特有の仕方で命中しない場合には、環境にやさしい行為を生み出さないような特性もある。[*49]

　さて、スワントンの見方がこれまで私が議論してきた道徳的行為の領域を説明できるかどうかは、全面的につぎの二つの点に左右される。すなわち、(a)自己改善、自己抑制、その他の類似した重要な行為、およびより適切な位置にいる人から助言を得ることなどを標的とする（諸）徳はあるのか。(b)同様に重要だが、そうした徳にとって特有の標的に命中することは、それが可能な最善の行為と考えられるときに徳全般と整合的なのか、という点である。さて(a)は、徳にかんするスワントンの一般理論、すなわち、あるものを徳のリストに載せるのは何かという理論に依存する。種々の特性を徳の関連する標的に含めるような仕方で徳の理論を展開つまり拡張することは可能かもしれない。しかし、それをどのようにするかははっきりしていない。たとえば、ある特性を徳にするものは何かという一般理論から、自己改善をその標的とする特殊な徳があるという結論が導き出されるかもしれない。あるいは、標準的なリストに載っている徳のいくつか——勇敢、剛毅、慈悲など——の標的は、私がこれまで議論してきた最適ではない諸条件に適合する種々の正しい行為をすでに含んでいると論じることもできるかもしれない。

　しかし、いろいろな特性がどのようにして徳のリストに載せられるのかを述べたアリストテレスの理論によれば、徳の標的には自己抑制や自分の道徳的感覚の改善といったような徳の獲得は含まれていないし、自己改善といった特殊な徳もない。というのも、アリストテレスの理論では、よく見えることが眼の卓越性であり、よく切れることがナイフの卓越性であるという意味で、徳とは卓越性にほかならないからだ。[*50] 徳は人間におけるすぐれた機能を構成する特性である。しかし、自己改善、自己抑制、助言を求めることなどは、それ自体としては人間におけるすぐれた機能を構成するものではないのである。

　他方で、もし自己改善という徳をうまく擁護できたとしても、遡行問題は残る。すなわち、ほかの徳の獲得をその標的とする徳があるとしよう。そこで、もしある徳を欠いているなら、たしかにわれわれはその徳を獲得しなければならない。そして、もしそうすべきとすれば、自己改善という徳の獲得をその標的とする別の徳が必要となり、さらには、もしその徳を欠いていれば、それを獲得することが正しいことであるという具合に、徳の連鎖はどこまでも続くことになる。

しかしながら、自己改善やその他のものは徳であることが確立できたとしよう。それでも、さらに確立しなければならない論点、すなわち、そのような特性の標的に命中する行為はスワントンの意味で徳でありうるのかという論点(b)が、依然としてある。私が論じてきたのは、少なくとも自己改善的な行為やそうした種類のほかの行為は、たとえ完璧に有徳な人の行為ではないとしても、道徳的にすぐれた行為になりうるということだ。その意味で、自己改善その他は道徳的に「最善」でありうる。しかし私の疑念は、それらの行為は「道徳的にすぐれた」ものでありうるが、同時に他方で、スワントンが考える意味では「道徳的に最善」でないことがしばしばあるかもしれない、というものである――すなわち、もし「道徳的に最善」の行為ということでスワントンが考えているのが、標準的な徳（つまり上述の反例で規定された諸特性を除外した徳）のどれであれ、全体論的にみてその徳の標的に命中することが最善であるような行為のことであるとすれば、である。自己改善は一つの徳であると仮定し、また、この徳の標的に命中するのに利用可能な行為があると仮定しよう。このとき、その徳の標的に命中することと全体論的にみて有徳な行為であることとが両立しなくなるような、少なくとも一見してたしかな事例がある。というのも、もし私の見方が正しければ、ある状況では、自己改善やその他のそうした特性の標的に命中することと、標準的な徳のどれであれ命中すれば最善となるような徳の標的に命中することとは、まったくちがった種類の行為になるからだ。再度、アリストテレスの助言に戻ろう。もし徳を欠く人はより少ない悪を行い、自分の自然的傾向とは反対の方向へ自分を引っ張っていき、そして、快いものと快楽には留意すべきだとすれば、どうしてこのような行為が、標準的な徳のどれであれ命中すれば最善となるような徳の標的に命中することになるのか、それを見てとるのはむずかしいのである。

《5》

私が議論してきたような自己改善やその他の種類の行為が真に道徳的に正しいとすれば、正しい行為の理論を徳の説明から構成するにせよ、あるいは逆に、徳の理論を正しい行為の説明から構成するにせよ、倫理学のどの理論もVを受け入れてはならない。さらには、正しい行為についての徳志向的な代替理論はいずれも、所有すべき性格特性や動機を所有していないというそれだけの理由で道徳的に要求される行為が数多くあるという事実を考慮しなければならない。とはいえ、私の議論ではまたしても、正しい行為という概念の提示をまったく要請しない徳倫理学支持者の立場は手つかずのままである。くわえて、自己改善という道徳的義務がわれわれにはあるという考えを真剣に受けとめるように正しさと徳をいかに結びつけるかという大きな問題も、残されたままである。この問題はしかし、他日を期すほかはない。

（訳　篠澤和久）

本論文の初出は以下である。Robert N. Johnson, "Virtue and Right," *Ethics*, Vol. 113, No. 4 (July 2003), pp. 810-34, the University of Chicago Press.

第九章　注　〔出典等の記載については、訳者の判断で統一し、修正および補足した箇所がある。〕

* 本論文の初期バージョンは、フンボルト大学ベルリンの哲学科、ミュンスター大学哲学科、英国マンチェスターでの王立哲学協会主催「感情をめぐる会議」、グラスゴーの二〇〇一年英国倫理学会会議、カリフォルニア大学デイビス校哲学科、シンプソン・カレッジの参加者からのコメントによって改善された。ロザリンド・ハーストハウスとの早い段階での議論は、とても有益だった。その他に初期の草稿を改善してくれたのは、Katja Vogt, Marcus Willaschek, Ralph Schumacher, Richard Dean, Karen Jones, Mi-

chael Smith, John Pauley, Jon Kvanvig, Jack Kultgen, Robert Audi, Meg Klein-Trull, Peter Markie, Eric Wiland, Stephen Darwall, 匿名の査読者、そして、雑誌『倫理学』*Ethics* の共同編集者である。本論文の執筆は、ミズーリ大学研究委員会の助成による二〇〇一年学期の研究休暇によって可能となった。

＊1　Rosalind Hursthouse, *On Virtue Ethics* (Oxford University Press, 1999), p. 28〔ハーストハウス『徳倫理学について』（土橋茂樹訳）知泉書院、二〇一四年、四二頁〕; John McDowell, "Virtue and Reason," in *Virtue Ethics*, eds., Roger Crisp and Michael Slote (Oxford University Press, 1997), pp. 141-162〔マクダウェル「徳と理性」（荻原理訳）『思想』二〇〇八年第七号、七–三三頁〕。彼らが支持するような理論の萌芽は、（言うまでもなく）アリストテレスに見出せる。すなわち、「なされた諸行為は、それらが正しい人や節制〔節度〕ある人が行なうであろうようなあり方のものであるときに、正しいとか節制あるとか呼ばれる」（『ニコマコス倫理学』1105b5-7〔朴一功訳、京都大学学術出版会、六七頁〕）。

＊2　以下を参照。Slote, "Agent-Based Virtue Ethics," in Clisp and Slote, op. cit., pp. 239-62; M. Slote, *Morals from Motives* (Oxford University Press, 2001), pp. 3-37; Christine Swanton, "A Virtue Ethical Account of Right Action," *Ethics* 112 (2001), pp. 32-52.

＊3　Swanton, op. cit., p. 32.

＊4　バーナード・ウィリアムズは徳倫理学者ではないが、*Ethics and the Limits of Philosophy* (Harvard University Press, 1985, pp. 140-45) のなかでそのように論じている〔ウィリアムズ『生き方について哲学は何が言えるか』（森際康友・下川潔訳）産業図書、一九九三年、二三二–二三九頁〕。また、以下も参照。G. E. M. Anscombe, "Modern Moral Philosophy," in Clisp and Slote, op. cit., pp. 37-40; McDowell, op. cit., pp. 147-54〔前掲訳書一四–二一頁〕。

＊5　その代表格は、Hursthouse, *On Virtue Ethics* と Slote, "Agent-Based Virtue Ethics" そして Swanton である。代替案は、以下を参照。Edmund Pincoffs, *Quandaries and Virtues* (University Press of Kanzas, 1986).

＊6　McDowell, op. cit., p. 141〔前掲訳書八頁〕。

＊7　以下を参照。Hursthouse, *On Virtue Ethics*, p. 28; "Virtue Ethics and Abortion," in Clisp and Slote, op. cit., pp. 217-38.〔ハーストハウス「徳倫理と妊娠中絶」（林誓雄訳）、『妊娠中絶の生命倫理』（江口聡編訳）勁草書房、二〇一一年、所収、二一五–二四八頁〕。

＊8　たとえば、McDowell, op. cit., pp. 143-44［前掲訳書九―一一頁］; Hursthouse, *On Virtue Ethics*, pp. 153-57.［前掲訳書二三二―二三七頁］

＊9　以下を参照。"Introduction," in Clisp and Slote, op. cit., p. 21. なお、ある徳を完璧に所有しているのは、ある一定の閾値まで所有しているときであるとか、完璧に有徳であるのは、諸徳のある中核的なセットを所有しているときであるといった仕方で、「完璧さ」に「閾値」を設定して解釈する可能性に注意せよ。

＊10　アリストテレスの見方では、完璧な徳の理想は多くの「知性的」徳（intellectual virtues）も含む。しかし、完璧に道徳的な徳が文字通りすべての知性的徳の所有を要求するということは疑わしい。それゆえ私としては、人間に実現可能な完璧な徳は「実践的に賢明」（practically wise）であるために所有しなければならないものを越えて知性的能力を要求することはないと仮定しておく。

＊11　たとえば、遺伝学や情報技術の発達あるいは地球規模の天候パタンの変化などによってもたらされるさらに新しい諸状況を考慮するならば、Vとは、完璧に有徳な人であればそうした状況で行うようなことについての一つの仮説的な説明であると解釈できる。

＊12　ジレンマについての啓発的な議論は、以下を参照。Hursthouse, *On Virtue Ethics*, Ch. 3.［前掲訳書第三章］

＊13　アリストテレスは明らかに、有徳な行為についての自説をこのようなやり方で構成している（『ニコマコス倫理学』1105b5-7［＊1を参照］）。Linda Zagzebski の考えでは、正しい行為とは完璧に有徳な人ならば行うであろう［といった予測］というよりは、行うかもしれない、あるいは、行う可能性のある行為のことである。しかし、スロートの見解についての議論で示すように、たんなる許容可能性だけでなく、義務的なこと、あるいは、少なくとも「最善」のこともまた包括するような意味での「正しさ」がわれわれには必要である。以下を参照。Zagzebski, *Virtues of the Mind: An Inquiry into the Nature of Virtue and the Ethical Foundations of Knowledge* (Cambridge University Press, 1996), pp. 233-35.

＊14　スロートはじっさいそう語っている。Slote, "Agent-Based Virtue Ethics," pp. 241-43. とはいえ彼は、価値ある動機から現実に生起する行為が正しい行為であると考えている。

＊15　当然のことだが、なすべき正しいことが何かをわれわれが知るのは不可能である（あるいは、ありそうにもない）とはならな

いように、われわれは正しさの理論を制限したくなるかもしれない。

＊16 Hursthouse, *On Virtue Ethics*, pp. 28-29.〔前掲訳書四二-四三頁〕

＊17 アリストテレス自身が、行為者の社会的条件に基づいて、種々のバリエーションを明確に許容している。『政治学』1260a4-b7を参照。たとえば、「彼らの性格的〔倫理的〕徳にしても、必然的に同じようなありかたをもつと考えなければならない。彼らのすべてがそれに与かるのは当然であるが、しかし同じ仕方によっているわけではない。ただ彼らのそれぞれにとってみずからの働きを遂行するのに十分な程度においてそれに与かるのである」(1260a14-17)〔牛田徳子訳、京都大学学術出版会、四四頁〕。

＊18 とはいえ、この点については、たとえば以下のように懐疑的な人もいる。Gilbert Harman, "Moral Philosophy Meets Social Psychology: Virtue Ethics and the Fundamental Attribution Error," *Proceedings of the Aristotelian Society* 99 (Blackwell, 1999), pp. 315-31; John M. Doris, "Person, Situations, and Virtue Ethics," *Nous* 32, 1998, pp. 504-30.

＊19 アリストテレス『ニコマコス倫理学』1114a1-b25を参照。これは、マクダウェルにたいしてウィリアムズが返答したその要点の一部であると思われる。以下に所収の「返答」を参照。Williams, "Replies," in *World, Mind, and Ethics*, ed. J. E. J. Altham & Ross Harrison (Cambridge University Press, 1995), pp. 190 ff.

＊20 この事例や以下の本文での二つの事例は、ロバート・ショップが「条件的誤謬」を呼ぶものにすぎないとみなされるかもしれない。以下を参照。R. Shope, "The Conditional Fallacy in Contemporary Philosophy," *Journal of Philosophy* 75, 1978, pp. 397-413; Robert N. Johnson, "Internal Reasons and the Conditional Fallacy," *Philosophical Quarterly* 49, 1999, pp. 53-72. しかし、以下で論じるように、条件的分析を用いないスロートとスワントンの見解もまた、これらの事例を説明していないので、その困難は単純に、Vの支持者は条件的誤謬を犯しているというものではありえない。〔条件的誤謬とは、ある事柄（被説明項）に定義的な説明を与えるとき、その説明項として前件と後件とからなる条件文を用いる場合に生じる誤謬を指す。本論文の場合では、「正しい行為」の事例として（有徳な人が行わない）「自己改善的な行為」を認めるならば、「正しい行為」を条件文Vによって説明（定義）する試みは破綻することになる。〕

＊21 アリストテレス『ニコマコス倫理学』1103a23-24.

＊22 同 1103b21-22.〔前掲訳書では「同じような活動の反復から人の性格の状態が生まれる」〕

*23　同 1103a34-b2.

*24　この見方にかかわる問題を周到に論じたものとしては、以下を参照。Howard Curzer, "Aristotle's Bad Advise about Becoming Good," *Philosophy* 71, 1996, pp. 139-46.

*25　アリストテレス『ニコマコス倫理学』1109a20-b20.

*26　同 1109b7-12.

*27　つぎの箇所も参照。アリストテレス『政治学』1260a20-b7, 1340b10-19, 1342a4-b34. これらの箇所は、アリストテレスの以下の認識を反映している。すなわち、人がどのように性格を改善するかは、いま・ここでのその人の性格の状態に左右され、したがって、単純に「完璧に有徳な人がその性格特性に即するのと同じように行為する」ことによって形成されるわけではない。

*28　私はそれが重要になりうると考える。〔状態（傾向性・性格）を生み出す行為（活動）は何に類似しているのかが問題になる、とジョンソンは考える。〕すなわち、「類似した」similar を「状態そのものが生み出す行為に類似している」と解釈するならば、結論は疑わしいものとなる。また、もし「状態」を行為への傾向性とみなし、そして、その傾向性を特徴づける諸行為に類似している場合に行為は状態に類似していると仮定するならば、それもまた疑わしい結論となる。しかし、もし徳の状態がたんに互いに類似している行為から——状態や状態が生み出す行為に似ているかどうかは問わずに——形成されるのであれば、それは疑わしい結論にはならないだろう。しかし、もしそうだとすれば、一方では、結論で見られるように、「公正」「勇敢」等のカテゴリーを、有徳でない人にとって適切な行為を含むまでに広範なものとみなすことが必要であり、他方では、公正・勇敢などの行為は「完璧な」徳とみなされる公正・勇敢その他の人に特有の行為だけであるということを否定する必要がある。〔参考のためにアリストテレスから引用しておく。「なされた諸行為は、それらが正しい人や節制〔節度〕ある人が行なうであろうようなあり方のものであるときに、正しいとか節制あるとか呼ばれるのである。ただしここで言われている正しい人、あるいは節制ある人というのは、ただ単にそのような行為をする人のことではなくて、その行為を、正しい人々、節制ある人々が本来するような仕方でする人のことである。かくして、正しい行為をすることから正しい人が生まれ、節制ある行為をすることから節制ある人が生まれると言えば適切なのである」（1105b5-10. 前掲訳書六七–六八頁〔傍点引用者〕）。

*29　Williams, "Replies." p. 190. この引用を指摘してくれた Davis Sobel に感謝する。

＊30　抑制的な人は節度ある人とまったく同じように行為するが、節度ある人には不要である内的な力を行使することによって「内面において」だけ異なっていると考えたくなる。だがそうではない。むろん、両者の行為はともに禁欲的な行動という点で同じである。しかし、その類似は表層的なものである。アリストテレスは、禁欲はわれわれを節度あるものに、節度はわれわれを禁欲にすると主張している（『ニコマコス倫理学』1104a33-35「われわれは快楽を差し控えることから節制〔節度〕ある人になり、またそうなったときに、われわれは最もよく快楽を差し控えることができる」〔前掲訳書〕）。しかし、前者の禁欲的行動は抑制的であるのにたいして、後者のそれは――快楽を遠ざける禁欲であるという点では同じであるが――節度ある行動である。したがって、節度によって人は禁欲的な節度ある行動をするようになるが、ありとあらゆる抑制的な行動を、わけても抑制的な禁欲的行動をするようになるわけではない。たとえば、抑制は、節度とはちがって、しばしば間接的な戦略において現れる。かくして、節度ある行動の集合は禁欲的行動のひとつの部分集合をなし、抑制的な行動は別の部分集合を形成する。これが、抑制的な行動のパタンが節度のパタンと異なっている理由である。逆に、たとえ節度をもたらす行動が禁欲の行動であるとしても、すべての禁欲的行動が節度をもたらすわけではない。とりわけ、節度ある人にのみ特有の行動は自制を必要とする人に節度をもたらすことはない。この決定的な意味において、すなわち、抑制的な行為は初心者のうちに節度の性格特性をもたらす――ただし節度ある行為（節度ある人に特有の行為）にはそうでないものもある――という意味において、抑制的な行為は節度ある行為とは決定的に異なるのである。

＊31　「道徳的盲点」といったものがあるということを私自身は確信していない。しかし、徳志向的な見解はその存在を認めるものとみなしておく。いずれにせよ、人種差別主義、性差別主義、同性愛嫌悪などは、道徳的盲点の格好の候補となろう。

＊32　たとえば、以下を参照。Iris Murdoch, *The Sovereignty of Good* (New York: Ark, 1985), pp. 16-23, 31-40.〔マードック『善の至高性』（菅豊彦・小林信行訳）九州大学出版会、一九九二年、第一章〕。

＊33　ハーストハウス（*On Virtue Ethics*, pp. 35-39〔前掲訳書五一-五八頁〕）と比較せよ。ハーストハウスは、有徳な人にそのような助言を求めることはそうした状況ではなすべきであるとはっきり是認しているが、Vにたいするその含意には気づいていない。

＊34　私はここでは明確に、ジョン・ロールズ（*A Theory of Justice*, rev. ed., Harvard University Press, 1999〔ロールズ『正義論改訂版』（川本隆史・福間聡・神島裕子訳）紀伊國屋書店、二〇一〇年〕）における言語的直観とのアナロジーを援用している。

＊35　当然のことだが、いつもそうだというわけではない。母語話者はある状況ではスラングのような語彙を使うかもしれないが、

そうした状況で初心者の口から同じ語彙が出てくれば、それは滑稽に聞こえることもある。以下を参照。Williams, *Ethics and the Limits of Philosophy*, pp. 142-45.〔前掲訳書二三五―二三九頁〕

＊36　道徳的感覚を欠いている初心者がなすことができ、またなすべきことは、ほかにもたくさんある。たとえば、行動の手順を決めるさいには必要と思われるよりももっと時間をかけること、物事の見え方に頼らないこと、自分の想像力を刺激するように努めること、事実を再検討するときには想像力をもっと活用することなどである。これらもまた、有徳な人に特有のことではない。なぜなら、有徳な人はすでに想像力をフルに活用しているからであり、また、善いものとは思慮ある人に善いものとみえるものであるということが仮定されているのである（『ニコマコス倫理学』1113a32-b2）。

＊37　この点を指摘してくれたKaren Jones に感謝する。この点および関連する論点については、彼女の以下の論文を参照。“Second-Hand Moral Knowledge,” *Journal of Philosophy* 96, 1999, pp. 55-78.

＊38　M・ヌスバウムが書面でのコメントでこの可能性を指摘している。

＊39　ライプニッツの卓抜な議論、ケンブリッジ・プラトニスト、その他の現代の完成主義者、および、彼らと現代のほかの倫理学説との関係については、以下を参照。J. B. Schneebind, *The Invention of Autonomy* (Cambridge University Press, 1998).〔シュナイウィンド『自律の創成――近代道徳哲学史』（田中秀夫監訳・逸見修二訳）法政大学出版局、二〇一一年〕

＊40　たとえば、以下を参照。Peter Railton, “Moral Realism,” *Philosophical Review* 95, 1986, p. 174. この見方によれば、ある人にとっての善とは、その人が十全な知識を有するならば、まさに十全な知識を有する人としての自分自身のために欲するもののことではなく、十全な知識を欠いているままの自分自身のために欲するもののことである。したがって、われわれはまず、もし認知面でも欲求面でも理想的な状態にいたならばそうなるようなものとして自分自身を構成し、それから、理想的な状態になった自分が、現実の理想的ではない状態にいる自分自身のために何を望むのかを問うことになる。当然のことながら、十全な知識を有する人になれば、自分自身のためには望まないような多くのことを、現実にはそうではない自分のために望むであろう。たとえば、知識をもっと有することを望むであろうが、それは、十全な知識を有した人であれば、けっして望まないことである。

＊41　Michel Smith, “Internal Reasons,” *Philosophy and Phenomenological Research* 55, 1995, pp. 110-11.

＊42　私はここでの「全体論的」holistic をジョナサン・ダンシーが理由について述べた意味で用いている。以下を参照。Jonathan

Dancy, *Moral Reasons* (Blackwell, 1993), pp. 60-66.「新たな場面での理由（あるいは理由として機能する熟慮）のふるまいを別の場面での理由のふるまいから予測することはできない」(p. 60)。

＊43 アリストテレス『ニコマコス倫理学』1110a1-5a3［第三巻第一−五章］。

＊44 もちろん私自身は、［徳の］初心者にだけ適切である行為は正しいという主張に与する。たしかに、道徳的発達にかんしては多様な物語があるので、可能な正しい行為の多様性はどの理論でも膨大なものとならざるをえない。しかし、標準的な帰結主義や義務論の代替案がそうしているように、正しさについて独立した説明を展開することによって、われわれは以下のように主張できる。すなわち、正しい行為への傾向性を発達させることは、たとえどれほど面倒な委細があろうとも、それは人間性の尊重を表明したり結果を最適化したりするのであるから、ほかの条件が等しければ、義務的なのである。他方で、完璧に有徳な行為者の歴史から始める理論は、そうしたまさに面倒な委細そのものから始めなくてはならない。しかし、そのような理論をうまく軌道に載せるのは、とてもやっかいな課題となる。対照的に、標準的な理論では、道徳的発達の不確定さは、正しさの理論をそれに適用するかどうかの問題であって、その理論構築にかかわる問題ではない。

＊45 アリストテレス『ニコマコス倫理学』1095a2-3.

＊46 Slote, "Agent-Based Virtue Ethics," p. 240.

＊47 Swanton, "A Virtue Ethical Account of Right Action," p. 39.

＊48 Ibid., pp. 46-49.

＊49 したがって私としては、ある徳の標的がその徳の性格特性に即して生み出される結果ではないような場合を認める。

＊50 アリストテレス『ニコマコス倫理学』1106a15-b5.

第十章　目的論、アリストテレス的徳、正しさ

S・D・ワルシュ

序

〝アリストテレス的徳倫理学は、何が正しいかをまったく決定できない。特に次の場合、すなわち、(1)行為者が〔道徳的に〕不完全であり、しかも(2)その行為者の置かれている状況に、完全に有徳な行為者ならば置かれることがあり得ない場合に、その行為者がどう行為するのが正しいのかを決定できない。〟[*1] これは現代の道徳哲学におけるありふれた言い草だ。〔アリストテレス的徳倫理学に対する〕この反論は、徳についてのある捉え方を前提としており、この捉え方によれば、不完全な行為者が有徳に行為することはあり得ないとされる。だが私は、徳のこの捉え方は非アリストテレス的、非目的論的だと論じよう。本論文で私は、徳の目的論的、アリストテレス的な捉え方を展開する。こう捉えることにより、徳倫理学に対するこのありふれた反論を回避できるようになる。

徳倫理学に対する〈完全な徳による反論〉によれば、アリストテレス的徳倫理学は、〝道徳的に正しいこととは、完全に有徳な行為者ならばなすであろうことである〟と主張しているとされる。ギルバート・ハーマンは次のように言うとき、〈完全な徳による反論〉の一つのヴァージョンを提示している。

定式化の最初の試みとして、〔アリストテレス的〔――ワルシュの補足〕〕徳倫理学は次のように言う。すなわち、

正しい行為とは、なし得るさまざまの行為のうちで、完全に有徳な人間であれば、当の状況で、そうした人間に相応しくも、なすであろう行為である、と。……〔だが、〔――ワルシュの補足〕〕行為の導きという意味（the action-guiding sense）で正しいことが、つねに、〝完全に有徳な人間であれば当の状況でなすであろう行為〟として同定され得るとは限らない。完全に有徳な人間ならば当の状況に置かれることはけっしてあり得ない、という場合があるからだ。[2]

例えば、カーロスがだれかに嘘をついたが、嘘をついたことをいま後悔しその償いをしたい場合、何をなすのが正しいか。〈完全な徳による説明〉によれば、カーロスは正しいこと（the right thing）を絶対になし得ない。つまりカーロスは、完全に有徳な行為者ならなすであろうことを絶対になし得ないのだ。完全に有徳な行為者がその状況に置かれることなどあるはずがないので。

カント的倫理学者、ロバート・ジョンソンは、アリストテレス的徳倫理学は不完全な道徳的行為者における道徳的進歩の必要を説明できない、と論じている。ジョンソンは言う。

だが、正しい行為とは〔完全に〔――ワルシュの補足〕〕有徳な人の行為であるという主張は、自明であるどころか、まったく誤っているのだ。少なくとも私はそう信じている。私の考えでは、その主張はとりわけ、われわれはより善い人間になるべきだという常識的な見方に反している。[3]

完全に有徳な人がよりよい人になる必要はないので、アリストテレス的徳倫理学は道徳的進歩を、なすべきこととして理解できないと〔ジョンソンには〕思われる。[4] しかしながら私は、〝アリストテレス的徳倫理学が適切にその目的論に則って理解されるなら、正しい行為とは、当の状況下で、十分に発達した、完全に有徳な行為者がするであろうことではない〟と論じよう。正しい行為とはむしろ、ある有徳な行為者がするであろうことなのである——ここで徳は、行為者を、より完全に有徳な人になるという彼女の目的へと動かす点で、ある本質的な役割を果たすものとして理解される——。私は、〈完全な徳〉の反論はアリストテレスの目的論的倫理学に対する反論としては失敗であると論じよう。もし問題の諸事例に対して、適切な目的論的行為記述が与えられるならば、アリストテレス的道徳理論はこの反論を回避できる。私は、〝カント的道徳理論と同様、アリストテレス的道徳理論も、当の道徳理論全体に対する感受性を示す適切な行為記述を要求する〟と論じよう。

非目的論的、非アリストテレス的徳

「徳と正しさ」でジョンソンは、正しい行為の〈完全な徳〉理論をアリストテレスにではなくハーストハウスに帰している。[*5] だがジョンソンとハーマンが彼らの解釈を支持するためにその両方を引用しているハーストハウスとアリストテレスのいずれも、正しい行為は、完全に有徳な人がするであろう行為に限られるとは言っていない。しかしながらジョンソンとハーマンはこれといった理由もなしに「完全に」という語をつけくわえる。それにより正しさについてのアリストテレスの説明は不合理なものに見える次第だ。ハーストハウスは彼女の本の三章を正しい行為についての彼女のアリストテレス的理論を論じるのに費やすが、「完全に有徳」、「十全に有徳」、「完璧に有徳」のような語句は一度も用いていない。[*6]『徳倫理学について』の p. 28（邦訳四二頁）（ジョンソンとハーマンが正しい行為についての彼女のアリストテレス的理論を再構成するとき引用する唯一のページ）での表現はこうだ。「行為が正しいのは、その行為が、ある有徳な人が当の状況下で、特徴的なことに（すなわち、特性を発揮して）なすであろうことである場合であり、かつその場合に限られる」（強調引用者）。

ハーストハウスのアリストテレス的説明によれば正しい行為はたんに「ある有徳な行為者がするであろうこと」であり、「完全に有徳な行為者がするであろうこと」ではない。「ある有徳な人」は、より完全な徳に向かって発達しているのなら結局のところ、不完全〔に有徳〕でありながら正しいことをなし得るのだ。[*7]

アリストテレス自身の見解についてジョンソンは言う。「アリストテレスの議論によれば、われわれが種々の徳を自分自身のうちで陶冶し、それゆえ、自分自身をより善くしていくのは、〔完全に〔――ワルシュの補足〕〕有徳な人がその性格特性に即して行うのとまさしく同じ行為を行うことによる」と。[*8] 〝アリストテレス自身が、正しい行為はすべて、ずばり、完全に有徳な人がなすであろうことである、と信じている〟という彼の結論を支持するためにジョンソンは、『ニコマコス倫理学』でアリストテレスが次のように言っていることを指摘する。すなわち、「われわれは……〔うまく〔――ワルシュによる補足〕〕建築することによって建築家になり、琴を〔うまく〔――ワルシュによる補足〕〕奏でることによって琴弾きになる。だからそれと同様にわれわれは、正しい行為をなすことによって正しくなり、節制ある行為をなすことによって節制を持ち、勇敢な行為をなすことによって勇敢になるのである」と言っていることを。[*9]

しかしながらアリストテレスは、〝正しい行為はすべて、完全に有徳な人の行為とまったく同じ行為である〟とは一度も言っていない。[*10] むしろ、正しい行為は同じ一般的種類に属する行為なのだ。『ニコマコス倫理学』のこの節でアリストテレスは徳の目的論的本性を例解するために、どうやって新米が習熟者（master）になるのかを論じている。アリストテレスは徳の新米を琴弾きの新米になぞらえる。アリストテレスは、琴弾きの新米だろうが道徳的徳の新米だろうが、新米は実践することによってのみ習熟者へと発達を遂げるのだと言う。アリストテレスは〝新米の演奏家は習熟者とまったく同じものを奏でる〟と言ってはいない。同様に、不完全に有徳な行為者は、完全に有徳な行為者とまったく同じことをするわけではない。むしろ、新米は習熟者と、ある観点で同様のやりかたで――新米に、習熟者へと発達を遂げることをゆるすやりかたで――演奏し行為する。新米のテロス〔目的〕は、その術を正しく実践することによって習熟者になることである。

アリストテレスは〝人は、完全に有徳な人と不完全に有徳な人の類似性・差異と同様に、新米と習熟者の類似性・差異を適切に記述しなければならない〟と示唆している。[*11]「有徳な行為者」（新米）が「完全に有徳な行為者」（習熟者）がすることをする必要はなく、むしろ、自分を自分自身の師匠たらしめることをするのである。だからジョンソンに反して、アリストテレスの説明によれば正しいことをするとは、「ある〔ことによると不完全に〔――ワルシュの補足〕〕有徳な人がするであろうことをすること」なのである――ここで有徳な人は、このテロスへと前進している人として理解されている[*12]――。だが、有徳な新米と有徳な習熟者は、アリストテレス的道徳理論によって目的論的に理解されたとき、記述のあるレヴェルで、同じテロスを持ち、同じことをしていることに注意されたい。とくにいえば、新米と習熟者が同じことをしているのは、両者がいずれも卓越した師匠〔習熟者〕の生を生きている――ただしその人生のちがう段階にいる――からだ。だからこの目的論的意味で、不完全な行為者は、完全に有徳な行為者がするであろうことをすべきであり、なし得るのだ。[*13]不完全な行為者は、より完全な情緒的、社会的、知的発達――アリストテレス的倫理学理論の範例となる――に向かう人生のある段階に位置し得る。[*14]人間的徳が、われわれがわれわれの人間的テロスにむかうために必須だ。われわれを「われわれのいまのありよう」（不完全に有徳だが可能性がある）から「われわれがそうあらねばならぬありよう」（より完全に有徳で、現実化されている）へと適切なしかたで（徳の途沿いに）連れてゆくために、徳が必要だ。したがって、不完全に有徳な者がより完全な徳へと進むために、徳が必須なのだ。[*15]

道徳的進歩と、不完全な徳

不完全な行為者の道徳的進歩の一例を考えてみられたい。カイヤという学部生がおり、彼女は私の〔議論の〕目的のために、正しい行為についてのアリストテレス的説明における「ある有徳な人」を代表するとせよ。カイヤは不完全な人で、彼女のコミュニティの成員として社会的、情緒的、知的に発達している。彼女は大学で、他人との日々のやりとりにおける彼女の親切で友好的な性向を発達させる。彼女の徳が不完全なのは、彼女の徳はだいたいのところ、彼女が大学や家庭にみいだす快適な中流階級の生活にあわせてしつらえられているからだ。彼女が毎日顔をあわせる人々との快適な大学的環境にあるとき彼女は親切で、思いやりがあり、友好的だ。だがキャンパスを離れると彼女は見知らぬ人に対して冷淡で、疑い深く、不快感をおぼえたりする。だが彼女の概して考え深い性質のために、彼女はキャンパスにいるときといないときとで人々とに対する自分の態度が別物であることを認め、「私は自分が親切な人間だと思っていたけれど、本当はまだまだなんだわ」と思う。

カイヤは自分のよりローカルに発達した特性——すなわち中流階級の大学生活に限定されたところで発達した特性——をほかの状況へと拡張することによって、自分の誤りをただそうとする。彼女は夏休み、社会正義のためのグループが主催する夏の奉仕活動旅行に参加し、いままで馴染みのなかったたぐいの環境のうちで暮す、よりヴァラエティに富んだ人たちに対して自分の親切心を拡げることを学ぶ。大学に戻り、彼女はその地域に暮らすさまざまなバックグラウンドの人たちと一緒に活動することで、みずからを発達させつづける。やがて彼女の親切心や考え深さは地域に縛られた偏狭なものから世界市民的なものに変わる。

カイヤはかつての道徳的誤りにもかかわらず正しいことをし、道徳的に進歩する。自己知と実践的推論の彼女の不完全な徳のおかげで彼女は、自分には問題があることに気づき、（徳を発達させることと密接に関連した）理にかなった解決を考えだす——彼女は親切心だけでなく、人を助ける能力をも発達させる。彼女を発達に導くそれ以外の部分的諸徳には、考え深さが、そして、馴染みのある快適な社会的状況にいる人としかつきあっていないことに対する適切な恥の感覚が含まれる。カイヤは、より完全に有徳であろうとするなら自分がどのようになるべきかを推論する。

そして彼女はどうやってそのテロスに向かって進むべきかについて有効に推論する。その推論は大概の成人が手にいれることのできる単純な考え深さを要求するが、知的天才を要求しはしない。

あるアリストテレス的見解によれば、カイヤはより完全な徳という彼女のテロスに向かって前進する有徳な行為者である。「有徳な行為者」についてのこの説明はジョンソンの〈完全な徳〉の反論を克服する。なぜならこの目的論的説明は、すでに完全に発達した人がするであろうことに限定されないからだ。だが目的論的説明はより完全に有徳な行為者へと発達することについてのものではある。だから、自己改善にかんするジョンソンの反論に反して、このアリストテレス的倫理観は「〝われわれはよりよい人にならなければならない〟という常識的な考えと不整合だ」（ジョンソンはそう言うが）ということはない。それどころか徳はわれわれを「いまのありよう」から「あるべきありよう」に連れてゆくために必須の特性なのだ。

適切な行為記述

正しい行為についてのアリストテレス的理論は（私が示唆しようとするように、正しい行為についてのカント的理論と同様）、不適切な行為記述が用いられては、うまくいくはずがない。ジョンソンとハーマンによる反論は、完全に有徳な人が不完全に有徳な人と同じことをすることを不可能にする行為記述に依拠している。しかし行為は、ジョンソンとハーマンが記述するやりかたで記述される必要はない。アリストテレス的倫理学に対する〈完全な徳〉の反論の主要な特性は、〝われわれは、十全にとは言えない程度に有徳な行為者が、正しいことをする可能性を理解できなくなってしまう〟ということだ。非目的論的な、不適切な行為記述を避ければ、この問題はなくなるように思われる。

行為記述が適切であるのは、行為記述が当の道徳理論全体の諸特性に対する感受性を示すときである。よく知られているように哲学者たちは、定言命法を不適切な行為記述に適用することによってカントの道徳理論を不合理なものに見せようとしてきた。カント主義者たちは断固として、〝カントの理論が適切に適用され得るにはまず適切な行為記述から始めなければならない〟と応答してきた。[16] これはフロネーシス、言いかえれば判断力の問題である。定言命法を適用するというだけでは、人の格率において何が適切な行為記述で何がそうでないのかをわれわれに教えてくれない。正しい行為についての次の標準的なカント的理論をとりあげよ。

　正しさについてのある標準的カント的理論とは次のものだ。行為が正しいのは、その行為が、〝諸人格における合理的人間性を尊重し、普遍化可能な格率から行為する行為者〟が当の状況下でなすであろうことである場合であり、かつその場合に限られる。

一般に、格率は良心的かつ賢明に形成され、行為を一般性・特定性の正しいレヴェルで言い表さなければならない。カント的理論は全体として、行為記述の適切性についての説明を与えている。例えば、多くの人がカントの理論に反論して〝この理論によればわれわれはある特定の芝生の上を歩いてはいけないことになってしまう。もし皆がその同じ芝生の上を歩いたらその芝生は存在し得ないことになるから〟と論じている。「皆がこの特定の芝生の上を歩け」という普遍化された格率は不適切であり、その理由の一つは、芝生は尊敬の適切な対象ではないということだ。カントにとって、人格だけが尊敬の適切な対象である。格率の、芝生ではなく人格の扱いを評価するために、行為が記述され直されなければならない。また、格率は一般的ポリシー（それも、ある行為者の一般的諸価値および道徳的コミットメント）を記述すべきであって、ある特定のときにある特定の芝生の上を歩くことのような特定の行為を記述すべきではない。格率によるいかなる行為記述も、カント的理論全体のこれらの特性を考慮にいれなければならない。[17]

　ではアリストテレス的理論にとって不適切な行為記述の一例を考えてみよ。そして、理性的成人が繊細な行為記述を正しく行うためのフロネーシスを持っていることを考慮してみよ。次のケースを考えよ。ジョンはギャングの生活にかかずらうことで自分と彼の友人を危険な状況にさらす。ジョンは、〝正しいことは、完全に有徳な人がなすであろうことだ〟と信じ、〝ぼくが正しいことをするのは不可能だ。完全に有徳な人はギャングの生活なんかにかかずらったりしないはずだから〟と考えるにいたる。だが、ジョンの、より完全に有徳な友人のひとり、ジャネットは、〈完全な徳による説明〉によってさえ、ジョンが正しいことをするのは可能だと気付く。ジャネットはジョンに、彼は自分の行為をちがったやりかたで記述できると言う。彼の行為を「ギャングの生活から抜け出す」と記述するのではなく、「私自身および他人の幸福をおびやかす危険な状況から抜け出す」と記述できるのだ、と。完全に有徳な人でさえ、自分には何の落ち度もないのに、危険な状況にはまりこみ、自分と友人をそこから脱出させなければならなくなるかもしれない。ジャネットはジョンに、完全に有徳な人でさえ、何人かの友人ともども、知らぬ間にギャングのいざこざに巻き込まれ、街を去り身を隠さなければならなくなるかもしれない、と言う。ジョンはそれを聞いて気が楽になり、友人とともに街を去り身を隠す。

　ジャネットはまた、人々は普通に、正しさについての目的論的な「完全な徳」の説明といったものを用い、そうするさいにはほどほどのフロネーシスを用いさえすればよいことに注意する。例えば、コンピュータの新米がコンピュータの専門家に、どのコンピュータを買うべきかについて助言を求めると、コンピュータの専門家は「私ならコンピュータXを買うだろうね」と言うかもしれない。コンピュータXが、その専門家がじっさいに自分用に買うであろうものである（例えば、Xはスーパーコンピュータである）とか、その新米が、よい助言が与えられないとしたらじっさいに買うであろうものである（例えば、Xはクズである）とされるのなら、不適切な、非目的論的な記述がなされたことになろう。Xが、新米がコンピュータ使用者として学習・発達しつづけるさい有効に使えるものである（例えば、Xはしっかりした、簡単に扱えるコンピュータで、拡張可能性もそなえている）とされるのなら、その行為記述は適切に目的論的である。Xはその新米にとって、彼女がコンピュータのよりいっそうの専門的技能を発達させてゆくさい、有益であろう。アリストテレス的目的論に対する感受性を示す、（その専門家が、自分が新米ならするであろうこと、についての）適切な行為記述は、より現実化された状態（より完全な徳であれ、コンピュータのより完全な専門的技能であれ）に向かう、行為者の可能性を考慮にいれる。

ジャネットはジョンに言う。専門家（完全に有徳な人）が新米（不完全に有徳な人）だったとしたらするであろうことを、どうして新米がなし得ないのかわからないわ。「私（専門家）がきみ（新米）だったとしたら、Xをするだろう」のような反事実的なしかたで目的論的に考えるのは普通のことよ。ある不適切な行為記述の下では専門家が新米の状況のうちにあることは不可能となるとしても、と。だからジャネットはジョンに自信をもって「私ならギャングの生活から抜け出して身を隠すわ」と言う。たとえ、より有徳なジャネットはけっして、ジョンがしたようにギャングの生活に足を踏み入れることなどありえなかったにしても。ジャネットは次のように述べる。このよく見かける反事実的条件文は、完全に有徳な行為者がそこにいることがけっしてあり得ない状況のうちに完全に有徳な行為者がいる、とする、不可能な、形而上学的な不合理を含意しない。このよく見かける反事実的条件文は、たいていの理性的成人がただちに理解する適切な行為記述を要するにすぎない、と。

不完全な徳の正しさにとっての問題として言い立てられているもの

新米の壺作りが、窯の扱いに不慣れなためにうっかり火事を起こしてしまった場合のことを考えよ。第一に、熟練した壷作りは、ずばり、完全に有徳な行為者なのだから、そもそも火事を出さなかっただろう。第二に、熟練した壷作りは、ずばり、完全に有徳な行為者として、新米が持っていない、火事の消し方についての知識を持っていただろう。だがわれわれは難なく、その新米が、ある有徳な行為者として、熟練者へと発達を遂げ自分のテロスを達成するには何をしなければならないかをみいだす。すなわち、彼女は火事から避難しなければならないのだ。正しい行為を、〝新米（不完全に有徳な行為者）が、熟練者（完全に有徳な行為者）へと発達を遂げることを彼女にゆるすようなたぐいの卓越性を追求するさいになすであろうこと〟として捉える理論は彼女に、火事から避難し助かるように命じるかもしれない。

　しかし正しさの、不完全に有徳な人による説明は、一見ある問題を提起するように思われるかもしれない。不完全に有徳な人は間違ったことをするかもしれない（直前の例で新米の壷作りがそうであるように）。その理論が、不完全な行為者がするであろうことについてのものであるのなら、その理論は正しい行為についての理論ではあり得ない――不完全な行為者は間違ったことをし得るのだから――と一見思われるかもしれない。そこで人は〝正しい行為についてのアリストテレス的理論は、十全に発達した「完全に有徳な」行為者がするであろうことによるのでなければならない。完全に有徳な人は間違ったことをするはずがないのだから〟と論じるかもしれない。だからジョンソンとハーマンは正しさについてのアリストテレス的理論に「完全に」の語を付け加えた点で正しい、と人は論じるかもしれない。

　この議論に応えて私は二つのことを言いたい。第一に、「完全な徳」についてのこの非目的論的概念は避けなければならない。なぜならそれはアリストテレス主義者にとっての深刻な不合理へと導いてしまうからだ――すなわち、その非目的論的概念は、(a)不完全に有徳な人が正しいことをなし得ないことを含意してしまう（なし得ることは明白なのに）、また、(b)そのアリストテレス的理論が道徳的進歩の余地を与えないことを含意してしまうからだ。第二に、完全に有徳な行為者という理想は私の目的論的アリストテレス的説明においてもやはりある役割を果たすだろう。完全な徳は、不完全に有徳な行為者が自分のテロスとして目指す何ものかなので。正しさを不完全な徳によって説明するなら、新米の間違いは、なすべき正しいことだとされることになるが、これは問題だ、と言い立てられているが、この言い立てられた問題を解決するのは、完全な徳についての非目的論的理解ではなく、かの目的論的理解なのだ。

人のテロスにとって本質的な間違いと、偶然的な間違い

私の説明は、〝不完全に有徳な行為者の行為は、それが行為者のテロスにとって本質的〔必須〕であるならば、正しい〟というものだ。間違いをおかすことはときに、発達しつつある不完全な行為者がなすべき正しいことだ。あるテロスにとって必須である間違いと、必須でない間違いがある、と私は示唆したい。不完全な行為者は、必須の間違いを通じてこのテロスに向かっているのなら、彼女の発達段階にあって、間違ったことをしていない。二歳児がおかす文法的な間違いのような若干の間違いは、熟練した言語使用者になることに向けての通常の人間的発達のために必須かもしれない。テロスを達成するために必須である間違いをおかすことは、発達のその段階で彼女がなすべき正しいことだ。これに対し窯の事故は、その新米の壷作りが、熟練した壷作りになるという彼女のテロスに向かって進むために必須ではなく、したがってなすべき正しいことではない。窯の事故は、新米の発達において必須な役割を演じないたぐいの間違いだ（だがその事故は偶然的な役割を演じるかもしれない。その事故のためにその新米はこの次からもっと注意するようになるかもしれないので）。だからある種の間違いは、なすべき正しいことであり、あるものは、なすのが間違ったことである。しかしわれわれはいずれのたぐいの間違いからも学ぶことができ、いずれのたぐいの間違いも（偶然にであれ必須のこととしてであれ）人をそのテロスへと動かし得る。

結論

正しい行為についてのカント的、功利主義的、アリストテレス的理論は、ある単純な中心的な判別規準を含んでいる。それぞれ、「行為者性を尊敬せよ」、「功利性を最大化せよ」、「有徳たれ」である。だが、これらの判別規準のお

のおのは、単純素朴に解釈してしまうなら、強力な反例や反対議論に開かれることになる。[*18] これらの単純な思想を、これらの反対議論をまぬかれるやりかたで適用するには、適切な行為記述と同様、各理論についての洗練された繊細な理解が必要だ。正しさについてのあるアリストテレス的理論について私は素描しか与えなかった。この理論は別の機会にさらなる展開を要求するだろう。

徳倫理学に対する〈完全な徳による反論〉はアリストテレス的（Aristotelian）倫理学およびアリストテレスの（Aristotle's）倫理学の定説的見解となった。これはカント的道徳哲学者ロバート・ジョンソンの、好評を博し、三度再録された論文「徳と正しさ」によるところが大きい。[*19] しかし、アリストテレス的説明によれば、徳を目的論的なやりかたで理解しなければ、徳の道徳的意義は失われてしまう。「有徳な人」についてのこの説明は、ハーストハウスとアリストテレスが抱えるとジョンソンとハーマンが想定する限界を克服する。私の目的論的説明は、人がより完全に有徳な行為者へと発達することにかかわるのであって、十全に発達を遂げた行為者がするであろうことにしかかかわらないのではない。だから自己改善にかんするジョンソンの議論に反して、このアリストテレス的倫理観は「われわれはより善い人間になるべきだという常識的な見方に反してい」ない。逆に徳はわれわれを「現在のじっさいのありかた」から「そうあるべきありさま」へとわれわれを変容させる。徳は本質的に自己改善にかかわり、より完全に有徳な行為者たらんという人のテロスに向けて進むことにかかわる。われわれはわれわれ自身の間違いに、徳によって応答できるのである。[*20]

（訳　荻原理）

本論文の初出は以下である。Sean Drysdale Walsh, "Teleology, Aristotelian Virtue, and Right," James P. Sterba (ed.), *Ethics: Big questions*, 2nd ed. (Wiley-Blackwell, 2009)

第十章　注

＊1　Simon Blackburn, *Ruling Passions* (Oxford: Oxford University Press, 2000); Julia Diver, "Virtue Theory (A Debate with Rosalind Hursthouse)," in *Contemporary Debates in Moral Philosophy*, ed. James Diver (Malden, MA: Blackwell Publishing, 2006), pp. 113-23; Gilbert Harman, "Review of Hursthouse, *On Virtue Ethics*," *Times Literary Supplement*, vol. 5104 (January 26, 2001); William Frankena, "A Critique of Virtue-Based Ethics," in his *Ethics*, 2nd edn. (Englewood Cliffs: Prentice-Hall, 1973), pp. 63-71; Robert Johnson, "Virtue and Right," *Ethics* 113/4 (2003), pp. 810-34 を見よ。

＊2　Harman, "Review of Hursthouse."

＊3　Johnson, "Virtue and Right," p. 810.〔本書二五五頁〕

＊4　カントとカント的倫理学は道徳的発達を説明するさい問題を抱えることに注意。例えば、道徳的発達は通常、徐々に起こる発達として理解される――〔すなわち〕道徳的発達は、行為者が不道徳ないし非道徳的な状態から道徳的な状態へと一時にして移行する出来事ではない、というように。だがカント的倫理学は、ひとは道徳法則にコミットしている（だから十全な道徳的価値を持つ）か、そうでないかのいずれかである、と含意しているとしばしば解される。〔カント的倫理学においては、〕徐々に起こる道徳的発展などないように思われる。カント自身の形而上学のせいで、道徳的発展はいっそう謎めいたものとなる。というのは、道徳的コミットメントは叡智的なる自由意志のはたらきだが、これは無時間的だからだ。また、根源悪についてのカントの見解のせいで、道徳的発展はじつに困難で、ことによると神の介入を要するかもしれないように思われる。

＊5　Johnson, "Virtue and Right," p. 812.〔本書二五七頁〕

＊6　ハーストハウスが「完全な徳」に言及するのはただ一度きり、その本のより後の箇所においてだ。抑制があるひと（間違ったことをしたいと思うがゆえに、完全な徳を欠いているが、しかし、よいことについての知を持ち、よいことをする意志力を持っている）と節制あるひと（よいことを知り、したいと思い、意志することによって、完全な徳を持っている）の区別を定義する箇所

である。Rosalind Hursthouse, *On Virtue Ethics* (Oxford: Oxford University Press, 2000), p. 95.〔邦訳一四〇―一四一頁〕

＊7　このように、これといった理由もなしに「完全に」を加えることは、ハーストハウスの例に反する。例えば、困難だが解決可能なモラル・ディレンマを論じるさい、彼女は次のように言う。

> じっさい、われわれの皆ではないにしても大多数は、これらの「種類」〔すなわち、ある有徳な行為者が、難しいケースに関して決定を下すために知らなければならない、さまざまな種類の真理〔――ワルシュの補足〕〕について、不完全な把握しか持っていない。だからわれわれは、あるときには、ディレンマに対処するための助言を求め、あるときには、われわれがその知恵に敬意を払うひとがわれわれに反対するさいこれに耳を傾け、……あるときには、少なくとも当座はそのようなひとの判断にたんに従い、特殊領域におけるそのひとの理解を獲得しようと努めるのだ。

ここでハーストハウスは、不完全に有徳なひとが、助言を求めることによって、正しいことをなし得ると示唆している。次のことはあり得る。すなわち、この有徳なひとは、不完全〔に有徳なひと〕であり、かつ、完全に有徳なひとならば置かれることがあり得ないような状況にいる、ということは。（完全に有徳な行為者はそのような助言など必要としないかもしれないので。）だから、これといった理由もなしに「完全に」を加えるのは、〝正しいことは、ある有徳なひと〔不完全に有徳であってもよい〔――ワルシュの補足〕〕がなし得ることだ〟とするハーストハウスの理論の精神に反するのだ。Hursthouse, *On Virtue Ethics*, p. 61〔邦訳九四頁〕を見よ。

＊8　Johnson, "Virtue and Right," p. 818（強調は私による）〔本書二六四頁〕.

＊9　『ニコマコス倫理学』1103a-b.

＊10　自分自身の師匠となる新米は、例えば、もう一人の師匠〔習熟者〕と同じやり方では演奏しない。どんな習熟者も真似はしないので。だから、ある意味で、師匠（真似をしない）のように演奏するとは、（真似をしないことによって）自分の師匠のようには演奏しないことなのだ。習熟者へと発達しつつある新米は自分自身の実践理性とフロネーシスを発達させ、そうすることで、自分自身の音楽的卓越性を発達させる。同様に、有徳な行為者は、新米としてであれ習熟者としてであれ、ある別のひとのを真似た

のでない自分自身のフロネーシスを発達させる。『ニコマコス倫理学』1103a-b を見よ。

＊11　アリストテレス『ニコマコス倫理学』1103a-b の主要な論点の一つは、諸徳は生まれつきよりむしろある種の習慣付けと実践から生じると論じることである。視覚や聴覚は生まれつきによって生じるのであり、見ること、聞くことの実践によって生じるわけではない。アリストテレスの道徳的諸徳は、有効な実践から生じる。〔楽器を弾く能力が〕楽器の有効な練習〔から生じる〕ように。新米と習熟者の行為は同じではなく、新米が必要とする類の実践は、新米を習熟者へと発達させる徳を促進するような類のそれである。諸徳は、新米を習熟者へと変容させるという目的（テロス）を持つという点で、目的論的である。

＊12　ここで私が言っていることは、子供は徳を持ちえないというアリストテレスの言葉にコミットするわけではないが、これと整合的だ。子供が位置している発達段階は、徳をまだわがものにしておらず、真似と、たんなる生来の（したがって不正確で洗練されない）徳とに頼りすぎている段階である。かの若い大人の新米はそのような生来の諸徳や真似にあからさまに頼る必要はなく、徳をわがものにし得る。

＊13　人間のテロスは、完全な徳などというある不可能な理想を達成することではなく、自らの十全な可能性を達成し、かくして、人間の限界内でできるだけ有徳になることである。

＊14　アリストテレスの形而上学的目的論的世界観によれば、諸徳は、社会的理性的動物として完全な人間の生を営む、行為者の「可能性」を「現実化」する。アリストテレスの「神」は、「自らを思考する思考」と解されるが、人間の行為を含む、動のうちにあるすべてのものごとの究極目的あるいはテロスである。「自らを思考する思考」は純粋現実態であり、人間は諸徳を通じて現実態へと向かう。アリストテレスは、神はすでに完全に現実化しているので、神が徳を必要とすると言うのはおかしい、と言う。『ニコマコス倫理学』第一巻第一二章を見よ。

＊15　現代のアリストテレス主義者は、現実態・可能態という、アリストテレスの形而上学的目的論の用語によって考えなくてよい。アリストテレス主義者はただ、自らの人間的可能性を発達させつつあるひとについて、非形而上学的に考えればよいのだ。アマルティア・センとマーサ・ヌスバウムが、グローバルな正義の諸問題に対して潜在能力によってアプローチしつつ論じるさい、まさにそうしている。Martha Nussbaum, *Women and Human Development: The Capabilities Approach and Capabilities* (Oxford: Oxford University Press, 2000)（マーサ・ヌスバウム『女性と人間開発――潜在能力アプローチ』池本幸生・田口さつき・坪井ひろ

み訳、岩波書店、二〇〇五年）と Amartya K. Sen, *Commodities and Capabilities* (Oxford: Oxford University Press, 1985)（アマルティア・セン『福祉の経済学——財と潜在能力』鈴村興太郎訳、岩波書店、一九八八年）を見よ。

＊16　例えばカント主義者ジョンソンは彼の "Kant's Conception of Merit," *Pacific Philosophical Quarterly* 77 (1996) で格率の〈定言命法テスト〉のための行為記述についての実に巧妙な説明を与えている。そこで彼は次のように言う。

> われわれを動機付ける諸関心の網の目は奥深く、複雑だ。だから、完全にそれら〔奥深く、複雑な網の目をなす、われわれを動機付ける諸関心〕の言いなりになってしまわないレヴェルの〔行為〔——ワルシュの補足〕〕記述を見出すことが重要となる。そして思うに、この網の目の最も深い部分が、われわれが本当に「義務から行為し」たかどうかを決定するので、関心のそのレヴェルは、われわれがある与えられた倫理的義務を果たしたか果たさなかったかに関連する意味で行為記述を決定するものと解してはならない。最後に、道徳的目的のためには、ある行為記述は、行為者がそれに則って行為した格率によって決定されるべきだが、すべての道徳的目的が同一であるわけではない。行為の例えば道徳的価値を決定するために適切なレヴェルの記述であり得るものは、賞罰に値すること、責任、賞賛・非難に値することを決定するために適切でないかもしれない。

オノラ・オニール（Onora O'Neill）は彼女の "Kant: Rationality as Practical Reason," in *The Oxford Handbook of Rationality*, ed. Alfred L. Mele and Piers Rawling (Oxford: Oxford University Press, 2004), p. 95 で次のように言う。

> カントは行為についての推論に対して、未来志向的、実践的なアプローチを取っているので、〝われわれはいかにして行為者の格率を見出すべきか〟とか、〝われわれはいかにして所与の行為のための「適切な」記述を探り出すべきか〟という問題を概して避けることができる。われわれは行為を回顧的に評価しようとするとき、所与の行為が充足する多くの記述や原理のうちどれが評価のために適切なのかを探り出さなければならない。評価が、会計監査や法的判断のような特定の目的のためになされる場合、適切な記述に適合するかしないかが判断され得る。そしてもし道徳的評価の主要な目的が、行為者の格率を回顧的に判断することだとしたら、われわれはおそらく、行為者が「実際に」どんな格率を採用したかを見出すための一般的な方法を必要とす

るだろう。カントは反省的判断力の議論において行為の回顧的判断について多くのことを言っている。しかし、……道徳的な知覚、評価、判断について論じる現代の若干の主要な著者たちとは違って、カントは、行為や倫理への回顧的、観察者的視点ではなく、未来志向的、実践的推論を優先する。

＊17　格率による行為記述も実に巧妙になり得る。道徳形而上学の徳論におけるカントの決疑論的な問いは、自殺と嘘をつくことの例――カントはこれらを断罪することをためらう――を挙げる。自殺や嘘をつくことの格率は完全には明らかではない。クリスティーン・コースガードは、ある条件の下では嘘をつくことを正当化する格率を示す（ただし、コースガードによれば嘘をつくことが正当化される困難な状況で、哲学者でないひとはこの格率をはっきりとした形で思いつかないかもしれない）。だがカント的道徳理論は、アリストテレス的道徳理論と同様、合理的な大人は行為を正しく記述するフロネーシスを備えていることを前提としている。格率は（いかに巧妙であれ）、適切に言い表され、テストされ得る。カント『道徳形而上学』6:232 および Korsgaard, *Creating the Kingdom of Ends* (Cambridge: Cambridge University Press, 1996), ch. 5, "The Right to Lie: Kant on Dealing with Evil," pp. 133-58.

＊18　帰結主義の巧妙で複雑な解釈として、例えば Peter Railton, "Alienation, Consequentialism, and the Demands of Morality," *Philosophy and Public Affairs* 13/2 (1984), pp. 134-71 と Peter Railton, "How Thinking about Character and Utilitarianism Might Lead to Rethinking the Character of Utilitarianism," *Midwest Studies in Philosophy* 13 (1988), pp. 398-416 を見よ。

＊19　ジョンソンの論文は最初 *Ethics* に発表され、本論文集〔Sterba (ed.), *Ethics*〕（第三〇章）、the *Philosopher's Annual* 26 (2003), ed. P. Grim, P. Ludlow, and G. Mar、そして *Conduct and Character: Readings in Moral Theory*, ed. Mark Timmons (London: Wadsworth, 2006), pp. 187-94 に再録されている。

＊20　論文の結びにジョンソンは、アリストテレス的道徳理論を次のようにも非難する。すなわち、それは正しいことを決定するにはあまりにごたごたしており複雑なので、あまりに不確定である〔漠然としている〕、と。Johnson, "Virtue and Right," p. 829〔本書二九三頁〕を見よ。だが私は、アリストテレス的道徳理論の不確定性の度は、ジョンソンらが見なすよりもずっと少なく、近現代の（modern）道徳諸理論の不確定性の度は、ずっと多いと私は信じている。だが不確定性について論じることはまたの機会まで待たなければならない。

監訳者解説

加藤尚武

ガンマンから保安官へ

西部劇では、社会秩序の中心人物がガンマンから保安官に移っていく。ギリシャでも同様の変化があったことは「ギリシャ人はみな出歩くとき、剣で武装したものだった」（本書一〇五頁）というトゥキディデスの言葉に明らかである。「各人は自分の権利を自分の力で守らなくてはならない」という自救行為中心の社会で、その力が足りない時に金で雇うのがガンマンである。力も金もない人は自分の権利を守れない。保安官はガンマンを雇えない人の権利も守る。実力がないとつとまらない。そして保安官には公正な判断力が要求される。保安官の選考基準では、実力が優先、公正な判断力は従属的である。公正な判断力は究極的には三権分立による法の支配というシステムで維持される。

法の支配は、人の支配ではない。しかし、さまざまの人によって維持される。「法の支配」という理念は、三権分立、罪刑法定主義、市民が戦闘行為をする権利を放棄して武器使用を軍人・警察官に委託する「私的戦闘行為の放棄」、議会による法の制定、投票による議員の選出というシステムによって維持される。それによって権限の特定個人への集中が避けられる。

罪刑法定主義は、すべての行為は、それを行う前に違法か違法でないか、また違法行為を行った場合の刑罰がどれほどであるかが公示されているという原則である。この事前公示原則を守るためには、あらかじめ法律を作っておかねばならないが、その立法の原則が「最大多数の最大幸福」である。しかし、ドローンを飛ばす条件、核兵器の使用条件、臓器移植の適用条件など、新規に開発される技術について、事前公示の原則を守ることはとても困難である。「陽の下に新しきものなし」（旧約聖書、伝道の書一－九）は律法家の夢にすぎない。「新しきもの」は、法の支配に蟻の穴を開ける。

その蟻の穴を完全にふさいでも、権限の特定個人への集中を避けることはできない。専門家が必要だからである。飛行機のパイロットには通常の人以上の操作技術が要求される。裁判官には、法について通常の人以上の解釈技術が要求される。すべての技術開発者には、通常の人以上の予測・設計・実験の能力が要求される。「良識はこの世でもっとも公平に分け与えられている」（デカルト『方法序説』谷川多佳子訳、岩波文庫、一九九七年、八頁）はデカルト主義者の夢にすぎない。

専門家と素人の間の壁が高くなっているだけではない。専門家と専門家の間の壁も高くなっている。原子力工学者と地震学者の間には壁がある。臨床医学と基礎医学の間には壁がある。フランスの数学者アンドレ・ヴェイユ（1906-1998）が亡くなった時「彼の死によって数学の全領域を知る最後の人がいなくなった」と評されたものである。

宇宙船地球号のなかでは、つねに新しい技術と知識が製造されるだけでなく、眠っていた古い知識も掘り起こされている。それらの情報の総量は、マルサス流に言えば幾何級数的に、増加率そのものが増加する仕方で増加している。しかし、一人の人間の技術と知識の習得能力は等差級数的に、増加率一定でしか増加しない。したがって専門と専門の間の壁は常に高く、厚くなっていく。

宇宙船地球号では壁をなくすための様々な試みがされてきた。「一冊の本」方式では、乗組員のすべてに「一冊の本」（the Book）が配られて、全員が「その本」（the Book = Bible）の指示に従う。どの本を選ぶかの選定委員会がもめるので、「たくさんの本」を標準的に装備するという方式（古典主義）が一時隆盛を示したが、グーテンベルグのおかげで一八世紀に必読図書の数が増えて数万点にまでになると、本の内容を圧縮して数冊にまとめる「百科全書主義」が登場した。圧縮を徹底して論理、自然、精神のすべてを統合する「哲学体系」に挑戦する人も出てきた。そのなかで最大の影響力をふるったのはドイツの哲学者ヘーゲルであったが、彼は新しい自然科学書を買い集めつつ、「哲学体系」の完成が地平の彼方に遠のいていくのを感じながら死んだ。

参考文献

T. Chappell, “Virtues and rules”, in S. V. Hoot, (ed.), *The Handbook of Virtue Ethics*, Acumen, 2014.
Gary Watson, “On the Primacy of Character”, in S. Darwall, (ed.), *Virtue Ethics*, Blackwell, 2003.

民主主義の檻の中の君主制

すべての情報を統合する「哲学体系」を書くという試みはもともと無理だった。どんな新しい情報が出てきてもそれについて適切に反応する能力をもった統合の専門家を養うべきであった。「本」中心主義から「人」中心主義への転換である。しかし、この転換には民主主義的ポピュリズムに逆向する方向が含まれている。「法の支配」は、権限の特定個人への集中（人の支配）を避けるシステムであったのだが、そのシステムのなかに権限の特定個人への集中（人の支配）を埋めこまなくてはならない。民主主義の檻の中で非民主主義を育てなくてはならない。

たとえばオーケストラの指揮者では、バッハで訓練を受けた指揮者がストラビンスキーの演奏に成功する。二塁手だった野球の名監督、金属学者だったのに、あらゆる領域の研究者を育てた大学の学長、等々。統合の専門家、すなわち監督は、チームの全員がその能力を最大限発揮するような自発性を引き出して、チーム全体の成果が最大の社会的な評価をえられるように指示をする。監督の指示は絶対的で、メンバーには異議を申し立てる権利がない。小さな君主制をつくることがこの監督制のねらいである。

『論語』には「君子」という言葉がでてくるが、大きな帝国の最高の権力者も地方の行政官もみな「君子」であるべきなのだ。白川静『常用字解』（平凡社）によると、「君」の文字は「杖を手で持つ」姿と祝詞をいれる器からなりたっている。「君とは神の杖を持ち、祝詞を唱えて神を呼び寄せることができる巫祝（ふしゅく）の長であった」とある。孔子は、その意味での君子の養成機関を維持していた。

プラトンの「アカデメイア」、アリストテレスの「リュケイオン」も、いわば君子の養成機関だった。国王はもちろん、およそ人の上に立って権限を行使する人のすべてを育てる機関だった。あらゆる監督の養成所と言っていいだろう。現代の徳倫理学の代表的な思想家、ハーストハウスが提案した「行為は、もし有徳な行為者が当該状況にあるならばなすであろう、有徳な人らしい（つまりその人柄にふさわしい）行為である時、またその場合に限り、正しい。」(An action is right iff it is what a virtuous agent would characteriscally <i.e. acting in character> do in the circumstances. ロザリンド・ハーストハウス『徳倫理学について』土橋茂樹訳、知泉書館、二〇一四年、四二頁）という原則も、「正しい行為という概念と、有徳な人が状況に応じて行う行為と言う概念とはおおむね一致する」という程度のことを述べている。東洋風にいえば「君子の道にしたがって行為しなさい。それが最善です」と言っているのと実質は変わらない。

iffという単語は、同値を意味する論理記号で、読み方はif and only ifである。⇔あるいは≡も同じ意味である。「ソクラテスは人間である」という文を集合の図式で表すと、「人間」を示す円のなかにソクラテスという点が描かれる。逆に「人間はソクラテスである」とは言えない。ソクラテスは人間という集合に含まれる。これを「xがソクラテスならば、xは人間である」というように「ならば」を使って表すこともできる。これに対して「二等辺三角形は二等角三角形である」という文章では、主語と補語を入れ換えて「二等角三角形は二等辺三角形である」という事もできるから、矢印でしめすと両方の方向が含まれる（⇕）。

ハーストハウスの原則は、文字通りの意味では、「正しい行為」という言葉の適用範囲と、「有徳な人らしい行為」の適用範囲が「二等辺三角形」⇕「二等角三角形」と同様に例外なしに完全に一致するという意味になる。しかし、「正しい行為」も「有徳な人らしい行為」も、ともに限界の不鮮明な曖昧な言葉だから、iffという論理記号は、厳密な論理的な意味で使われているのではなく、論理記号を用いた強調形として使われていることになる。論理記号の使い方としては間違っている。

「どういう人が有徳な行為者なのですか」かと質問すれば、ハーストハウスは次のように答える。

> 徳はたとえば、正直（honesty）、慈悲（charity）、忠誠（fidelity）……等々のように枚挙されるものだと前提されていたことを思い出してください。もしそのように前提されるならば、有徳な行為者とは、正直で慈悲深く、誓いを守る……等々の者ということになります。かくして、有徳な者はその性格に即して、正直（honest）で慈悲深く（charitable）、誓いを守る（true to her word）……等々のことをなし、不正直で無慈悲な、誓いを守らないようなことをなしたりはしません。だから、そのように徳が枚挙されるなら、有徳な人がわたしの状況にあれば何をなすかは、自分が不完全であるにもかかわらず、わたしにはまったく明らかだということになります。（同五三頁）

ハーストハウスの「原則」が実質的に語っていることは「よい・悪い」は、人柄を抜きにしては語れないということである。

「よい・悪い」という言葉にはいろいろな意味がある。「よい計算機」とは「有用な計算機」である。「よい行為」

は、道徳的な称賛を表している。「行為の動機が自己犠牲的である」（動機主義的な評価）、「行為の結果が行為者以外の人々にも喜ばれる」（結果主義的評価）が代表的なものである。「奴隷制度は不正だ」というような社会制度について「よい・悪い」の評価が下されることもある。

ハーストハウスの原則には「よい行為とは、よい人の行為である」という文意が含まれている。単一の行為について「よい、悪い」をいう事は、不適切であって、くりかえされる行為を通じてあきらかになる人物の性格的な特性から、行為の善悪を評価しなくてはならないという主張を含んでいると思われる。

性格的な特性とは、「ある一定の環境におかれたら適切な行為に向けて自発的に行為する気構えができている状態」と言っていいだろう。池に落ちそうになる子どもを見れば助けようとする気持ちは、たいていの人が身につけて持っている。この状態は、一般的には可能性に含まれるが、つねにすでに待機状態にあるという点では、隠れた現実性を持っている。

ラテン語の徳（virtus）には、語源的には「男らしさ」という意味があった。たとえば他人に権利を侵害されたら自分の実力で奪いとってきたいという気持ちは、自然に発生するだろう。直接に奪い返すことができない場合には、復讐したいと思う気持ちは、実質的に「正義感」と区別がつけにくい。自分の息子を殺した犯人を本当は殺して復讐したいのだが、保安官が逮捕するのに協力する父という役柄があったとしよう。実力主義の時代であるなら復讐することが有徳（virtuous）であるのに、法の支配のもとでは、犯人逮捕に市民として協力することができるだけである。その父は、犯人が逮捕され、処刑されても悔しい思いをするだろう。法の支配を呪わしく思うだろう。この父の味方をする哲学者はいないのか。

参考文献

P. Kaak and D. Weeks, "Virtuous Leadership", in S. V. Hoot, (ed.), *The Handbook of Virtue Ethics*, Acumen, 2014.
Chi Yun Chang, *Confucianism*, 浙江大学出版社, 2012.
Hui-Chieh Loy, "Classical Confucianism as virtue ethics", in S. V. Hoot, (ed.), *The Handbook of Virtue Ethics*, Acumen 2014.
Yang Xiao, "Ethical thought in China", in J.Skorupski, (ed.), *The Routledge Companion To Ethics*, Routledge, 2010.
Chad Hansen, "Classical Chinese ethics", in P. Singer, (ed.), *A Companion to Ethics*, Blackwell, 1991.

ニーチェと道徳否定論

「よい行為」とは何かという問題で、①行為者自身がその行為をすることのなかで感じ取る感動が最大である行為、②その行為をともに行う仲間から賞賛されるような行為、③その行為の結果が最大多数の最大幸福に貢献するような行為、④その行為の結果が誰からも非難されない行為という解の候補を想定しておこう。

ヘラクレイトスは、神殿の石段でおはじき遊びをする子供がうらやましいと語ったが、ニーチェもこの言葉を受けて、遊びの中で子どもが示す真剣さを称賛している。これは、①行為それ自身の中で感じられる緊張、集中、心身の統一、達成の喜びが「よい行為」の意味であるという見方を示している。快楽の達成には、つねに①「行為自体に感動がある」という意味が成り立っている。

サラリーマンが羊の群れのようになって地下鉄に乗って出勤し、無事に帰宅する。「ああ今日も無事でよかった」としみじみ思うだろうが、これは④「誰からも非難されない行為」に該当するだろう。

②「仲間から称賛を受ける行為」は、スポーツでチームの勝利に貢献するとか、職場で実績をあげるとか、学校で成績を上げるとかの行為で、だれでも「仲間から称賛を受ける行為」に参加できることが、職業生活のよさとなっている。

③「最大多数の最大幸福に貢献する行為」を実感することはほとんどない。オリンピックで優勝して金メダルを授与される、発光ダイオードを発明して省エネルギーに貢献する。そういう経験をすることはまれで、たとえそうだったとしても、「最大多数の最大幸福」を実感することはない。

ボーボワールの作品には、自転車を盗むときに緊張、集中、心身の統一、達成の喜びを感じ取ることができることを描いたものがある。犯罪は、一般的に①「行為自体に感動がある」行為に属する。ヘーゲル、シェリング、ニーチェが犯罪のなかに最高の人間的主体性の発揮が存在することを指摘している。ヘーゲルとシェリングは犯罪を肯定したわけではないが、ニーチェはまるで犯罪を肯定したかのようなことを言う。

第一章、「ニーチェ」の著者フィリッパ・フットについては、フィリッパ・フット『人間にとって善とは何か――徳倫理学入門』（高橋久一郎監訳、筑摩書房、二〇一四年）に監訳者・高橋久一郎氏が魅力的な紹介を書いている。本書のニーチェ論（第一章）は一九七三年に発表されているが、『人間にとって善とは何か』の中のニーチェ論は二〇一〇年に発表されている。二つのニーチェ論には三七年間のへだたりがあるが、その基本的な骨格は変わっていない。この著者のフットは小説家マードックの伝記映画『アイリス』に、ほんの一瞬、魅力的な姿を見せたように思う。典型的な秀才の古典学者で、魂の純度の高い人として人望をえている。本書・第三章には彼女の「美徳と悪徳」も採録されているが、ギリシャ・ローマの古典を深く広く読解した跡がにじみ出ている。この二つのニーチェ論も、通常カトリックの世界ではトマス・アクイナスの徳理論が絶対視されていて、ニーチェのキリスト教批判は悪魔の理論のように扱われるのにたいして、誠実にニーチェと対決しようとしたという点が画期的である。

一切の道徳に否定を突きつけるニーチェに関して「どうやって諸価値の価値を問うことができるのか。」（本書二頁）結局は、既成の価値概念を前提にして、「価値を否定した」と言ってニーチェを批判することになるのではないか。

フットは、こういう問題意識でニーチェに臨んだにもかかわらず、「非人道性が今日ほど大規模かつ露骨な仕方で広まっているのを目の当たりにしたら、彼は何と言ったであろうか」（本書一九頁）と、結局はフット自身も既成の価値観に依拠してニーチェを批判する結果に終わっている。しかし、読者はフットがこのようにしてニーチェとは対岸に立つという姿勢を見せたことに大いに安心するだろう。

ここから三七年を経た新しいニーチェ論では、「道徳について教えられないでいると人はどんなことをすることになりやすいかを考えなければならない。動物の生と異なり、人間の生は規範に従って営まれており、その規範は人がパターンとして認識や把握をすることで成立している。それゆえわれわれは子どもたちに、してよいこととしてはいけないことを教えなければならない」（フィリッパ・フット『人間にとって善とは何か——徳倫理学入門』高橋久一郎監訳、筑摩書房、二二一頁）と語られている。

ニーチェが提起した問題は、道徳にかんして、社会秩序の形成に貢献するか否かということを完全に度外視して、まったくただ行為することの中で行為者が感じ取る生の充実感だけに着目したとき、行為それ自体が「善悪の彼岸」にあることは、自明であるが、それは無意味ではないということである。

行為それ自体がもたらす生の充実感と行為の道徳的評価とは、絶対に重なり合わないとニーチェは見ていた。ヘーゲルは、もしもそうなったら国家が戦争をすればいいと本気で考えていた。戦場に出た国民は、最大限の生の緊張の場におかれ、その緊張が国家に奉仕するという最大の情熱の充足になることを経験するだろうと言うのだ。「国家のために死ぬこと」のなかに生の緊張とその道徳的（実はヘーゲルは「人倫的」と言うが）評価が重なる。最高の存在者のために死ぬことができないようになったら、もう生きるには値しないと信じた三島由紀夫は、ヘーゲル主義者であった。

参考文献

Christine Swanton, "Nietzsche's virtue ethics", in S. V. Hoot, (ed.), *The Handbook of Virtue Ethics*, Acumen, 2014.

Maudemarie Clark, "Nietzsche", in J. Skorupski, (ed.), *The Routledge Companion to Ethics*, 2010.

R. Hursthouse, G. Laurence and W. Quinn, (ed.), *Virtues and Reasons*, Clarendon, 2002.

バーナード・ウイリアムズ「脱道徳家」壁谷彰慶訳編、入不二基義編『英語で読む哲学』研究社、二〇一三年所収。

立法と立法もどき

現代の徳倫理学が、フットやハーストハウスの師エリザベス・アンスコムの『現代の道徳哲学』（G. E. M. Anscombe, "Modern Moral Philosophy", *Philosophy*, 1958. に発表。R. Crisp, M. Slote, (ed.), *Virtue Ethics Oxford Readings in Philosophy*, 1997. に採録。その後アンスコムの哲学著作集3巻1981 Oxford に採録）からはじまるということは、定説となっている。この論文の出る前年には、彼女は『インテンション』（Intention. Oxford 1957　菅豊彦訳、産業図書、一九八四年）を出しており、この二冊の本は密接につながっている（アンスコム「一人称」1975の部分対訳が、入不二基義編『英語で読む哲学』研究社、二〇一三年に採録されている）。マイケル・ストッカー「現代倫理理論の精神分裂気質」（第二章）は、アンスコムの影響がどれほど大きかったかを示す証拠ともいえる。アンスコムが批判したのは、カント主義（義務論）や功利主義がおこなう「立法もどき」の理論だった。この二つが道徳理論の本質からはずれているというのである。そこでストッカーは、アンスコムを受け止めてカント主義（義務論）と功利主義に対する批判を展開するのだが、しかしアンスコムの意図、――トマス・アクイナスの復権――をはるかにはみ出して、道徳理論そのものに普遍化主義反対、利己主義反対という二つの批判的な方向を同時に持ち込むことになった。それによって彼は道徳心理学の領域の開拓者となった。

現代のカント主義（義務論）や功利主義には「倫理学のすべては外部的で、立法モデルで、指針的なやり方で扱うことができる」（本書四〇頁）という欠点を指摘している。彼の言う本当の倫理は、愛を可能にするものである。もしも「個人の欲望の達成」が、行為のモデルとなるなら愛は相手を自分の快楽の手段とするという外部性から抜け出せない。もしも「普遍的な指針」というモデルで理論を立てれば、この「取り換えのきかない」（本書二八頁、三三頁参照）関係は抜け落ちてしまう。この「取り換えのきかない」という言葉には、実存主義の哲学者ヤスパースの影響があるだろう。ヤスパースは『現代の精神的状況』（一九三一年）で、まるでチャップリンの『モダン・タイムス』（一九三六年）にヒントを与えたかのように、人間が「入れ換え可能」（ersetzbar）になっていることを告発している。

そこでストッカーの言葉に実存と普遍化可能性という言葉を補ってみるとよくわかる。「それらの理論が目指しているのは決定的〔実存的〕条件ではなく、善さや正しさの〔普遍化可能性の〕指針を提供することだけなのである。」（本書二九頁）

アンスコムは「立法もどき」の道徳理論をこっぴどく批判したが、「立法もどき」がどうしても必要だった事情も理解しておかなくてはならない。

カントの義務論の場合「汝の意志の格律が普遍的な立法の原理となるように行為せよ」という「定言命法」が、根本原理である。人はみな自己流のルール「格律」を持っている。その「格律」の中で道徳法則となるのは、だれがその「格律」を採用しても破たんしないという条件を満たすものにかぎる。この条件は、現代では「普遍化可能性」と呼ばれている。たとえば「あらゆる点で自分よりもすぐれた者を友とせよ」という格率は、その友とされた方の人は「あらゆる点で自分よりも劣った者を友とせよ」という「格律」を持つことになるので道徳法則としては失格である。カントは、国会が創設されて立法が行われるようになることを期待していたが、実定法としての法律とは独立に道徳法則が成り立つと考えた。

ベンサムの功利主義の場合、彼の思想が道徳理論として受け止められるということに問題がある。功利主義の原則を示した彼の著作は『道徳と立法の原理序説』（一七八九年）という題で、立法論はその不可欠の要素だった。なぜならベンサムが見込んでいたのは自然法・慣習法から実定法への転換であったので、その著作は法律の作り方の手引きという狙いを持っていた。フランス革命以後、ヨーロッパの各地で、新憲法の制定が続いた時代にベンサムは立法の方法論として、人気をはくしていた。その根本原理は「最大多数の最大幸福」であったが、これも羊三頭を盗むと死刑というような「守ろうとする利益よりも大きくなるような刑罰は不正である」という含意があった。

まだ実定法が整備される以前に発表されたカント主義や功利主義が、実定法が作られたあとにもそのまま道徳理論として生き残っていったというところに問題がある。

参考文献

Roger Crisp, “Modern Philosophy and the Virtue Ethics”, in Roger Crisp, (ed.), *How should one live?*, Oxford, 1996.

Timothy Chappell, “Virtue Ethics in the twentieth century”, in D. C. Russell, (ed.), *The Cambridge Companion to Virtue Ethics*, Cambridge, 2013.

道徳理論の暴走

あまりにも道徳に気を使いすぎる人は、迷惑であり、不愉快である。すると、道徳の理論の原則そのものに行き過ぎを防止するシステムが内蔵されているかどうかが問題となる。

スーザン・ウルフの「道徳的聖者」（第四章）は、その疑問をカント主義と功利主義に向ける。徳倫理学の原理は、アリストテレスの言う「中庸」であるから、——完全に無意味なまでに曖昧になってしまう危険はあるが——極端に走る心配はしなくていい。

> 功利主義やカント主義の文献にさっと軽く目を通せば、それぞれ博愛の聖者と理性的聖者のイメージがえられるだろう。（本書八五頁）

カント主義の側からの反論を考える前に、まずカント自身が道徳的厳格主義（Rigorismus）を語ったところを引用してみたい。

> 倫理的法則をつうじて意志が規定されるさい、そのあらゆる規定について本質的なことがらは、意志が自由な意志として、かくてまた感性的な動因がともにはたらくことがないばかりではなく、自身いっさいの感性的動因を拒絶し、さらにはすべての傾向性を、それが倫理的法則に反しうるかぎりで断絶して、ひたすら法則をつうじてのみ規定される、ということである。そのかぎりでは、したがって道徳法則が動機としてはたらく結果はたんに消極的なものであり、そのようなものとしてこの動機はア・プリオリに認識されることができる。なぜなら、あらゆる傾向性と感性的な動因のそれぞれは感情に基礎を置いており、感情に対する否定的な効果は（傾向性に生じる中断をつうじて生まれるものとして）それじしん感情だからである。かくして私たちがア・プリオリに見とおすことができるのは、道徳法則は意志を規定する根拠として、その法則が私たちの傾向性のいっさいに妨害をくわえることをつうじ、苦痛と名づけられうるような感情を惹きおこさずにはおかないということである。（カント『実践理性批判——倫理の形而上学の基礎づけ』熊野純彦訳、作品社、二〇一三年、一九〇・一九二頁）

意志を規定するものをカントは、「道徳法則か否か」という形で考えている。道徳法則に付け加えて、感性・傾向性が合わさって合力となってもいいではないかと素人は思いたがる。善行をして、同時に楽しい思いをしてはいけないはずはないと素人は思う。ところがカントはそれを否定する。

意志にはつねに感性的な動因・傾向性が働いており、意志はその因果関係から通常は自由にはなれない。つまり意志は他律を強いられている。そこから自由になる条件はただ一つ、道徳法則によってその因果関係を断ち切って、自由になる、自律を達成することである。自律的動機が五〇％で他律的動機が五〇％で意志が規定されるというようなことはあり得ない。ここでカントが行為の結果について述べているのではないということを忘れないようにしたい。行為の結果についてならば、道徳法則の目的に従うような結果が五〇％で、感性と傾向性を楽しませる結果が五〇％になったという事はありうるだろう。しかし、動機について、そのような混合はありえないし、ありうると盲信した場合にも、その混合を拒否しなくてはならない。

感性的な動機が現に作用を及ぼしている状態で、それを断ち切るのだから、不快が生ずる。その不快がなければ道徳法則が意志を規定したとは言えない。これが「不快であるべき理由」である。シラーをはじめとして多くの人がこの点を非難している。

カントは宗教的熱狂も道徳的熱狂も嫌っていたが、不快感が必ず伴うとすれば、それがブレーキ役を果たす可能性はあるだろう。

マイケル・ストッカーは「病院に友人を見舞ったが、それは義務のためだった」という例をあげているが（本書三五頁）、その人はカント主義者であるに違いない。

他方、功利主義者は「最大多数の最大幸福」という目標を掲げているので、最大限の追求という暴走状態に陥る危険をもっているはずである。私が、三千円の食事を我慢してユニセフに寄付すれば、アフリカの数多くの赤ちゃんが栄養不良から救われる。私がどの段階で慈善の行為を停止して、自分の快楽になるように取り計らっていいのか、その限度は「最大多数の最大幸福」という原則のどこにも書き込まれていない。

しかし、「最大多数の最大幸福」という原理を、個々の行為に適用する（行為功利主義）ことがベンサムの主要な狙いであったとは思われない。個々の法律について、それが厳しすぎる罰則を作らないように気をつけなさいというのが、ベンサムの主張の核心であったと思う。ベンサムは、個人の行為についても「最大多数の最大幸福」の原理が適用できると信じていたかもしれないが、個人の行為と法制度として規定される行為の普遍的な基準との関係について、ベンサムは踏み込んだ考察をしていなかった。個人の利己的な行為の集合体が、「見えざる手」の働きで公共的な機能をもたらす可能性についても、彼は無関心だった。

一般に道徳理論の暴走について、個人の行為に関して善に向かう方向の暴走には自然にブレーキがかかるが、悪の方向にはまったくブレーキがかからないことがある。「最善を追求せよ」は掛け声だけにしておいて、「最悪を避けよ」には罰則などを定めて実効性を持たせるのが、道徳理論にもとづく政策の常である。暴走の心配があるから、カント主義と功利主義は採用できないという主張は、たちの悪いデマである。

参考文献

Rosalind Hursthause, *Ethics, Humans and Other Animals*, Routledge, 2000.

Vinit Haksar, "Ideas of Perfection", in J. Skorupski（ed.）, *The Routledge Companion To Ethics*, Routledge, 2010.

R. Audi, "Faith as Attitude, Trait, and Virtue", in K. Timpe and A. Boyd,（ed.）, *Virtues and Their Vices*, Oxford, 2014.

歴史相対主義

マーサ・ヌスバウムは学生時代に演劇を志したこともあるというから、アリダ・ヴァリをしのぐ美人女優になったかもしれない。スケールの大きい視野で大胆な問題提起をする。舞台で大きなアクションをしているみたいに。一度、結婚して離婚したが、その時の結婚相手の姓「ヌスバウム」を名乗っている。ドイツ語では「胡桃の木」という意味で、そのイメージが美しいので英語読みして「ナスボーム」とは呼ばないで、「ヌスバウム」と呼ぶ人も多い。「ナスバウム」と英独まぜこぜにするのは止めた方がいい。

彼女は、アリストテレスの『ニコマコス倫理学』を丹念に読み込んで、それが今の時代に生かせるという。その手法は、著しく自然主義的である。彼女は、「共通の人間性の一定の特徴」を「死すべき運命、肉体、快と苦、認知能力、実践理性、初期幼児発達、友好、ユーモア」（本書一三七頁）と枚挙する。

アリストテレスと現代との時間の差がおよそ二五〇〇年である。人類は六万年ほどまえからその生理学的な特性をほとんど変えていないので、わずか二五〇〇年間の時間差は「死、肉体、快苦」などへの反応を根本的に変えるものではない。

ところがヌスバウムは、フーコーの問題提起が無視できないと考える。「このような領域での自分自身のものの見方が必然的でも普遍的でもないことを思い出させてくれる、フーコーがやったような研究の効果は、人間的善を求める批判的討議を、まさに促進するということなのである。たとえば、われわれの性的な観念の歴史に関するフーコーの観察を読んで、キリスト教道徳が一九世紀疑似科学と結びついた結果としてこれらの主題に関して西洋現代の討議が組織された一定方式は、とくに愚かで、恣意的で、制限的で、人間の幸福希求に敵対的であると感じるに至らないということは、難しい。」（本書一三五–六頁）

フーコーによる一八世紀の臨床医学のデータ処理が政治的であることの指摘が説得力をもつのは、その時代の人間が現代人と生物学的に同一であるという前提をわれわれが受け入れているからである。

相対主義には「場所が変われば考え方が変わる」という地理的相対主義と「時代が変われば考え方が変わる」という歴史相対主義があるが、マルクスの思想は「経済的な土台が変わると上部構造（制度や観念形態）が変わる」と表現してもよい。

変化する説明の根拠（場所、時代、土台）によって、不変だと思われていた考え方が説明される。ヌスバウムは「ギリシャ人はみな出歩くとき、剣で武装したものだった」（本書一〇五頁）というトゥキディデスの引用を掲げているが、トゥキディデス『歴史』は相対主義の事例の宝庫である。権利の侵害に対して自救行為で対抗しなければならなかった昔のギリシャが、社会制度が整備された結果、武器の携帯が不要になったという変化を示している。「アメリカ人はみな出歩くとき、ピストルで武装したものだった」、「刀狩以前の日本ではみな出歩くとき、刀で武装したものだった」等々の変化が、多くの文化で起こっている。これらは主導的要因の変化によって派生現象が変化したという事実関係を表していて、「武器の携帯」が永久不変の原則だと信じている人にとってはその信念の崩壊を意味する。

アリエス『子どもの発見』は、フランスの農村で死んだ子どもを住宅内の土間に埋めたという事例を根拠にして「子どもを大事にする」文化が近代に固有であり、自然でも永遠でもないという信念を生み出した。これを論拠に母性から解放されると歓迎したフェミニストもいた。

ペトラルカの書簡「ヴァントゥー山登山」（一三三六年）以前には登山の習慣がヨーロッパになかったという論文も書かれている。

永久不変だと思われていたものが歴史的な一時現象であるという説明を、「人間性」、「正常な性関係」などに適用することを、フーコーは「起源学」と呼んだが、資料の取り扱いに疑問が出されることもある。

永久不変であるという信念とは無関係に人間の営みの歴史的な事実を自然科学的に実証することが行われるなら、歴史相対主義は真実であるかどうかという議論そのものが消滅する。

> 人間の本性は、われわれの種に共通する精神面の発達にかんする遺伝的規則性の数々と言える。それは「後成規則」（epigenetic rules）であり、遠い先史時代に長期にわたって起きた遺伝的進化と文化的進化の相互作用によって進化を遂げた。そうした規則は、〔たとえば〕感覚で世界を認識するやり方に見られる遺伝的な偏向（the genetic biases in the way our senses perceive the world）であり、われわれが世界を表現するための記号化（the symbolic coding by which we represent the world）であり、無意識に取りうる選択肢（the options we automatically open to ourselves）であり、最も容易で見返りがあると思う反応（the responses we find easiest and most rewarding to make）である。（E・O・ウイルソン『人類はどこから来てどこへ行くのか』斎藤隆央訳、化学同人、二〇一三年、二一三頁）

人間性とは、後成規則（epigenetic rules）による自然と文化の相互作用で生まれた規則性である。たとえば世界の感覚的認識、言語・記号化、自発的・自動的な選択肢、成功の見込みに反応することであると、ウイルソンは言う。これらがすべて後成規則（epigenetic rules）によって解明されているというのではなくて、やがて解明されるであろうという趣旨ではあろう。池に子どもが落ちようとすると助けようとする動機にスイッチが入るのは、「自発的・自動的な選択肢」がすでにセットされているからである。

とくに重要なのは、「言語・記号化」の働きである。遺伝的条件が備わっていなければ、赤ちゃんは言語を習得できない。しかし、遺伝的条件が備わっていても一定の期間に習慣づけを行う環境が整って後成の過程が進まないと、言語の習得は成り立たない。言語が習得されると、『論語』、『孟子』、『ニコマコス倫理学』、『義務論』（キケロ）などを読んで、日ごろから行為の重大な選択に対して適切に対処するモデルを身につけておくことが可能になる。

ここで「後成規則」（epigenetic rules）というのは、「DNAの塩基配列の変化をともなわずに、染色体における変化によって生ずる、安定的に受け継がれうる表現型」（中野徹『エピジェネティクス』岩波新書、二〇一四年、二一頁）を説明する規則である。この本で中野徹は「エピジェネティクスも関与している現象」として「記憶や学習」を挙げている。

ヌスバウムのこの論文「相対的でない徳」（本書第五章）は、英語圏で出された主要な倫理学リーディングスのほとんどに採録されているほど広く読まれている。歴史相対主義の問題に対して自然主義の見方を大幅に導入して、アリストテレスの今日性を主張した点が注目されたのだが、同時にミシェル・フーコーの起源学にも配慮せざるを得なかった。「Xは自然的なもので人類の文化の中で不変の価値をもつ」という主張に対して、「Xは擬制・社会的構成物である。たかだか数百年の歴史をもつだけで、やがて消滅するだろう」というのが起源学のスタイルである。同性愛を精神異常と見なす「理性主義」、女性の男性への隷属を徳とみなす自称「自然主義」が、起源学の手法で批判されている。

他方、イアン・ハッキングの『何が社会的に構成されるのか』（出口康夫・久米暁訳、岩波書店、二〇〇六年）は、社会的な擬制に関する実証的な研究である。彼もフーコーに着目した時期があった。自然と文化の接点が、もしもエピジェネティクスという形で、自然科学的に研究が可能になれば、歴史相対主義はまったく新しい場面におかれることになるだろう。

参考文献
M. Dounes, E. Machery,（ed.）, *Human Nature*, Routledge, 2013.
R. Hamilton, "Naturalistic Virtue Ethics", in S. V. Hoot,（ed.）, *The Handbook of Virtue Ethics*, Acumen, 2014.
Mark Timmons, "Moral Relativism", in Mark Timmons, *Moral Theory*, Rowman and Littlefeld, 2013.
Harry Gensler, "Cultural Reativism", in R. Shaffer-Landau,（ed.）, *Ethical Theory*, Wiley- Blackwell, 2013.

幸福否定論の源流

アリストテレスの原則は、幸福主義であり、人の生きる意味は幸福の達成にある。幸福と言うのは快楽の享受を含むが、徳の成就もまた幸福である。私が、誕生日に子どもからお祝いのお金をもらったので、自分を祝福するという気持ちを込めてユニセフにお金の一部を寄付し、家族一同、ベルリン・フィルハーモニーの演奏を聴いたあと、ホテルでパーティーを開くとすると、徳の達成、芸術美の享受、食べるという快楽の享受は、みな私の幸福の構成要素である。この点では、クリスプ（第七章）が言うように功利主義（行為功利主義）も異議を唱えない。

ところがカント主義は、幸福主義そのものを批判する。幸福とは自愛（Selbstliebe）の達成であって、道徳性ではない。ユニセフに寄付をすることは外見的には道徳性に一致するが、純粋な道徳法則の尊敬と言う動機をもたないから、これは「適法性」（Legatitaet）である。「ベルリン・フィルハーモニー」は高級な快楽、「ホテルでのパーティー」は低級快楽という快楽の上下関係は成り立たないから、これらはすべて同種であって、自愛の原理に基づくと言う。

自愛は、他人の幸福を求める仁愛（benevolence）と結びつくなら、モラル・センスが賞賛するだろうから、一概に否定するのは間違いだと言うのは、アダム・スミスの恩師、ハチスンである。アリストテレスからハチスンまで、幸福と徳の一致と言う路線を進めてきた西洋思想に、自愛の否定と言う非常識を押し通そうとするカント主義が登場する。カントの心に「自愛の否定」という過激思想を植え付けた影の主役は誰か。答えは、マルチン・ルターである。

清水哲郎の説明がとても明確である。「贖宥思想は、誠心誠意・善行（たとえば貧しい人への愛の働きなど）にいそしんで、神に嘉せられ者となろうとすること自体は、批判すべきことではないのではないか。否、ルターの批判の骨子はまさにこの点にある。すなわち、人にはそのような功績になるような成果を挙げることは原理的に不可能であると彼は主張する。なぜ「悔い改め」なければならないかについて、ルターが指摘しているのは、善行によって自己の救い、自己の安全を確保しようとする意志は、まさに自己の幸福、すなわち自己のものを求め、自己を愛しているという点である。ルターの立場から言えば、それこそが悪しき意志である。」（清水哲郎「ルター」中央公論社『哲学の歴史』第四巻、二〇〇七年、四〇四頁）

ルターが、贖宥符（免罪符）の販売に反対したのは、罪を善行によって埋め合わせることができるという原則そのものが、間違っていると考えたからである。

現代の徳倫理学は、大まかに言えばカトリシズムの土壌の中で育った古典学者が、たとえ信仰はすてても、アリストテレスの倫理学は生き残るだろうという水際作戦、トマス・アクイナスのテキストの上に赤い境界線を引いて、アリストテレス側に立って生き残ろうという作戦である。徳倫理学者（ハーストハウス、第八章）が、カントと対決したとき、その陰にいるマルティン・ルターに気づくかどうか。徳倫理学者のカトリックという地金が邪魔をして、ルターを「見えない人」にしてしまう。

罪を善行によって埋め合わせることができるという考え方を、加算可能性（additivity）と呼ぶことにしよう。徳の達成、芸術美の享受、食べるという快楽の享受が、加算可能性をもつなら、それはみな私の幸福の構成要素である。

功利主義は、すべての善さが加算可能性をもつという思想である。アリストテレスは「善はさまざまに語られる」

と述べて、「よい」という言葉が、カテゴリーの枠をはみ出して使われることに着目していた。ところが功利主義者は、あらゆる善に加算可能性を認めてしまう。「地獄の沙汰も金次第」ということわざが日本にはあるが、あらゆる価値が金銭表示されるなら、加算可能性をもつ。

選好（preference）が加算可能性を生み出すという考え方も功利主義に含まれる。アダム（A）よりは、バチスト（B）が好きで、バチストよりもチャールズ（C）が好きだという少女に、「とうぜんアダムよりチャールズが好きなんだね」というと「ちがう、アダムの方がチャールズよりも好き」と答えるかもしれない。この少女は推移律（transitive　loaw）を認めない。加算可能性は推移律を含む。

功利主義の原則は「最大多数の最大幸福」と表現されるが、それが厳密な数学的な意味で追求目標とされるとすれば、加算可能性・推移律を充たしていなくてはならない。すべての価値が金銭で評価されている世界だけが、その条件を充たしている。

参考文献

Christine M. Korsgaard, "Kant on Dealing with Evil", in J. P. Sterba, (ed.), *Ethics*, 2nd ed., Wiley-Blackwell, 2009.
Julia Annas, *The Morality of Happiness*, Oxford University Press 1993.
Otfiied Hoeffe, *Can Virtue Make Us Happy?*: The Art of Living and Morality Northwestern U. P., 2010.

「金持ちになる方法」で金持ちになれるか

ロジャー・クリスプが上廣倫理財団の招きで来日したとき、彼は私が学長を務めていた鳥取環境大学を訪ねて、講義をしてくれた。古典から現代にわたる奥行のある学識を身に着けた若者であると思ったが、奥さんが病院の事務員をしていて共稼ぎ生活であることやイギリスの医療制度などについても、率直に話してくれた。「功利主義と徳倫理は矛盾しない」ということを主張したいと言うので、どういう理論構成になるのか楽しみにしていたが、ここに訳出された論文（本書の第七章）は、彼が私を訪ねてくれる前にすでに書かれていたものだった。

「功利主義は自分自身を無用のものにしてしまう」（do itself out of a job）という論旨は、功利主義というタテマエを意識的に適用しようとすると、期待どおりの成果がでない、反対に徳倫理の原理を意識的に守ると功利主義的な成果があがるという趣旨である。バーナード・ウイリアムズの功利主義論（Bernard Williams, *Morality*, Cambridge, 1972）の影響を強くうけた論旨である。

金さんは「金持ちになる方法」という本を持っていて毎日、そこに書かれた内容を逐一実行している。その内容は、期待値最大化の原則で、「結果（期待値）が最大になるように行為せよ」と書いてある。徳さんは、自分の心に正直と勤勉という言葉を刻み付けて毎日真面目に働いている。「どちらが金持ちになったでしょう」という問題に「徳さん」という答えを出すのが、クリスプのねらいである。

功利主義の原則は「最大多数の最大幸福」であるが、まず「幸福」という世俗的・現世的な利害に関心の基盤を決めていることが特徴的である。「最大多数」は「一国内のすべての個人」と言う含意で語られているが、これを人間だけでなくすべての動物にまで拡張しようという受け止め方もある。利他主義・博愛主義という特徴がある。提唱者のベンサムに「一人の人は一人として数える」という言葉があって、個人の平等を支えている。功利主義において、平等が「最大多数の最大幸福」から導き出される派生的原則なのか、「最大多数の最大幸福」からは独立の原則なのかは、論争の種になる問題である。そして人と人の平等を前提した加算性の原則がある。「最大の価値」という量的に表現される指標によって、「正しい行為」が決定される。

クリスプは、功利主義のさまざまな形を示しているが、効用、動機、徳のそれぞれに関して加算性が成り立つという前提で、論述が進められている。アインシュタインの知性とメル・ギブソンの美しさを並べている（一八二頁）ことから見ると、真と善と美の加算性を認めるだろう。「効用＋動機＋徳」という加算性も否定はしていないだろう。

功利主義を経済政策の原理として受け止めた場合、「国民総所得を最大にする政策が正しい」という評価基準が作られる。すると搾取や抑圧が増大する、国民間の不平等が増大する、生活水準の低い人々の人口が増大するなどの場合にも、その政策が正当化されることになる（本書一八六頁）ので、さまざまな修正案が出される。

クリスプが着目するのは、「伝記的功利主義」（本書一八五頁）で、人間個人の全生涯の効用の最大を原理とする見方である。功利主義を社会制度や法律の評価基準と見なす見方（規則功利主義）は、除外している。全生涯にわたる行為功利主義（伝記的功利主義）が、「行為などを正しいものとする基準（the criterion of rightness）」（本書一八一頁）として成功したとしても、「意志決定手続き（decision procedure）」（本書一八一頁）としては失敗するというのが、クリスプ論文の概要である。

評価基準は、選択のばあいには候補者を決めて、それぞれの性能、資質などを比較するための基準で、功利主義では効用（use）とか選好（preference）で比較する。意思決定手続きは、ふつう動機づけとか決断とかの過程をさしている。結婚相手を決めるとき、アダム、バチスト、チャールズというような候補を決めて、比較可能な性質の順番に並べるだろう。でも最後に「チャールズと結婚する」と決めるとき、評価と決定の線引きをするのが困難な場合も多いだろう。

犯罪の裁判をするとき、罪名（構成要件）を決定し、行為の動機や結果（違法性、有責性）を評価して、量刑を決定する。殺人という罪名にすでに違法性の評価が繰り込んであるなら、罪名と違法性という二段階審議にはならないで、罪名を決めれば自動的に違法性の評価も決定されている。

二段階審議方式だとある行為が「不適切かつ正しい」とか「適切かつ不正」とかの、矛盾した評価が審議に登場することになる。「不適切かつ正しい」は刑法的な言い方をすれば「構成要件に該当するが違法性がなりたたない」となるだろう。「適切かつ不正」は「利潤獲得の手段とはなるが、社会的には不正」という「ねずみ講」のような事例があるかもしれない。クリスプ自身は、「二段階評価をとる傾向にある」という。「徳が本当の徳であるかどうかは、その徳が伝記的功利主義の基準を充たすかどうかにかかっている」（本書二〇四頁）。

正当防衛だが過剰防衛であるという場合、徳の基準を充たしているが、実質的には有害であるから、功利性の基準にはあっていない。善意の行為が、有害な結果をもたらさないかどうか。徳の功利主義的な事後評価をクリスプは導入している。

参考文献

Oakley, J., "Virtue ethics and Utilitarianism", in S. V. Hoot, (ed.), *The Handbook of Virtue Ethics*, Acumen, 2014.

動機主義か、帰結主義か

行為の評価は、その動機に基づく。善意か善意でないかで決まる。これが動機主義。動機が善意でも帰結が有害ではダメだ。これが帰結主義。——行為する人に動機は直観的に「胸に手をあてれば」分かるから、動機主義は意思決定手続きに有効に働く、行為の結果は予測がつかないから意思決定手続きにたいして無効である。カントはおおむねこのように主張している。

クリスプは、動機主義と帰結主義を両方採用しても差し支えないという。厳密にいうと徳倫理学的な動機主義に、部分的に功利主義的な帰結主義をはめ込んでいる。

> 徳の功利主義、伝記的功利主義の基準を参照するのは特定の特別な機会に限定する形で、行為者は有徳に生きるべきである。（An agent ought to live virtuously, consulting the BU criterion of rightness.）（本書二〇二頁）

ここにクリスプの最終的な立場が示されているかと思うと、さらに奥がある。「有徳な人物は状況のなかの道徳的に顕著な特徴に対する感受性を有しており、この言葉にできない感受性（this inarticulate sensibility）は、状況への規則や原理（rules or principles）の適用として理解されるべきではない。」（本書二〇七頁）

「このことを理解するには、その文化のなかで長い時間を、特に子ども時代を過ごす（living within that culture for a considerable time, preferably during childhood）以外の方法はない。」（本書二〇八頁）

以心伝心による伝承を重んずるという伝統の概念がここにある。「伝統とは言葉によって伝えられるものである」という伝統＝言葉主義の代表者として、現代の哲学者としてはガダマーが有名であるが、彼はプロテスタントであり、「聖書解釈の伝統」を視野に入れて伝統概念を形作っている。

日本では、歌舞伎などの芸能、弓道などの武術の伝統を背景におくならば、身体を通じて伝えられる伝統、以心伝心で伝えられる禅の伝統が考えられる。

善い人生とは何かを次の世代に伝えるのは、伝統であって、規則や原理ではない。アンスコムがカント主義と功利主義につよく反発したのは、この観点からである。アンスコム自身は、カトリシズムそのものを守るべき伝統と考えていたが、徳倫理学の思想家たちは、カトリシズムという枠をはずしている。日本の江戸時代の町民の儒教思想は、そのまま現代の徳倫理として通用するのではないかと思う。

徳倫理の伝統の存在は、どこまで拡張できるだろう。テレビの科学番組を見ていて、私は感動した。東アフリカの象の群れが水場をもとめてさまよっている。やっと見つけた砂場にはわずかに湿った砂が見えているだけである。若い象が砂場を掘って、水たまりを作った。その若い象が水を飲もうとしたとき、リーダーは叫び、鼻で殴りつけて若い象を叱った。水不足で瀕死の状態にある赤ちゃん象にまず水を与えるべきだという指示である。この象の集団は倫理の伝統を守っている。

参考文献
H. Battaly, *Virtue*, Polity, 2015.
Brad Hooker, "Rule-Consequentialism", in R. Shaffer-Landau, (ed.), *Ethical Theory*, Wiley- Blackwell, 2013.
F・A・ハイエク、今西錦司「自然・人間・文明」ＮＨＫブックス、2014
テツオ・ナジタ『相互扶助の経済』五十嵐暁郎監訳、福井昌子訳、みすず書房、二〇一五年。

厳密主義と非厳密主義の使い分け

ハーストハウスの原則「行為は、もし有徳な行為者が当該状況にあるならばなすであろう、有徳な人らしい（つまりその人柄にふさわしい）行為である時、またその場合に限り、正しい」に、完全主義が適合するかどうかの厳密な検討を試みたのが、ロバート・ジョンソン「徳と正しさ」（第九章）であるが、倫理原則の完全遂行を目指す完全主義が可能であるためには、倫理原則の幾何学的な体系をうみだすような厳密主義が可能でなくてはならない。

厳密主義については、アリストテレスの言葉にまず耳を傾けなければならない。

> われわれの議論は、もし題材に即して明確になされるなら、それで十分だとしよう。なぜなら、厳密さというものを、あらゆる議論に一様に求めるべきでないのは、さまざまな技術の産物の場合におけるのと同様だからである。美しい行為や正しい行為を政治学は考察するが、そうした行為には多くの差異と変動とが含まれていて、そのためこうした事柄はただ慣習にのみ依存して、自然本性には基づかないと考えられている。善いさまざまなものもまた、結果的に多くの人々に害悪をもたらしうるという点では、こうした何か変動を含んでいる。なぜなら、現にこれまでも、ある人々は富のゆえに身を滅ぼし、別の人々は勇敢さのゆえに身を滅ぼしたからである。したがって、こうした事柄について、またこうした事柄から出発して議論する場合、大まかにその輪郭において真実を証示することで満足すべきであり、さらに大抵の場合生ずる事柄について、またそうした事柄から出発して議論する場合、同じくまた大抵の場合生ずる事柄を結論として導き出すことで満足すべきである。（アリストテレス『ニコマコス倫理学』第一巻第三章、神崎繁訳、岩波書店、二二頁）

「厳密主義と非厳密主義を適切に使い分けるべし」というのが、アリストテレスの主張だった。

S・D・ワルシュ「目的論、アリストテレス的徳、正しさ」（第十章）もまた、徳倫理学と完全主義の関係を論じているが、アリストテレスの非厳密主義を採用するかどうかが先決問題だろう。むしろ、知りたい。徳倫理学はアリストテレスの復権を目指しながらどうして、ハーストハウスの原則 An action is right iff it is what…に見られる iff（= if and only if）のような論理学的な表現を採用したのだろう。徳倫理学の開祖・アンスコムがヴィトゲンシュタインのドイツ語を英語に訳した人であることから分かるように、その時代の精神が分析哲学の絶頂期であったことを理由に挙げてもいいが、徳倫理学の論敵、カント主義と功利主義がタテマエ上厳密主義を掲げる立場であったことが、もっとも大きな理由だろう。

アリストテレスは、非厳密主義という立場を掲げて、そこからどの方向に向かおうとしていたのだろう。彼はユークリッドの幾何学が、まだ書かれていなくて、その完成への歩みが続いていることを知っていた。具体的な形はまだ見ていないが、厳密主義の方法が公理系という完成形態になるという予測は持つことができた。その厳密主義とは違う方向に倫理学の行方を見ていた。

彼には「実践的三段論法」という概念があって、行為についての記述が言葉の領域だけに完結し切れないで、現実の実践そのものを巻き添えにする可能性を考えていた。教育とくに指導者、監督官の養成という営みは、言葉の記述の中に自己充足することができない。実際に以心伝心で弟子を育てなければ成功しない。

たとえば言葉の習得そのものは、実際に親が子どもに直接接触して以心伝心で行わなくてはならない。子どもには言葉を習得するプログラムが遺伝子によって備わっているが、このプログラムは子どもが成人する前に実際に言葉を教えてもらわなければ失効してしまう。これはプログラムが不完全だからである。

人間が徳性を発揮するということのなかにもたくさんの不完全プログラムが内蔵されていて、それは一定の環境条件を作らないと発現しない。そこを見据えると非厳密主義を採用することと、教育機関を設立維持することが、一対になっていたのがアリストテレスの徳理論だったという解釈ができそうである。

徳はどこでどのようにして生産されるか。またその生産のシステムはどのようにして世代間に維持されるか。その答えは、言葉によってどこまで表現できるか。この問いに答えることが、徳倫理学のゆく手に見える課題である。

参考文献

G. E. M. Anscombe, "Practical Inference", in R. Hurshouse, G. Lawrence and W. Quinn, (ed.), *Virtues and Reasons*, Oxford University Press, 1995.

N. Athanassoulis, *Virtue Ethics*, Bloomsbury, 2013.
P. Simpson, "Contemporary Virtue Ethics and Aristotle", in D. Statman,（ed.）, *Virtue Ethics*, Edinburgh U.P., 1997.
G. X. Santas, "Does Aristotle have a Virtue Ethics?", in D. Statman,（ed.）, *Virtue Ethics*, Edinburgh U.P., 1997.

謝辞

本書の大半の原稿は、一般財団法人ホモ・コントリビューエンス研究所のホームページ「貢献する気持ち研究レポート」（www.homo-contribuens.org/jp/kyodokenkyu/）に紹介・論評されたものが原論文である。この研究機関は滝久雄『貢献する気持ち』（紀伊國屋書店、二〇〇一年、英訳 Hisao Taki, HOMO CONTRIBUENS, Renaissance Books 2008、中国語訳、滝久雄「奉献心—人之本能」中央編訳出版社　2009）の内容を掘り下げ、現在までのさまざまな人間研究の諸領域との関連を調べるために滝氏によって、設立・維持されている。「貢献心は人間の本能である」という命題が、その著作の中心的なテーゼである。私は研究所長に任ぜられるにあたって、「貢献する気持ち」研究を自然主義と徳倫理学という二つの方向で進めることにした。滝久雄氏からは本書の刊行のために出版助成金をいただいている。さらに徳の各論にまで研究を発展させ貢献心という概念を確立することで、このご恩に報いたいと念じている。

二〇一五年六月一五日

加藤尚武

事項索引

プリチャード　Pritchard, H. A.　47
フロイト　Freud, S.　138
ヘア　Hare, R. M.　199
ヘラクレイトス　Heraclitus　114
ペリクレス　Pericles　154

＊マ行
マードック　Murdoch, I.　291
ストッカー　Stocker, M.　250
マクダウェル　Mcdowell, J.　214, 250, 255, 256, 257, 267, 287, 289
マクロスキー　McCloskey, H. J.　213
マッキンタイア　MacIntyre, A.　106
マルクス　Marx, K.　41, 127, 141, 147
ミル　Mill, J. S.　25, 47
ムーア　Moore, G. E.　31-2, 42, 47

＊ラ行
ライアン　Ryan, A.　213
ライプニッツ　Leibniz, G. W.　292
ラウデン　Louden, R.　250-3
ルイス　Lewis, C. I.　196
レイルトン　Railton, P.　189, 292
ロールズ　Rawls, J.　291
ロス　Ross, W. D.　25, 47
ロック　Locke, J.　241

人名索引

＊ア行

アーウィン　Irwin, T.　177
アイヒマン　Eichmann, A.　24
アウグスティヌス　Augustinus　236
アクィナス　Aquinas, T.　47, 48, 49, 53, 54, 55, 56, 65, 66, 241, 252
アダムズ　Adames, R. M.　187
アリストテレス　Aristotle　47-8, 52, 55-6, 59, 94, 151, 154, 157-9, 161, 163-6, 170, 173, 177-9, 207, 217-20, 224, 229-6, 238, 241, 245, 248-2, 263-4, 266-7, 273, 277, 279, 284-5, 287-90, 293
アンスコム　Anscombe, G. E. M.　213, 248, 287
ウィリアムズ　Williams, B.　89, 106, 147, 148, 151, 154, 172, 176, 206, 240-2, 246, 267, 287, 289-90, 292
オニール O'Neill, O.　311

＊カ行

カント　Kant, I.　47, 56, 62-3, 89-90, 92, 106-7, 109, 132, 146, 172, 216-20, 222-4, 226-7, 229-31, 234, 236, 238, 246, 248, 250, 254, 302, 308, 311-2
ギーチ　Geach, P.　47, 65
キケロ　Cicero　176, 179
グッドマン　Goodman, N.　132
クライン　Klein, M.　139
グリフィン　Griffin, J.　191
コースガード　Korsgaard, C.　250, 312
ゴドウィン　Godwin, W.　205

＊サ行

シジウィック　Sidgwick, H.　160, 186, 212
シュナイウィンド　Schneebind, J. B.　292
ショップ　Shope, R.　289
ジョンソン　Johnson, R.　296-9, 301, 305, 307, 311-2
ジョンソン　Johnson, C.　211
ストッカー　Stocker, M.　250
スマート　Smart, J. J.　211
スミス　Smith, M.　275, 292
スロート　Slote, M.　255, 280-3, 287-9, 293
スワントン　Swanton, C.　250, 252, 255, 256, 280, 283, 284, 285, 287, 289, 293
セン　Sen, A.　147-8, 310
ソフォクレス　Sophocles　134

＊タ行

ダンシー　Dancy, J.　293
チェザーレ・ボルジア　Cesare Borgia　7
デイヴィドソン　Davidson, D.　132, 148
デカルト　Descartes, R.　241, 252
トゥキュディデス　Thucydides　105
ドゥオーキン　Dworkin, R.　212

＊ナ行

ニーチェ　Nietzsche, F.　1
ヌスバウム　Nussbaum, M.　179, 292, 310
ネーゲル　Nagle, T.　102, 213

＊ハ行

ハーサニー　Harsanyi, J.　210
ハーシー　Hersey, J.　52
ハーストハウス　Hursthouse, R.　255, 257, 283, 286-8, 291, 297, 298, 307-9
ハーバート　Herbert, G.　210
パーフィット　Parfit, D.　186, 196, 210, 212
ハーマン　Harman, G.　289, 295, 297, 301, 305, 307
パトナム　Putnam, H.　132, 146
バロン　Baron, M.　252
ヒューム　Hume, D.　47, 160-1, 178, 221, 222, 226, 229, 238, 241, 248, 251
フーコー　Foucault, M.　123, 135-6
フィリップス　Phillips, D. Z.　250
フォンヴリクト　von Wright, G. H.　47, 55, 65
フット　Foot, P.　106, 185, 218, 219, 220, 221, 223, 224, 226, 231, 250
プラトン　Plato　14, 47, 49, 115, 151, 161, 164, 179, 241, 245
ブラム　Blum, L.　251-2
ブリッカー　Bricker, P.　184

納富信留（のうとみのぶる）　**第 6 章**
東京大学大学院人文社会系研究科教授。専門は西洋古代哲学。著書に『プラトンとの哲学――対話篇をよむ』（岩波新書、2015 年）、『ソフィストとは誰か？』（ちくま学芸文庫、2015 年）。翻訳にプラトン『ソクラテスの弁明』（光文社古典新訳文庫、2012 年）がある。

三浦太一（みうらたいち）　**第 6 章**
中部大学人文学部専任講師。専門は古代ギリシア哲学。共訳にシールズ『古代哲学入門』（勁草書房、2022 年）。論文に「プラトン対話篇『パイドロス』におけるエロースと自己把握の関わりについて」（『ギリシャ哲学セミナー論集』XVIII、2022 年）、「プラトン『パイドロス』における狂気の意義」（『哲学論集』50、2021 年）など。

佐藤岳詩（さとうたけし）　**第 7 章**
専修大学文学部教授。専門は倫理学。著書に『R・M・ヘアの道徳哲学』（勁草書房、2012 年）、『メタ倫理学入門』（勁草書房、2017 年）などがある。

林誓雄（はやしせいゆう）　**第 8 章**
福岡大学人文学部准教授。専門は英米圏の近現代哲学・倫理学。著書に『襤褸を纏った徳――ヒューム 社交と時間の倫理学』（京都大学学術出版会、2015 年）がある。

篠澤和久（しのざわかずひさ）　**第 9 章**
元東北大学大学院情報科学研究科教授。専門はギリシア哲学。著書に『アリストテレスの時間論』（東北大学出版会、2017 年）。共編著に『倫理学の地図』（ナカニシヤ出版、2010 年）、『はじめての論理学』（有斐閣、2020 年）がある。

荻原理（おぎはらさとし）　**第 10 章**
東北大学大学院文学研究科教授。専門は現代倫理学、西洋古代哲学。著書に『マクダウェルの倫理学』（勁草書房、2019 年）、共著に *Plato's* Philebus*: A Philosophical Discussion*（Oxford University Press, 2019）がある。

編・監訳者略歴

加藤尚武（かとうひさたけ）

京都大学名誉教授。専門は哲学・倫理学。著書に『現代倫理学入門』（講談社学術文庫、1997 年）など多数。

児玉聡（こだまさとし）　　　**第 1 章**

京都大学大学院文学研究科教授。専門は倫理学。著書に『功利と直観』（勁草書房、2010 年）、『功利主義入門』（ちくま新書、2012 年）、『実践・倫理学』（勁草書房、2020 年）など。

訳者略歴

安井絢子（やすいあやこ）　　　**第 2 章**

京都大学文学部非常勤講師。専門はケアの倫理。共著に『知のスイッチ』（岩波書店、2019 年）、『倫理学』（昭和堂、2023 年）。論文に ‘The Relational Self in an Ethic of Care’, 2021, *Tetsugaku*, vol. 5 がある。

高橋久一郎（たかはしきゅういちろう）　　　**第 3 章**

千葉大学名誉教授。専門は哲学・倫理学。編著に『岩波応用倫理学講義 7　問い』（岩波書店、2004 年）、著書に『アリストテレス』（NHK 出版、2005 年）がある。

佐々木拓（ささきたく）　　　**第 4 章**

金沢大学人間社会研究域人文学系教授。専門は 17-18 世紀イギリス道徳哲学、責任論、依存症の倫理学。著書に『ジョン・ロックの道徳哲学』（丸善、2017 年）、共著に『ロボットからの倫理学入門』（名古屋大学出版会、2017 年）、『心の臨床を哲学する』（新曜社、2020 年）がある。

渡辺邦夫（わたなべくにお）　　　**第 5 章**

茨城大学名誉教授。専門は古代ギリシア哲学。著書に『アリストテレス哲学における人間理解の研究』東海大学出版会、2012 年。翻訳にプラトン『メノン』（光文社古典新訳文庫、2012 年）、アリストテレス『ニコマコス倫理学（上・下）』（共訳、光文社古典新訳文庫、2015・16 年）、プラトン『テアイテトス』（光文社古典新訳文庫、2019 年）がある。

徳倫理学基本論文集

2015年11月10日　第1版第1刷発行
2024年 1 月20日　第1版第3刷発行

編・監訳者　加《か》藤《とう》尚《ひさ》武《たけ》
児《こ》玉《だま》　聡《さとし》

発行者　井　村　寿　人

発行所　株式会社　勁《けい》草《そう》書　房
112-0005　東京都文京区水道2-1-1　振替　00150-2-175253
（編集）電話　03-3815-5277／FAX　03-3814-6968
（営業）電話　03-3814-6861／FAX　03-3814-6854
三秀舎・松岳社

ISBN978-4-326-10248-8　Printed in Japan

＊落丁本・乱丁本はお取替いたします。
ご感想・お問い合わせは小社ホームページから
お願いいたします。
https://www.keisoshobo.co.jp